职业技能等级认定培训丛书
乡村振兴技能人才培养丛书

企业人力资源管理师职业培训教程

主　编　汪义亚
副主编　周　成　汪　畅　罗志超　吴　非
主　审　徐自警

华中科技大学出版社
http://press.hust.edu.cn
中国·武汉

内 容 简 介

本书紧紧围绕企业人力资源管理师国家职业技能标准（四级/中级工、三级/高级工）所规定的工作要求编写内容，分上篇理论知识和下篇技能训练两大板块，设置有6章基础理论知识，6章技能训练内容。本书遵循以职业活动为导向、以职业技能为核心的指导思想，以培养学习者具备企业人力资源管理相应职业能力为重点，将课程内容与职业标准和岗位要求相结合，突出任务实践，内容完整，表述简洁，通俗易懂。

图书在版编目（CIP）数据

企业人力资源管理师职业培训教程/汪义亚主编．—武汉：华中科技大学出版社，2022.11
ISBN 978-7-5680-8813-8

Ⅰ．①企… Ⅱ．①汪… Ⅲ．①企业管理－人力资源管理－职业培训－教材 Ⅳ．①F272.92

中国版本图书馆 CIP 数据核字（2022）第 200845 号

企业人力资源管理师职业培训教程
Qiye Renli Ziyuan Guanlishi Zhiye Peixun Jiaocheng

汪义亚　主编

策划编辑：彭中军
责任编辑：段亚萍
封面设计：孢　子
责任监印：朱　玢
出版发行：华中科技大学出版社（中国·武汉）　　电话：（027）81321913
　　　　　武汉市东湖新技术开发区华工科技园　　邮编：430223
录　　排：武汉创易图文工作室
印　　刷：武汉科源印刷设计有限公司
开　　本：787 mm×1092 mm　1/16
印　　张：14.5
字　　数：357千字
版　　次：2022年11月第1版第1次印刷
定　　价：45.00元

本书若有印装质量问题，请向出版社营销中心调换
全国免费服务热线：400-6679-118　竭诚为您服务
版权所有　侵权必究

PREFACE

《企业人力资源管理师国家职业技能标准(2019年版)》(以下简称《标准》)于2019年3月正式印发。为适应《标准》的新要求和人力资源管理领域的新发展、新趋势以及新变化,适应人力资源管理从业者提升技能和技能等级认定培训的迫切需要,我们组织编写了此书。

本书以《标准》为依据,突出"以职业活动为导向、以职业能力为核心"的指导思想,以《标准》的三级和四级相应要求为根本指引,上篇内容对应《标准》的"知识要求",下篇内容对应《标准》的"技能要求",适用于企业人力资源管理师的职业技能培训,作为职业技能等级认定中级和高级的培训学习用书。本书结构清晰,针对人力资源管理职业活动的领域,按照人力资源规划、招聘与配置、培训与开发、绩效管理、薪酬管理和劳动关系管理六个模块,以简洁明了的表述对应职业技能等级认定的相应要求,力求简单实用。全书体例完整,语言朴实,通俗易懂,注重学习者理论与实践的统一,可操作性强,具有较高的实用性。

本书由湖北生态工程职业技术学院组织教师编写,分为上篇和下篇,共12章,各章编写者分别是:罗志超、汪义亚编写第一章、第七章,周成、吴非编写第二章、第四章、第八章和第十章,汪义亚编写第三章和第九章,汪畅编写第五章、第六章、第十一章和第十二章。

本书在编写过程中,参考并引用了大量文献资料,汲取借鉴了诸多专家学者的研究成果,在此谨向各位专家和学者表示诚挚的感谢!由于编者水平有限,书中不足之处在所难免,敬请专家和读者批评指正。

编 者

上篇　理论知识

第一章　人力资源规划

第一节　人力资源规划信息 … 2
第二节　企业组织结构 … 6
第三节　工作岗位分析 … 13
第四节　企业劳动定额定员管理 … 17
第五节　人力资源费用预算与审核 … 24

第二章　招聘与配置

第一节　招聘活动的实施 … 29
第二节　招聘活动的评估 … 36
第三节　人力资源空间时间的配置 … 38

第三章　培训与开发

第一节　员工培训与培训项目设计 … 44
第二节　培训组织与实施 … 49
第三节　培训有效性评估 … 57
第四节　员工培训制度的建立与实施 … 62
第五节　员工职业生涯规划与管理 … 64

第四章　绩效管理

第一节　绩效考评的前期准备 … 73
第二节　绩效信息的收集 … 78
第三节　绩效指标与标准设计 … 83
第四节　绩效考评系统的设计与运行 … 91

第五章　薪酬管理 · · · · · · 100

第一节　薪酬与薪酬管理 · · · · · · 100
第二节　岗位评价 · · · · · · 106
第三节　市场薪酬调查 · · · · · · 109
第四节　员工福利设计 · · · · · · 113

第六章　劳动关系管理 · · · · · · 119

第一节　企业劳动关系信息沟通 · · · · · · 119
第二节　劳动标准的制定与实施 · · · · · · 124
第三节　集体合同管理 · · · · · · 129
第四节　劳动争议协商与调解 · · · · · · 133
第五节　劳动安全卫生保护管理 · · · · · · 139

下篇　技能训练 · · · · · · 151

第七章　人力资源规划技能 · · · · · · 152

技能一　人力资源规划信息采集与处理 · · · · · · 152
技能二　企业组织结构调查 · · · · · · 153
技能三　工作岗位分析 · · · · · · 154
技能四　劳动定额定员管理 · · · · · · 155
技能五　编制与审核人力资源费用预算 · · · · · · 158

第八章　招聘与配置技能 · · · · · · 160

技能一　选择人员招募方法 · · · · · · 160
技能二　甄选应聘人员 · · · · · · 161
技能三　组织人员面试 · · · · · · 163
技能四　评估人员招聘工作 · · · · · · 166

第九章　培训项目设计与实施技能 · · · · · · 168

技能一　培训需求分析 · · · · · · 168
技能二　培训项目设计 · · · · · · 170
技能三　设计培训课程 · · · · · · 171
技能四　培训方法选择 · · · · · · 172
技能五　培训实施与保障 · · · · · · 175
技能六　编制培训经费预算方案 · · · · · · 176

技能七　实施培训有效性评估 …………………………………………………… 177
　　技能八　起草员工培训制度 ……………………………………………………… 180
　　技能九　职业生涯规划与管理 …………………………………………………… 181

第十章　绩效管理应用技能 ………………………………………………………… 184
　　技能一　收集绩效信息 …………………………………………………………… 184
　　技能二　设计绩效指标与标准 …………………………………………………… 186
　　技能三　设计与运行绩效考评系统 ……………………………………………… 188
　　技能四　应用绩效考评方法 ……………………………………………………… 190

第十一章　薪酬管理技能 …………………………………………………………… 194
　　技能一　采集企业薪酬信息 ……………………………………………………… 194
　　技能二　薪酬体系设计的准备工作 ……………………………………………… 195
　　技能三　制定薪酬管理制度草案 ………………………………………………… 196
　　技能四　岗位评价流程 …………………………………………………………… 198
　　技能五　市场薪酬调查 …………………………………………………………… 198
　　技能六　分析市场薪酬调查数据 ………………………………………………… 199
　　技能七　编制福利总额预算 ……………………………………………………… 203
　　技能八　制订员工福利计划 ……………………………………………………… 203

第十二章　劳动关系管理技能 ……………………………………………………… 205
　　技能一　员工满意度调查 ………………………………………………………… 205
　　技能二　制定企业工作时间制度 ………………………………………………… 206
　　技能三　制定企业内部劳动规则 ………………………………………………… 207
　　技能四　集体合同管理 …………………………………………………………… 208
　　技能五　代表企业参与劳动争议协商和调解 …………………………………… 210
　　技能六　劳动安全卫生保护管理技能 …………………………………………… 212

参考答案 ……………………………………………………………………………… 215

参考文献 ……………………………………………………………………………… 221

上篇 理论知识

第一章
人力资源规划

第一节　人力资源规划信息

> **知识要点**
>
> 1. 人力资源管理与人力资源规划的概念与内容。
> 2. 人力资源规划信息的种类、采集与处理原则。
> 3. 人力资源需求与供给分析。

一、人力资源管理

（一）人力资源管理的含义

人力资源是指能够推动国民经济和社会发展的、具有智力劳动和体力劳动能力的人们的总和，它包括数量和质量两个方面。美国管理学者托马斯·彼得斯认为人是企业或事业单位唯一真正的资源，管理就是充分开发人力资源以做好工作。现代管理学和传统管理学的显著区别就在于是否承认人力资源在经济发展中的关键作用。

人力资源管理是指根据企业发展战略的要求，有计划地对人力资源进行合理配置，通过对企业中员工的招聘、培训、使用、考核、激励、调整等一系列过程，调动员工的积极性，发挥员工的潜能，为企业创造价值，给企业带来效益，确保企业战略目标的实现，是企业的一系列人力资源政策及相应的管理活动。

（二）人力资源管理与传统人事管理的区别

传统的人事管理和一般的行政管理一样，更多地在于事务性的管理工作，其管理形式和目的主要是"控制"，并不看重个人绩效，人并没有被当成重要的资源。人力资源管理则更注重人在组织中的作用,将人作为重要的生产资源来看待。人力资源管理部门从传统的行政部门转变为经营性、研发性的服务部门,成为推动组织变革的重要环节。现代人力资源管理区别于传统人事管理的第二点在于注重人力资源的开发,现代人力资源管理将人力视为组织的第一资源。

(三) 人力资源管理的职能

人力资源管理的职能主要为人力资源的获取、整合,通过薪酬、绩效、考核等方式促进人力资源的保持和提升,通过员工培训、职业生涯规划,最大限度地实现个人价值与企业贡献相匹配,达成员工与企业共同发展的目的。

二、人力资源规划的概念和内容

(一) 人力资源规划的概念

人力资源规划是企业根据其战略目标、发展战略及内外部具体环境的情况,以科学规范的方法,进行人力资源需求和供给的分析预测,编制相应的吸引、留住、使用、激励的方案,为组织的发展提供所需要的员工,以完成组织发展目标的过程。

人力资源规划的显著特点是将员工作为资源使用和开发。不同于传统意义上的人事招聘和解雇,人力资源规划必须具备战略性、前瞻性和目标性,要以实现企业目标为基础,实现组织的长远发展。

人力资源规划和企业工作分析是人力资源管理工作的基础。人力资源管理工作的内容一般包含规划与发展、招聘与配置、培训与开发、绩效管理、薪酬管理和劳动关系管理六个模块,人力资源规划起着主导作用,在人力资源战略中起着重要的作用。

一般来说,人力资源规划分为三种类型:长期人力资源规划、中期人力资源规划和短期人力资源规划。具体的时限没有统一的标准,不同的企业对人力资源要求不同,在规划方面的时限也有所不同。有的企业将短期规划定为3~6个月,有的企业即使短期规划也都长达10年以上。

(二) 人力资源规划的内容

企业人力资源规划按影响的范围,分为总体规划和业务计划两类。

(1) 人力资源总体规划:主要是指在一定时期内人力资源管理的总目标、总政策、实施步骤和总预算安排。

(2) 人力资源业务计划:主要是指在一定时期内人员的补充计划、分配计划、提升计划、教育培训计划、薪酬计划、退休计划等,这些计划根据人力资源的总体规划展开,每一项业务计划都由目标、任务、政策、步骤和预算构成。

三、人力资源规划信息

(一) 人力资源规划信息的收集

人力资源规划信息是指与人力资源本身和各项人力资源管理工作相关的信息,是人力资源管理活动的本质特征和相关记录。人力资源信息是人力资源部门开展工作的前提和依据,能否收集和提供准确、及时、完整的信息关系到整个人力资源规划是否成功。从某种意义上说人力资源规划工作就是人力资源信息的输入和输出过程,面对各种不同的信息,进行规范化、系统化的收集、整理和分析是人力资源工作的重要内容。

(二)人力资源规划信息的来源

人力资源规划信息的来源主要分为以下几种:

(1)文档信息:主要包含人员档案、年度考核表、职位说明书等。

(2)数据库信息:一般指学历学位信息、身份证、驾驶证等。

(3)权威机构信息:主要包括各级国家机关、各类人才市场、行业协会的信息等。

(4)网络信息:随着计算机网络技术的广泛应用,网络信息也成为人力资源信息收集的主要来源。

一般来说,信息渠道越广,收集的信息量就越大,通过彼此之间的分析对比,信息的真实性就相对可靠,在人力资源信息收集方面,要尽可能保证人力资源信息的真实性。

(三)人力资源规划信息采集与处理的原则

人力资源规划信息的收集与处理要遵循六个原则:准确性、及时性、针对性、系统性、适用性、经济性。

四、人力资源信息分析

人力资源信息分析是指根据人力资源规划的任务和目的,将通过人力资源调查所取得的原始数据进行分类和整理,并对其进行再加工,使之成为人力资源评价指标的过程。

人力资源信息一般包含人力资源数量、员工类别、员工素质、年龄结构和职位结构。此外人力资源的存量信息,如员工期初数量、期末数量,人员工资、人均利润、招聘成本、培训信息以及绩效信息等都是人力资源信息分析的内容。

五、人力资源需求预测

人力资源需求预测是指根据企业的发展规划和内外条件,选择适当的预测技术,对人力资源需求的数量、质量和结构进行预测。人力资源需求预测是人力资源规划中的重要环节。

人力资源需求的预测受到内外部环境因素的影响。外部环境因素主要包括劳动力市场的变化、政府政策的变化、行业发展的变化。内部环境因素主要包括企业发展目标的变化、员工素质的变化、组织形式的变化、企业高层领导的变化。

在进行人力资源需求预测时,必须掌握定性、定量、时间和概率四个基本要素。

六、人力资源供给预测

人力资源供给预测是指预测在未来某一时期,企业内部所能供应的(或经由培训可能补充的)及外部劳动力市场所提供的一定数量、质量和结构的人员,以满足企业为达成目标而产生的人员需求。

人力资源供给一般分为外部供给和内部供给两个方面。

人力资源供给的影响因素包括外部人力资源市场和内部人力资源市场两个部分。

(1)外部人力资源市场。外部人力资源市场主要受到社会生产规模、国家经济体制、经济结构状况、所有制结构和科学技术进步五个方面的影响。社会生产规模越大,企业的数量越多,对人力资源的需求也越多;有效的经济体制有利于形成合理的区域、产业经济结构,有利于高效配置社会资源,扩大人力资源的需求数量;社会的经济结构尤其是产业结构不同,对于不同人才的需求不一样;所有制结构是否有利于生产力发展直接影响社会人力资源的需求;科学技术进步能促进大量新兴职业的出现,扩大人力资源的需求。

(2)企业内部人力资源市场。企业内部人力资源市场一般指企业员工的流动,员工为了追求较高收入和较好的发展机会,会有流动的需求,企业内部环境的不足也会导致员工对工作失去兴趣或无法适应而辞职。

七、人力资源供求平衡

影响人力资源供求平衡的因素有很多,业务高速发展、人员流动、培训开发、绩效管理等都会对人力资源的供求平衡产生影响。人力资源供求的动态平衡是人力资源规划的最终目标。人力资源供大于求,会导致组织内部人浮于事,内耗严重,生产效率低下;人力资源供小于求,会导致企业设备闲置,固定资产利用率低。人力资源规划就是要根据企业的人力资源供求预测结果,制定相应的政策措施,使企业在经营发展过程中处于供求平衡。

练习题

一、单项选择题

1. 下列关于现代人力资源管理的描述,不正确的是(　　)。

A. 视员工为有价值的重要资源

B. 管理的目的在于保障组织短期目标的实现

C. 满足员工自我发展的需要,保障组织长远利益的实现

D. 人力资源管理处于决策层的地位

2. 人力资源信息收集的方法有普查法、重点调查法、典型调查法和(　　)等。

A. 观察法　　　　B. 询问法　　　　C. 德尔菲法　　　　D. 抽样调查法

3. (　　)不是影响人力资源需求的内部环境因素。

A. 企业目标的变化　　　　　　　　B. 行业发展状况的变化

C. 组织形式的变化　　　　　　　　D. 企业最高领导层的理念

4. (　　)是指根据企业的发展规划和内外条件,选择适当的预测技术,对人力资源需求的数量、质量和结构进行预测。

A. 现实人力资源供给　　　　　　　B. 未来流失人力资源需求

C. 人力资源供给预测　　　　　　　D. 人力资源需求预测

5. 影响人力资源供求平衡的因素不包括(　　)。

A. 业务高速发展　　B. 人员流动　　　C. 培训开发　　　　D. 工作分析

二、多项选择题

1. 人力资源规划必须具备（　　　），要以实现企业目标为基础，实现组织的长远发展。

   A. 战略性　　　　B. 前瞻性　　　　C. 目标性　　　　D. 全局性

2. 一般来说，人力资源规划分为三种类型（　　　）。

   A. 长期人力资源规划　　　　　　　B. 中期人力资源规划

   C. 短期人力资源规划　　　　　　　D. 总体人力资源规划

3. 人力资源信息一般包含（　　　）。

   A. 人力资源数量　　B. 员工类别　　　C. 员工素质

   D. 年龄结构　　　　E. 职位结构

4. 人力资源供给外部人力资源市场主要受到（　　　）等方面的影响。

   A. 社会生产规模　　B. 国家经济体制　　C. 经济结构状况

   D. 所有制结构　　　E. 科学技术进步

5. 人力资源规划信息的来源主要分为以下几种（　　　）。

   A. 文档信息　　　　B. 数据库信息　　　C. 权威机构信息　　　D. 网络信息

三、是非题

1. 现代人力资源管理将人力视为组织的第一资源。（　　）

2. 人力资源是指能够推动国民经济和社会发展的、具有智力劳动和体力劳动能力的人的总和，它包含数量和质量两方面。（　　）

3. 人力资源信息收集要符合准确性、及时性和有效性原则。（　　）

4. 人力资源规划工作就是人力资源信息的输入和输出过程，面对各种不同的信息，进行规范化、系统化的收集、整理和分析是人力资源工作的重要内容。（　　）

5. 人力资源规划和企业工作分析是人力资源管理工作的基础。（　　）

第二节　企业组织结构

> **知识要点**
>
> 1. 组织的概述。
> 2. 组织结构与组织机构。
> 3. 企业组织结构的类型。
> 4. 组织结构设计后的实施原则。

一、组织概述

（一）组织的本质

组织是指两个或两个以上的人有意识协调的活动或效力的系统。1873年，英国哲学家赫伯特·斯宾塞将组织一词引入社会科学，提出了"社会有机体"的概念，他认为，组织是多种要素组合的系统和社会。

组织的本质是人进行协作活动的系统，在这个系统内，个人通过协作达成共同的目标。

组织可以分为正式组织和非正式组织。

1.正式组织

正式组织是具有一定结构、同一目标和特定功能的行为系统。任何正式组织都是由众多要素、部分、成员按照一定的关联组合而成的。正式组织有明确的目标、任务和结构，组织成员遵循约定的活动规范。

2.非正式组织

20世纪20年代，美国管理学家梅奥通过"霍桑实验"提出，人们在正式组织中会根据感情、性格、喜好等形成若干的人群，这些群体不受正式组织的行政部门和管理层次等的限制，没有正式的组织结构，但相互之间会有特定的结构关系，形成不成文的行为准则和规范，人们把这种人群称为非正式组织。

正式组织和非正式组织既有区别又相互联系，正式组织往往会产生相关联的非正式组织，非正式组织也会对正式组织产生相关联的影响。

（二）组织的基本要素

组织由有共同愿景的人通过协作活动而组成，组织的基本要素包括协作意愿、共同目标和信息沟通。

(1)协作意愿。在组织中，每个成员的协作意愿的强度是不相同的，有的强烈，有的微弱，有的消极。在研究中发现，正式组织的规模越大，成员的协作意愿越弱。

(2)共同目标。共同目标是协作系统的第二基本要素，是协作意愿的必要前提。一个组织的目标如果不能被组织成员所接受，就不能进行协作活动。组织成员需要将个人目标融入组织目标。

(3)信息沟通。组织是成员为实现共同目标而进行协作活动的系统，必须有良好的沟通机制才能使得组织成员进行更好的协作。

二、组织结构与组织机构

（一）组织结构的概念与类型

组织结构是指对于工作任务如何进行分工、分组和协调合作，是组织成员为实现组织目标，在管理工作中进行分工协作，在职务范围、责任、权力方面形成的结构体系。组织结构一般由单位、部门和岗位的设置组成，其本质是为实现组织目标而采取的一种分工协作体系，组织结构随着组织的重大战略调整而调整。

组织结构一般分为职能结构、层次结构、部门结构和职权结构四个方面。随着外部环境的变化，企业的组织结构也会不断演化。

1. 职能结构

职能结构是指实现组织目标所需的各项业务工作及其比例和关系。其考量维度包含职能交叉（重叠）、职能冗余、职能缺失、职能割裂（或衔接不足）、职能分散、职能分工过细、职能错位、职能弱化等方面。

2. 层次结构

层次结构是指管理层次的构成及管理者所管理的人数（纵向结构）。其考量维度主要包含管理人员分管职能的相似性、管理幅度、授权范围、决策复杂性、指导与控制的工作量、下属专业分工的相近性。

3. 部门结构

部门结构是指各管理部门的构成（横向结构）。其考量维度主要是一些关键部门是否缺失或优化。从组织总体形态，各部门一、二级结构进行分析。

4. 职权结构

职权结构是指各层次、各部门在权力和责任方面的分工及相互关系。其主要考量部门、岗位之间权责关系是否对等。

（二）组织机构与企业组织机构设置的原则

组织机构是保障组织生产经营活动正常进行所设置的各类职能与业务部门的总称。

企业组织结构是对组织机构内涵的性质和特点及其存在形式的概括，是具有不同性质和特征的组织制度模式在企业中的实际选择与应用。而企业组织机构是企业各个层级、各类具体部门的设置，是构成组织结构的基本要素。

企业组织机构设置的原则：

(1) 任务目标原则。企业的目标和发展战略是组织设计的前提。

(2) 分工协作原则。组织设计中分工粗细适当，同时要强化协作。

(3) 统一领导、权力制衡原则。一个下属人员只应接受一个上级主管的命令，任何一级组织只能由一个人负责。组织权力的运用必须受到监督，有相应的监督机构。

(4) 权责对应原则。要实现组织目标，各项工作必须明确责任。要承担责任，应须有相应的权力。

(5) 精简及有效跨度原则。组织机构、人员和管理层次在保证功能有效的前提下，应尽量减少办事程序，力求简单明了。通常认为适中的管理跨度应控制在 10 人左右。

(6) 稳定性与适应性相结合原则。

三、企业组织结构的类型

企业组织结构有直线制、职能制、直线职能制、事业部制、矩阵制等多种形式。

（一）直线制

直线制是一种简单的集权式组织结构形式。其领导关系按垂直系统建立，不设专门的职能机构,自上而下形成垂直的领导与被领导关系,如图1-1所示。该组织结构只适用于规模较小或业务活动简单、稳定的企业。

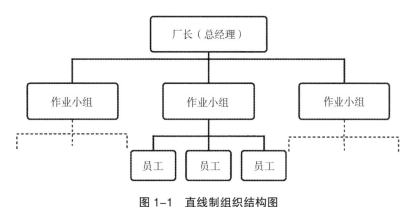

图1-1 直线制组织结构图

（二）职能制

职能制是按照专业分工设置相应的职能管理部门,实行专业分工管理的组织结构形式,如图1-2所示。其优点如下：提高了企业管理的专业化程度和专业化水平；可充分发挥专家的作用,对下级的工作进行指导,减轻直接领导的工作负担；有利于提高各职能专家的业务水平；有利于职能管理者的选拔、培训和考核实施。

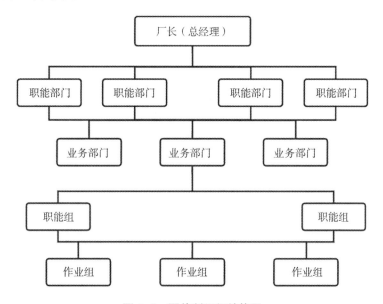

图1-2 职能制组织结构图

（三）直线职能制

直线职能制是一种以直线制结构为基础,在厂长(总经理)领导下设置相应的职能部门,实行厂长(总经理)统一指挥与职能部门参谋、指导相结合的组织结构形式,如图1-3所示。

直线职能制的主要特点：厂长(总经理)对业务部门和职能部门均实行垂直式领导,各级直线管理人员在职权范围内对直接下属有指挥和命令的权力,并对此承担全部责任；职能管理部门是厂长

（总经理）的参谋和助手，没有直接指挥权，其职能是向上级提供信息和建议，并对业务部门提供指导和监督，它与业务部门的关系只是一种指导关系，而非领导关系。

直线职能制是一种集权和分权相结合的组织结构形式，它在保留直线制统一指挥优点的基础上，引入管理工作专业化的做法，既保证统一指挥，又发挥职能管理部门的参谋指导作用，弥补领导人员在专业管理知识和能力方面的不足，协助领导人员决策。

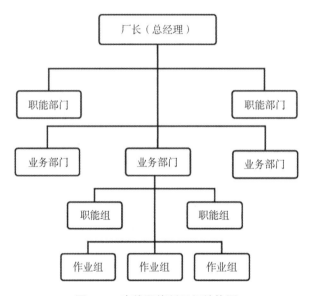

图1-3 直线职能制组织结构图

直线职能制是一种有助于提高管理效率的组织结构形式，在现代企业中适用范围比较广泛。但是，随着企业规模的进一步扩大和职能部门增多，各部门之间的横向联系和协作变得更加复杂和困难；各业务部门和职能部门都必须向厂长（总经理）请示、汇报，使其无法将精力集中于企业管理的重大问题。当设立管理委员会、制定完善的协调制度等改良措施都无法解决这些问题时，企业组织结构就面临着改革问题。

（四）事业部制

事业部制也称分权制结构，是一种在直线职能制基础上演变而来的现代企业组织结构形式，如图1-4所示。它遵循"集中决策、分散经营"的总原则，实行集中决策指导下的分散经营，按产品、地区和顾客等标志将企业划分为若干相对独立的经营单位，分别组成事业部。各事业部在经营管理方面拥有较大的自主权，实行独立核算、自负盈亏，并可根据经营需要设置相应的职能部门。总公司主要负责研究和制定重大方针、政策，掌握投资、重要人员任免、价格幅度和经营监督等方面的大权，并通过利润指标对事业部实施控制。

事业部制结构主要具有四个方面的优势：

(1) 权力下放，有利于最高管理层摆脱日常行政事务，集中精力于外部环境的研究和制定长远的、全局性的发展战略规划，使其成为强有力的决策中心。

(2) 各事业部主管摆脱了事事请示汇报的规定，能自主处理各种日常工作，有助于增强事业部管理者的责任感，发挥他们搞好经营管理活动的主动性和创造性，提高企业的适应能力。

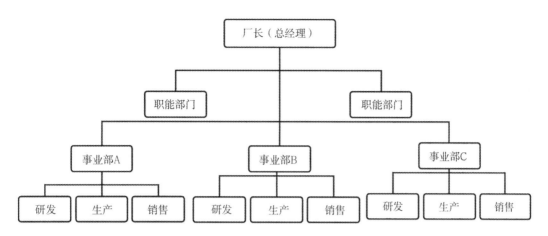

图1-4 事业部制组织结构图

(3)各事业部可集中力量从事某一方面的经营活动,实现高度专业化,整个企业可以容纳若干经营特点迥异的事业部,形成大型联合企业。

(4)各事业部经营责任和权限明确,物质利益与经营状况紧密挂钩。

事业部制结构的主要不足:容易造成组织机构重叠、管理人员膨胀现象;各事业部独立性强,考虑问题时容易忽视企业整体利益。

因此,事业部制结构适合那些经营规模大、生产经营业务多元化、市场环境差异大、要求较强适应性的企业。

(五)矩阵制

矩阵制组织结构是在直线职能制垂直形态组织系统的基础上,再增加一种横向的领导系统,它由职能部门系列和为完成某一临时任务而组建的项目小组系列组成,从而同时具备事业部制与职能制组织结构特征,如图1-5所示。矩阵制组织结构也可以称为非长期固定性组织结构。

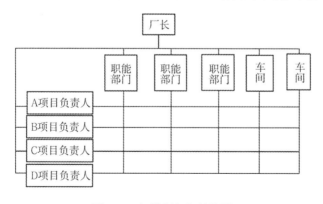

图1-5 矩阵制组织结构图

矩阵制的优点是:同时具备事业部制与职能制组织结构的优点;加强了横向联系,专业设备和人员得到了充分利用,实现了人力资源的弹性共享;具有较大的机动性,促进各种专业人员互相帮助,互相激发,相得益彰;适用于大型组织系统。

矩阵制的缺点是:成员位置不固定,有临时观念,有时责任心不够强;人员受双重领导,有时不易分清责任,需要花费很多时间用于协调,从而降低人员的积极性。

四、组织结构设计后的实施原则

(一)管理系统一元化原则

管辖人数的多少应根据下级的分散程度、完成工作所需要的时间、工作内容、下级的能力、上级的能力、标准化程度等条件来确定。一般来说,从事正常日常工作,可管辖15~30人;从事内容多变、经常需要做出决定的工作,可管辖3~7人。

(二)明确责任和权限的原则

为了履行职务,必须明确每个人应负的责任,同时也必须授予其应有的权限。管理人员(上级)应尽可能把责任委托给下属,并向其授予所需的权限,这种组织就有灵活性,有利于下属主观能动性的发挥。当然,上级即使已把责任和权限交付给了下属,也应当承担"监督、指导、检查"的责任。

(三)优先组建管理机构和配备人员的原则

企业应当确定组织机构,再确定工作岗位,后确定合适的管理人选。岗位依工作而存在,人员依岗位而配备。

(四)合理分配职责的原则

各级主管在分配工作、划分职责范围时,必须避免重复、遗漏、含糊不清等情况的出现。同时还应做到:将相同性质的工作归纳起来进行分析;分配工作要具体、明确;每一项工作不要分得过细,令许多下属一起承担;量材施用,任人唯贤;经常检查,拾遗补阙,以防止出现工作上的缺口。

练习题

一、单项选择题

1. 产品简单、规模较小、技术工艺单一的企业,最适合采用(　　)组织类型。
A. 职能型　　　B. 直线型　　　C. 事业部型　　　D. 矩阵型

2. 产品品种多而且变化大的企业或以开发与科学实验研究为主的单位适宜采用(　　)组织类型。
A. 职能型　　　B. 直线型　　　C. 事业部型　　　D. 矩阵制

3. (　　)一般由单位、部门和岗位的设置组成。
A. 组织结构　　B. 组织机构　　C. 职能结构　　D. 层次结构

4. 20世纪20年代,美国管理学家梅奥通过"霍桑实验"提出(　　)。
A. 正式组织　　B. 非正式组织　　C. 组织结构　　D. 组织机构

5. (　　)结构适合那些经营规模大、生产经营业务多元化、市场环境差异大、要求较强适应性的企业。
A. 职能型　　　B. 直线型　　　C. 事业部型　　　D. 矩阵型

二、多项选择题

1. 企业组织结构有(　　)等多种形式。

A. 直线制　　　　　B. 职能制　　　　　C. 直线职能制

D. 事业部制　　　　E. 矩阵制

2. 组织的基本要素包括(　　)等。

A. 组织成员愿意为组织的目标做出贡献　　B. 具有共同的目标

C. 有效的信息沟通　　　　　　　　　　　D. 经费保障组织的正常运作

E. 组织具有地域绑定性

3. 组织结构一般分为(　　)等几个方面。

A. 职能结构　　　　B. 层次结构　　　　C. 部门结构　　　　D. 职权结构

4. 组织结构设计后的实施原则是(　　)。

A. 管理系统一元化原则

B. 明确责任和权限的原则

C. 优先组建管理机构和配备人员的原则

D. 合理分配职责的原则

5. 正式组织有(　　)等特点。

A. 明确的目标　　　　　　　　　　　　　B. 明确的任务

C. 完整的结构　　　　　　　　　　　　　D. 组织成员遵循约定的活动规范

三、是非题

1. 组织的本质是人们进行协作活动的系统,在这个系统内,个人通过协作达成共同的目标。(　　)

2. 企业的目标和发展战略不是组织设计的前提。(　　)

3. 直线职能制是一种集权和分权相结合的组织结构形式。(　　)

4. 企业先确定组织机构,再确定工作岗位,后确定合适的管理人选,体现了优先组建管理机构和配备人员的原则。(　　)

5. 矩阵制组织结构也可以称为非长期固定性组织结构。(　　)

第三节　工作岗位分析

知识要点

1. 工作岗位分析。
2. 工作说明书的内容。

一、工作岗位分析

（一）工作岗位分析概述

一般来说,工作岗位分析是指对组织中某个特定职务的设置目的、任务或职责、权力和隶属关系、工作条件和环境、任职资格等相关信息进行收集与分析,并对该职务的工作做出明确的规定,且确定完成该工作所需的行为、条件、人员的过程,也叫"职位分析",指对一个人所从事的某项工作或任务所进行的全面分析。工作分析是人力资源管理工作的基础,其分析质量对人力资源管理其他模块具有举足轻重的影响。

工作分析的内容,具体来看可以包括7个问题和4个方面的分析。

其中7个问题是指:用谁;做什么;何时;在哪里;如何做;为什么;为谁。4个方面的分析是:工作名称的分析;工作规范的分析;工作环境的分析;工作条件的分析。

（二）工作岗位分析的作用

(1)为企业招聘、选拔、任用合格的员工奠定了基础。
(2)为员工的考评、晋升提供了依据。
(3)是企业改进工作设计、优化劳动环境的必要条件。
(4)是制定有效的人力资源规划、进行各类人才供给和需求预测的前提。
(5)为企业建立有竞争力和激励性的薪酬制度准备了条件。

二、工作岗位说明书

工作岗位说明书在人力资源管理中起到重要的作用,是人力资源管理活动的基本依据。根据不同的用途和目的、使用对象的不同,它可以有不同的内容和形式。通常来看,大多数的工作说明书包括两个部分:工作描述和工作规范。

（一）工作描述

工作描述是指用书面形式对组织中各类职位的工作性质、工作任务、工作职责和工作环境所做的统一要求。它回答的是"该职位是做什么的"。

工作描述主要包括:工作标志、工作范围、工作职责、工作环境、工作权限和工作关系。

（二）工作规范

工作规范主要说明从事某项工作的人必须具备的最基本的资格条件。它回答的是"要做好这项工作,任职者必须具备的特点和经验",关注的是完成工作内容所需的人的特质。

1.员工岗位工作规范

员工岗位工作规范主要有以下3项内容:
(1)应知:员工胜任本岗位所应具备的专业理论知识,如了解一些加工材料的特点等。
(2)应会:员工胜任本岗位要求具备的技术能力,如操作某种机器的能力等。
(3)工作实例:根据应知、应会的要求,列出本岗位的典型工作项目,以便判定工人的实际工作经验,以及应知、应会的程度。

2.管理岗位工作规范

管理岗位工作规范的内容如下：

(1)知识要求：描述完成该职位工作所需要的专业知识和其他相关知识，明确任职者必须具备的知识范围及知识水平。知识要求通常由6项内容组成：最低学历、专门知识、政策法规知识、管理知识、外语水平、相关知识等。

(2)能力要求：指胜任本岗位工作所要求具备的主观条件，包括理解判断能力、组织协调能力、决策能力、开拓能力、社会活动能力、语言文字能力等。

(3)经历要求：指胜任本岗位工作所应具备的工作年限，包括从事低一级岗位的经历和从事相关岗位的工作经历。

（三）工作说明书的内容

(1)基本资料，主要包括岗位名称、岗位等级（即岗位评价的结果）、岗位编码、定员标准、直接上下级和分析日期等信息。

(2)岗位职责，主要包括职责概述和职责范围。

(3)岗位关系，说明本岗位与其他岗位之间在横向与纵向上的联系。

(4)工作内容和要求，是指岗位职责的具体化，即对本岗位所要从事的主要工作事项做出的说明。

(5)工作权限，是指为了确保工作的正常开展必须赋予每个岗位的不同权限，权限必须与工作责任相协调、相一致。

(6)劳动条件和环境，是指在一定时空范围内工作地上所涉及的各种物质条件。

(7)工作时间，包括工作时间长度的规定和工作轮班制的设计两个方面的内容。

(8)资历，由工作经验和学历条件两个方面构成。

(9)身体条件，是指结合岗位的性质、任务，对员工的身体条件做出的规定，包括体格和体力两项具体要求。

(10)心理素质要求，包括岗位心理素质及能力等方面的要求，应紧密结合岗位的性质和特点进行深入分析，并做出具体的规定。

(11)专业知识和技能要求。

(12)绩效考评，是指从品质、行为和业绩等多个方面对员工进行全面考核和评价。

练习题

一、单项选择题

1.(　　)是指用书面形式对组织中各类职位的工作性质、工作任务、工作职责和工作环境所做的统一要求。

A. 工作描述　　　　　　　B. 工作规范

C. 工作内容　　　　　　　D. 工作要求

2.在进行工作分析时，观察法与(　　)结合使用的效果比较好。

A. 访谈法　　　　　　　　　　B. 关键事件法

C. 工作日志法　　　　　　　　D. 工作实践法

3. 不属于工作描述内容的是(　　)。

A. 工作环境　　　　　　　　　B. 工作权限

C. 工作标志　　　　　　　　　D. 工作规范

4. 不属于工作说明书中基本资料的内容有(　　)。

A. 岗位名称　　　　　　　　　B. 岗位等级

C. 岗位编码　　　　　　　　　D. 家庭信息

5. 工作内容和要求,是指(　　)的具体化,即对本岗位所要从事的主要工作事项做出的说明。

A. 工作描述　　　　　　　　　B. 岗位职责

C. 工作关系　　　　　　　　　D. 工作权限

二、多项选择题

1. 工作分析的作用有(　　)。

A. 为企业招聘、选拔、任用合格的员工奠定了基础

B. 为员工的考评、晋升提供了依据

C. 是制定有效的人力资源规划、进行各类人才供给和需求预测的前提

D. 是企业改进工作设计、优化劳动环境的必要条件

E. 为企业建立有竞争力和激励性的薪酬制度准备了条件

2. 员工岗位工作规范的主要内容有(　　)。

A. 员工胜任本岗位所应具备的专业理论知识

B. 员工胜任本岗位要求具备的技术能力

C. 工作实例

D. 工作业绩

3. 管理岗位工作规范的内容包括(　　)。

A. 知识要求　　　　　　　　　B. 能力要求

C. 经历要求　　　　　　　　　D. 年龄要求

4. 工作分析的主要内容包括(　　)。

A. 工作名称的分析　　　　　　B. 工作规范的分析

C. 工作环境的分析　　　　　　D. 工作条件的分析

5. 常用的工作分析信息收集方法包括观察法、访谈法、(　　)等。

A. 问卷调查法　　　　　　　　B. 关键事件法

C. 工作日志法　　　　　　　　D. 工作实践法

E. 交叉反馈法

三、是非题

1. 工作分析是人力资源管理工作的基础,其分析质量对人力资源管理其他模块具有举足轻重的影响。(　　)

2. 工作描述回答的是"要做好这项工作,任职者必须具备的特点和经验",关注的是完成工作内容所需的人的特质。(　　)

3. 通常来看,大多数的工作说明书包括两个部分:工作描述和工作规范。(　　)

4. 工作实例是指根据应知、应会的要求,列出本岗位的典型工作项目,以便判定工人的实际工作经验,以及应知、应会的程度。(　　)

5. 员工岗位工作规范通常由6项内容组成:最低学历、专门知识、政策法规知识、管理知识、外语水平、相关知识等。(　　)

第四节　企业劳动定额定员管理

知识要点

1. 劳动定额的含义与内容。
2. 企业工时消耗的分类。
3. 劳动定额水平的概念与衡量标准。
4. 劳动定员的概念和内容。

一、劳动定额

(一)劳动定额的含义

劳动定额是在一定的生产技术组织条件下,采用科学合理的方法,对生产单位合格产品或完成一定工作任务的活劳动消耗量所预先规定的限额。

其包含的要点是:劳动定额是在一定条件下制定的;定额的对象是劳动者的劳动量;在规定活劳动量时,可采用多种计量方法;劳动定额应在生产进行以前预先制定;限定的对象是有效的劳动,不是无效的劳动。

(二)劳动定额的分类

(1)按劳动定额的表现形式可分为时间定额、产量定额、看管定额、服务定额、工作定额、人员定额和其他形式的劳动定额。

①时间定额,亦称工时定额,是指为生产单位合格产品或完成一定工作任务的劳动时间消耗的限额。

②产量定额,是指在单位时间内生产合格产品的数量或规定完成一定的工作任务量的限额。

③看管定额,是指对操作者(1个人或1组)在同一时间内照管机器设备的台数或工作岗位数所

规定的限额。它是在劳动定额不能直接用工时或产品产量表现时而采用的一种特殊的定额形式。看管定额具体包括以下两种：

a. 规定1名(或1组)工人在同一时间内所应看管机器设备的台数。其计量单位是"台／人"或"人台"。

b. 为生产线或联动机组规定的工人配备数或工人的操作岗位数。

④服务定额，是按一定的质量要求，对服务人员在制度时间内提供某种服务所规定的限额。

⑤工作定额，是指采用多种指标和方法，对各类人员完成技术性、管理性、公务性劳动所规定的限额。

⑥人员定额，亦即企业定员、劳动定员，是指在一定的生产、技术、组织条件下，为了保证企业生产经营活动的正常进行，按一定素质要求，对企业各类岗位人员的配置所规定的限额。

⑦其他形式的劳动定额，如销售定额，它规定销售人员在规定的时间内应完成的销售金额等。

(2) 按劳动定额的实施范围可分为统一定额、企业定额、一次性定额。

①统一定额，这种定额是同行业中具有先进水平的劳动定额，其实施范围是本部门、本地区或本行业。

②企业定额是企业根据自己的具体生产技术组织条件，参照统一劳动定额，由企业组织制定的劳动定额，经有关领导批准后，在本企业范围内执行。

③一次性定额是企业在特殊情况下(如设计、工艺、材质及规格等临时性变更)，由定额人员会同生产技术主管部门有关人员根据实际情况制定的，在一定时期、一定范围和一定条件下实行的定额。这种定额一般只使用一次，故称一次性定额。

(3) 按劳动定额的用途可以分为现行定额、计划定额、设计定额和不变定额。

①现行定额，是根据生产的技术条件，考虑了现有的生产设备、工夹具、使用的原料和材料，按产品零件分工序制定的。现行定额主要用于衡量工人的生产成绩，核算和平衡企业的生产能力，安排生产作业计划，计算计件工资和奖金，核算产品成本等。

②计划定额，即在计划期内预计要实行的定额。它是以现行定额为基础，充分考虑了计划期内生产任务变动的情况、组织技术措施采用的状况、劳动组织的改善、先进经验的推广、劳动者技术水平以及劳动生产率提高的可能性，经过综合评定而最后确定的。计划定额主要用来制订生产、劳动、成本计划及计算产品价格。

③设计定额，是设计或计划部门根据产品工艺资料和初步设计的年产量，参照技术定额标准，或者通过与同类型产品的现行定额进行对比分析计算出来的定额。设计定额主要用于初步设计工厂的规模，组织专业化协作，核算各种设备、占地面积及劳动力的需求量，也可以作为新产品投入后企业逐步降低工时消耗的努力方向。

④不变定额，亦称固定定额，是指将某个时期(年初或年末)的现行定额固定下来，在几年或一段时间内保持不变。不变定额主要用于制定产品的不变价格，核算工业产值，下达有关的技术经济指标，衡量各个时期的企业劳动生产率水平，以便于进行对比分析。

(4) 按劳动定额编制的综合程度分类，可分为时间定额和产量定额。

①时间定额，可具体分为工步、工序、零件、部件(电子产品为元件、器件)、单位产品的时间定

额。

②产量定额,可具体分为单项定额和综合定额。单项定额是指只包括一道工序作业的定额。综合定额是指包括若干道工序作业的定额。

(5)按劳动定额的制定方法分类,可分为经验估工定额、统计定额、技术定额和类推比较定额。

①经验估工定额,即采用经验估工法制定的定额。

②统计定额,是指运用统计资料,经过必要的统计整理和分析制定出的劳动定额。

③技术定额,是指运用实地观测或技术分析计算方法制定出的劳动定额。

④类推比较定额,即采用类推比较法制定的劳动定额。

(三)劳动定额的内容

劳动定额是一项生产技术性和经济性很强的管理工作,它包括定额的制定、贯彻执行、统计分析和修订等4个重要环节。各环节之间相互联系、相互制约,构成了劳动定额管理工作的全过程。

1.劳动定额的制定

从实际情况出发,按照科学的方法,对各方面因素进行深入的分析,在全面掌握工时消耗的规律性以后,才能制定出既先进又合理的劳动定额。

2.劳动定额的贯彻执行

评价和衡量企业劳动定额的贯彻实施情况,可采用以下几项指标:劳动定额面的大小;企业的计划、生产、财务、劳动各职能部门是不是按劳动定额组织企业的生产经营管理;企业或车间、班组是不是按劳动定额对工人的劳动量进行了严格的考核,做到"日清月结";企业为了推行新定额是不是采取了有效的措施。

3.劳动定额的统计分析

通过收集各种信息、各种有关的数据资料,经过统计汇总、整理和分析,分析劳动定额贯彻执行以后,到底能不能满足企业生产组织和劳动组织的需要;新定额在执行中还存在哪些问题亟待解决。

4.劳动定额的修订

劳动定额的修订是定额贯彻实施、统计分析之后,对定额的重新整顿和修改,它既是劳动定额管理的最后一个环节,又标志着新的定额产生,它使企业劳动定额水平向前逐步推进。因此,它使定额又回到第一个环节。

企业劳动定额管理过程就是上述4个环节的循环往复,而每一次大循环之后,都使企业劳动生产率水平在原有基础上有所提高。

(四)影响劳动定额的因素

影响劳动定额的因素主要有:

(1)与设备、工具有关的因素。如,应查明生产设备的种类,鉴定精度等级,确定数量等。实行定人、定机、定活,实行专业化生产。

(2)与生产情况、生产过程有关的因素。如加工材料的种类、等级、规格、性能、数量等。

(3)与操作方法有关的因素。如自动化程度。

(4) 与劳动力的配备和组织有关的因素。

(5) 与工作地有关的因素。如工作地的布置、光线、温度等。

(6) 规章制度及其他的影响因素。如作息制度、劳动纪律的执行等。

（五）制定劳动定额的依据与要求

制定劳动定额的依据是：技术依据、经济依据和心理生理依据。技术依据主要考虑生产条件以及操作者的技术水平、经验和技能等。经济依据主要考虑劳动者在一定的工作时间内工作负荷程度、整个生产周期和产品总劳动量。心理生理依据主要考虑劳动环境和条件对操作者的影响、工作时间长度和休息时间的比重、劳动分工和协作情况等。

制定劳动定额的要求体现在：一是制定要及时，能满足企业生产和管理的需要；二是定额要精准合理，能实现在不同产品、不同车间和工种之间的水平平衡；三是制定劳动定额应该完整齐全，凡需要和可能制定劳动定额的产品、车间、工种、岗位都要实施定额管理。

（六）劳动定额水平与衡量标准

劳动定额水平通常是指在一定的生产技术组织条件下，行业或企业规定的劳动定额在数值上所表现的高低松紧程度。

其衡量标准主要有：

(1) 用实耗工时来衡量。实耗工时能反映生产员工实际完成定额的情况。

(2) 用实测工时来衡量。选择具有平均技术熟练程度的员工，在正常的生产技术组织条件下，经过现场测定及必要的评定而获得工时。此方法工作量大，只能选择若干典型的、关键的工种或工序来进行。

(3) 用标准工时来衡量。选择国家有关部门正式颁布或批准的时间定额标准作为依据。

(4) 以现行定额之间的比较来衡量。

(5) 用标准差来衡量。

二、企业工时消耗的分类

员工在生产中的工时消耗，按其性质和特点可以分为定额时间和非定额时间。

（一）定额时间

定额时间是指工人完成规定的生产任务（或工作）的必要时间消耗。它是由作业时间、布置工作地时间、休息与自然需要时间（或称生理需要时间）、准备与结束时间这四个部分所组成。

1. 作业时间

作业时间是指工人为了完成生产任务所消耗的时间，它是定额时间的主要组成部分。作业时间按其重要性与作用，又可分为两类：基本作业时间和辅助作业时间。

(1) 基本作业时间（简称基本时间），是指工人从事基本操作，直接改变劳动对象的尺寸、形状、性质、外表、位置、组合等所耗用的时间。基本时间按性质又可分为机动时间、机手并动时间、手动时间和装置时间四类。

(2) 辅助作业时间（简称辅助时间），是指工人为完成基本工序所必要的各种辅助操作所消耗的时间,如装卸工件等。

辅助时间与基本时间都是与加工产品直接相关的,一般都在制造每件产品或几件产品时重复一次。辅助时间有的是与工序有关,有的是与工步有关的。

作业时间是决定定额时间长短的最重要因素。对每件产品来说,作业时间越短越好,但对整个工作日来说,作业时间占的比重越大越好。在作业时间中,辅助时间的比重越小越好。

2. 布置工作地时间

布置工作地时间是指在工作班内,工人使工作地经常保持正常工作状态所消耗的时间。其特点是班班发生,经常发生,并随着工作班的重复而重复。但并不是制造每件产品或一定数量的产品后即需要重复出现一次。例如,在一个工作班中,上班后穿工作服,机器试车运转和加油,清扫工作地,交接班工作,等等。

布置工作地时间完全由工作地的生产设备、供应和服务组织的性质来决定。在机械化的工作地,有时,还要进一步细分为技术性布置及组织性布置工作地时间两类。

(1) 技术性布置工作地时间,是指由于技术上的需要和使工作不间断地、顺利地进行而消耗的时间。例如,因刀具用钝而磨锐刀具或更换刀具、调整机床、更换模具等所耗用的工时。又如玻璃壳在压制中,炉料刮渣、去泡、模具吹气冷却等。其特点是:时间的长短一般和基本时间成正比。

(2) 组织性布置工作地时间,是指工作班开始生产前的准备工作和班与班交接工作等所消耗的时间。其特点是随工作班重复出现。如上班后换鞋、穿工作服、设备升温、领辅助材料、加油;下班前擦拭机床,清扫工作地,填写记录卡,办理交接班手续,等等。

组织性布置工作地时间常按作业时间的百分比来规定。

3. 休息与自然需要时间

休息与自然需要时间也称生理需要时间,是指工人在工作班中休息、做工间操、上厕所、喝水、吸烟等所需要的时间。通常要根据劳动条件、劳动性质和劳动繁重程度,分别做出具体规定。一般休息与自然需要时间按作业时间百分比来规定,或者为每一工作班规定一定的休息与自然需要时间。

4. 准备与结束时间

准备与结束时间指工人为生产一批产品,或执行一项工作,事前进行准备和事后结束所消耗的时间。这类工时消耗只在制造某一批产品的开始和结束时,或工序变换时才有。准备与结束时间同工序的性质、设备自动化程度、生产条件等有直接关系。

(二) 非定额时间

非定额时间指由于组织上和技术上的缺点,或由于工人违反劳动纪律所形成的时间消耗。这些时间一般不能作为定额的组成部分。这部分工时消耗又可分为停工时间和非生产时间两类。

1. 停工时间

停工时间是指由于工人本身或由于外来因素使工人工作停顿而浪费的时间。按其发生的原因和性质,可分为以下两类:

(1) 非工人造成的停工时间,是指由于技术组织上的各种缺点,或者由于企业外部条件影响,工作发生中断的时间。例如,停工待料,等工艺装备,等图纸,等派工,零件不齐,电、气、水供应中断,机器发生故障等所损失的时间。

(2)工人造成的停工时间,是指由于个别工人不遵守劳动纪律引起的停工时间。如迟到、早退、旷工、闲谈、闲逛、办理私事、中途无故离开工作地等所损失的时间。

2.非生产时间

非生产时间指工人在工作时间内做不必要的工作、无效的工作或与生产无关的工作所消耗的时间。这类时间根据发生的原因,又可分为两类:

(1)非工人造成的非生产时间,是指由于企业在组织管理方面的问题所造成的工时浪费。

(2)工人造成的非生产时间,是指由于工人本人对工作的处理不当,技术熟练程度不够,以及其他由于本人的原因而造成的非生产时间。

还有一类时间,在工时消耗的分类中没有单独列出,但在实际生产过程中可能遇到,就是工艺性中断时间。它是指由于技术或组织上的原因,造成生产过程中不可避免的中断,从而占去的一部分时间。

三、劳动定员的概念和内容

(一)劳动定员的概念

劳动定员是指在一定生产技术组织条件下,为保证企业生产经营活动正常进行,按一定素质要求,对配备某类岗位人员所预先规定的限额。

(二)企业劳动定员的作用

(1)劳动定员是企业用人的标准,便于企业合理、节约地使用人力资源,提高劳动生产率。

(2)劳动定员是企业人力资源计划的基础。劳动定员是以先进合理的定员标准和劳动定额为依据核定的,按定员标准编制企业人力资源计划是科学而高效的。

(3)科学合理的劳动定员是企业内部各类员工调配的主要依据。

(4)先进合理的劳动定员有利于提高员工队伍的素质。合理的定员能使企业各岗位的任务量实现满负荷运转,有利于员工提升技术业务水平,激发潜力,从而提高员工的素质。

(三)劳动定员管理的基本原则

(1)定员以保证实现企业生产经营目标为依据。

(2)定员必须以精简、高效、节约为目标。

(3)各类人员的比例关系要协调。

(4)力求做到人尽其才、人事相宜。

(5)内外环境有利于定员标准的贯彻执行。

(6)适时修订定员标准。

练习题

一、单项选择题

1.在一定的生产技术组织条件下,采用科学合理的方法,对生产单位合格产品或完成一定工作任务的活劳动消耗量所预先规定的限额是(　　)。
　　A. 劳动定额　　　B. 服务定额　　　C. 工作定额　　　D. 人员定额
2. (　　)是指采用多种指标和方法,对各类人员完成技术性、管理性、公务性劳动所规定的限额。
　　A. 工作定额　　　B. 服务定额　　　C. 劳动定额　　　D. 人员定额
3. 员工在生产中的工时消耗,按其性质和特点可以分为(　　)和非定额时间。
　　A. 作业时间　　　B. 非作业时间　　C. 停工时间　　　D. 定额时间
4. (　　)是指由于技术上的需要和使工作不间断地、顺利地进行而消耗的时间。例如,因刀具用钝而磨锐刀具或更换刀具,调整机床等。
　　A. 技术性布置工作地时间　　　　　B. 组织性布置工作地时间
　　C. 停工时间　　　　　　　　　　　D. 非生产时间
5. (　　)按性质又可分为机动时间、机手并动时间、手动时间和装置时间四类。
　　A. 作业时间　　　B. 基本时间　　　C. 辅助时间　　　D. 定额时间

二、多项选择题
1. 劳动定额按表现形式可分为时间定额、产量定额和(　　)。
　　A. 看管定额　　　B. 服务定额　　　C. 工作定额
　　D. 人员定额　　　E. 其他形式的定额
2. 劳动定额管理的环节包括(　　)。
　　A. 劳动定额的制定　　　　　　　　B. 劳动定额的贯彻执行
　　C. 劳动定额的统计分析　　　　　　D. 劳动定额的修订
3. 制定劳动定额的依据是(　　)。
　　A. 技术依据　　　B. 经济依据　　　C. 心理生理依据　　D. 政策依据
4. 制定劳动定额的要求体现在(　　)。
　　A. 制定及时　　　B. 定额精准合理　C. 制定范围齐全　　D. 制定科学
5. 企业劳动定员的作用体现在(　　)。
　　A. 劳动定员是企业用人的标准
　　B. 劳动定员是企业人力资源计划的基础
　　C. 科学合理的劳动定员是企业内部各类员工调配的主要依据
　　D. 先进合理的劳动定员有利于提高员工队伍的素质

三、是非题
1. 不变定额亦称固定定额,是指将某个时期(年初或年末)的现行定额固定下来,在几年或一段时间内保持不变。(　　)
2. 看管定额是在劳动定额不能直接用工时或产品产量表现时而采用的一种特殊的定额形式。(　　)
3. 科学合理的劳动定员不是企业内部各类员工调配的主要依据。(　　)
4. 迟到、早退、旷工损失的时间属于非定额时间。(　　)

5. 作业时间是决定定额时间长短的最重要因素,对每件产品来说,作业时间越短越好,但对整个工作日来说,作业时间占的比重越大越好。(   )

第五节　人力资源费用预算与审核

知识要点

1. 企业人力资源费用。
2. 企业人力资源管理费用核算要求。
3. 人力资源管理行为失误的成本。
4. 审核人力资源费用预算的基本要求。
5. 控制人力资源费用支出的基本原则。

一、企业人力资源费用

(一) 主要构成

企业人力资源费用包括人工成本和人力资源管理费用。

1. 人工成本

人工成本是指企业在一个生产经营周期(一般为一年)内,支付给员工的全部费用,主要包括以下三方面内容:

(1) 工资项目,主要由计时工资、基础工资、职务工资、计件工资、奖金、津贴和补贴(包括洗理卫生费、上下班交通补贴),以及加班工资等部分组成。

(2) 保险福利项目,如基本养老保险费和补充养老保险费、医疗保险费、失业保险费、工伤保险费、生育保险费、员工福利费、员工教育经费、员工住房基金、其他费用(如根据《中华人民共和国工会法》规定应提取的工会基金等)。

(3) 其他项目,除上述两项基本费用之外的其他费用预算,如其他社会费用、非奖励基金的奖金、其他退休费用等,是在发生之后才有的费用项目。

2. 人力资源管理费用

人力资源管理费用是指企业在一个生产经营周期(一般为一年)内,人力资源部门的全部管理活动的费用支出。它是计划期内人力资源管理活动得以正常进行的资金保证,主要包括以下三方面内容。

(1) 招聘费用,即招聘过程中发生的所有费用,包括:招聘前产生的调研费、广告费、招聘会经费、高校奖学金等；招聘中产生的选拔测试方案制订与实施的经费、获取测试工具的经费等；招聘后产生的通知录取结果的经费、分析招聘结果的经费、签订劳动合同的费用等。

(2) 培训费用，包括：培训前产生的绩效考核经费和制订培训方案的经费，前者包括考评方案制订与实施的经费、获取考评工具的经费、处理考评结果的经费等；培训中产生的教材费、教师劳务费、培训费（差旅费）等；培训后产生的测评培训结果的经费、评价培训结果的经费等。

(3) 劳动争议处理费用，即处理劳动争议的过程中发生的费用，如法律咨询费等。

（二）预算原则

(1) 合法合理原则。编制人力资源费用预算应当关注国家相关部门发布的各种相关政策和法律法规信息，如地区与行业的工资指导线、消费者物价指数、最低工资标准等涉及员工权益资金、社会保险等方面规定标准的变化情况，以及本企业对下一年度工资调整的指导思想和要求等。凡涉及各自主管项目的子项目比例变化的要准确地反映到预算中。

(2) 客观准确原则。

(3) 整体兼顾原则，即从企业整体出发，密切注意不同预算项目之间的内在联系。

(4) 严肃认真原则。

二、企业人力资源管理费用核算要求

具体核算要求体现在：

1.加强费用开支的审核和控制

专人审核和控制费用的开支，对招聘、培训等费用是否合理，是否对提高经济效益具有巨大意义等做出判断。核算人员要与审核、控制人员及时沟通，提高核算的利用价值。

2.正确划分各种费用的界限

企业需要确定划分层级，对一些相关项进行合并，避免界限含混不清，彼此交叉，不具有表示性。

3.适应企业特点和管理要求，采用适当的核算方法

招聘、培训、处理劳动争议等费用发生的时间、期限、形式不同，故采用的核算方法也应不同，所以应根据企业自身特点和不同的管理要求，选择合适的核算方法。

三、人力资源管理行为失误的成本

人力资源管理行为不当所导致的成本是指由于人力资源管理人员的行为对员工的工作行为乃至工作绩效产生副作用而导致的人力资源浪费或管理成本支出，一般表现为：

（一）直接成本

(1) 在纪律和监控方面，表现为人员缺勤率高、离职率高、消极怠工现象、申诉频繁、停工乃至罢工事件等。

(2) 在工作绩效方面，表现为生产或服务质量达不到预定的标准。

(3) 设备仪器用具等的超损耗、原料超用等。

(4)在生产安全方面,表现为事故多发、事故造成生产或服务停止或损失、医疗费和赔偿费用高等。

(二)间接成本

由人力资源管理行为失误或不当所导致的间接成本一般不会即时发生,一旦实际发生,往往就会持续一段时间并具有较长远的影响。具体表现如下:

(1)在工作态度方面,表现为员工工作热情不高,缺乏工作主动性、积极性和创造性,得过且过,不满情绪积累等。

(2)在交流方面,表现为员工不愿与管理人员交流,不愿提供真实的反馈而导致管理者决策失误。

(3)在工作关系方面,表现为员工与管理人员缺乏相互信任和尊重。工作上不配合、互相防范。

四、审核人力资源费用预算的基本要求

审核人力资源费用预算的基本要求有:

(1)确保人力资源费用预算的合理性。人力资源费用应结合政府有关部门定期发布的相关指标进行预算,同时要结合企业的发展情况。

(2)确保人力资源费用预算的准确性。审核不仅是对数字的重新核算,还要对发生的费用进行分析,确保准确性。

(3)确保人力资源费用预算的可比性。通过定期进行市场调查,形成同行业、项目之间的比较、分析模式,完成一个生产周期内本企业各项费用的计划与实际对比、分析,为人力资源规划的动态调整提供依据。

五、控制人力资源费用支出的基本原则

控制人力资源费用支出的基本原则是:

(1)及时性原则。及时发现费用预算与实际支出之间的差异,结合有关制度规定的标准及时调整、消除偏差,减少失控期间的损失。

(2)节约性原则。在控制招聘、培训、劳动争议处理等人力资源管理费用支出时,通过切实有效的控制活动降低成本,使费用利用价值最大化。

(3)适应性原则。使人力资源费用支出控制适应时间的推移和内外部条件的变化,并能在变化的条件下较好地发挥控制作用。

(4)权责利相结合原则。严格把握各项费用的出处及去向,使各部门以至于个人在享有使用费用权利的同时,也有责任充分利用,实现权责利的统一。

练习题

一、单项选择题

1.企业人力资源费用包括人工成本和(   )。

A.招聘费用　　　　　　　　　　　　B.培训费用

C. 劳动争议处理费用　　　　　　　D. 人力资源管理费用

2. 人力资源管理行为失误的直接成本不属于纪律和监控方面的是（　　）。

A. 人员缺勤率高　　　　　　　　　B. 离职率高

C. 消极怠工现象　　　　　　　　　D. 事故造成停产的损失

3. 人工成本是指企业在一个生产经营周期（一般为一年）内，支付给员工的全部费用，主要包括工资项目、（　　）和其他项目三方面内容。

A. 保险福利项目　　　　　　　　　B. 医疗保险费

C. 员工住房基金　　　　　　　　　D. 工会基金

4. 人力资源管理费用不包括（　　）。

A. 调研费　　　　　　　　　　　　B. 广告费

C. 招聘会经费　　　　　　　　　　D. 工资费用

5. 不体现企业人力资源管理费用核算要求的是（　　）。

A. 加强费用开支的审核和控制

B. 正确划分各种费用的界限

C. 适应企业特点和管理要求，采用适当的核算方法

D. 从企业总体战略目标出发

二、多项选择题

1. 人力资源管理费用，主要包括（　　）。

A. 招聘费用　　　　　　　　　　　B. 培训费用

C. 劳动争议处理费用　　　　　　　D. 人工成本

2. 人力资源费用预算的原则是（　　）。

A. 合法合理原则　　　　　　　　　B. 客观准确原则

C. 整体兼顾原则　　　　　　　　　D. 严肃认真原则

3. 审核人力资源费用预算的基本要求是（　　）。

A. 确保人力资源费用预算的合理性

B. 确保人力资源费用预算的准确性

C. 确保人力资源费用预算的可比性

D. 对市场发生的变化进行定期调查

E. 人力资源管理人员应当掌握预算

4. 控制人力资源费用支出的基本原则是（　　）。

A. 及时性原则　　　　　　　　　　B. 节约性原则

C. 适应性原则　　　　　　　　　　D. 权责利相结合原则

5. 人力资源管理行为失误或不当所导致的间接成本具体表现在（　　）。

A. 工作态度方面　　　　　　　　　B. 交流方面

C. 工作关系方面　　　　　　　　　D. 工作业绩方面

三、是非题

1. 编制人力资源费用预算应当关注国家相关部门发布的各种相关政策和法律法规信息。（　）

2. 从企业整体出发，密切注意不同预算项目之间的内在联系，体现了人力资源费用预算中的整体兼顾原则。（　）

3. 人力资源管理行为不当所导致的成本是指由于人力资源管理人员的行为对员工的工作行为乃至工作绩效产生副作用而导致的人力资源浪费或管理成本支出。（　）

4. 设备仪器用具等的超损耗不属于人力资源管理行为不当所导致的直接成本。（　）

5. 工资项目主要由计时工资、基础工资、职务工资、计件工资、奖金、津贴和补贴（包括洗理卫生费、上下班交通补贴）等部分组成，不包括加班工资。（　）

第二章
招聘与配置

第一节 招聘活动的实施

> **知识要点**
>
> 1. 招聘与配置的概念及意义。
> 2. 人员补充的来源、特点与原则。
> 3. 笔试的特点和适用范围。
> 4. 人员面试的概念、内容与要求。
> 5. 各种心理测试方法的概念与种类。
> 6. 员工录用决策。

一、人员招聘与配置概述

人员招聘是企业为了弥补岗位的空缺而进行的一系列人力资源管理活动的总称。它是人力资源管理的首要环节,是实现人力资源管理有效性的重要保证。

人员配置是企业为了实现生产经营的目标,采用科学的方法,根据岗得其人、人得其位、适才适所的原则,实现人力资源与其他物力、财力资源的有效结合而进行的一系列管理活动的总称。

从广义上讲,人员招聘包括招聘准备、招聘实施和招聘评估三个阶段;狭义的招聘即指招聘的实施阶段,其中主要包括招募、筛选、录用三个具体步骤。

人员招聘是企业人力资源管理的起点,按照企业中长期人力资源战略规划和人员招聘的管理制度的要求,有计划、有组织地进行人员招聘才能确保人员招聘的质量,不断提高组织的核心竞争力。任何竞争归根到底是人才的竞争。

随着经济的发展,企业对人才的需求也越来越强烈,公司要发展就必须不断地吸纳人才。招聘,就是替空缺职位挑选具有该职位所需才能的人员的过程。求才的目的在于选择一位最适合该职位的人才。

人员招聘与配置的意义主要体现在：①是企业获取人力资源的重要手段；②是确保较高员工素质的基础；③在一定程度上保证员工队伍的稳定；④可以为企业树立良好的企业形象；⑤有利于组织文化的建设；⑥招聘关系到企业的生存和发展。

二、人员补充的来源、特点与原则

企业人员的补充有内部补充和外部补充两个方面的来源，即通过内部和外部两个方面招聘员工。

内部招聘方法是指在组织内公布空缺职位、发布招聘启事、在职位所需技能和现有员工的技能库进行搜索，从内部寻找聘用者并从内部招聘员工。外部招聘方法包括在报纸和杂志等媒体上刊登招聘广告，并从外部寻找人员来填补职位空缺。无论是外部招聘还是内部招聘都取决于组织的内部晋升和内部调动战略。

在一些公司，外部招聘仅限于入门水平工作，高于入门水平的工作通常通过晋升的方法由目前的雇员来补充，晋升的可能性经常会增强士气和能动性。研究发现，晋升机会能导致流动率的下降、较高的工作满意度及更好的工作效率。

（一）内部招聘的优缺点

1. 内部招聘的优点

(1) 组织和员工相互之间比较了解。首先，组织对自己的员工比较了解。组织可以得到现有员工的更为准确的资料，从而降低做出错误决策的概率。其次，员工也了解组织的更多情况，知道组织的运作、组织的价值观和文化，这样员工的预期不准确性和对组织不满意的可能性就降低了。

(2) 创造了晋升的机会和防止可能的冗员。晋升对员工动机的激发和士气的提高会产生积极的、重大的作用。如果员工知道自己有希望得到晋升和职业有发展就会为组织努力工作，这也是对员工的绩效和忠诚的奖励。反之，如果总是优先考虑外部人员填补工作空缺，就会产生相反的影响。

(3) 成本低。与外部招聘相比，内部招聘在评价、测试和背景资料方面，能节约一定的人力、物力和财力，而且招聘的速度快。同时，组织可以充分利用现有员工的能力，对以前在员工的人力资本投资上获得一定的回报。

2. 内部招聘的缺点

一是易导致"近亲繁殖"。二是易引发企业高层领导和员工之间的不团结。三是易引发后续问题。一名员工可能会提升到一个他不能胜任的工作岗位，因此组织就需要能干的员工和强有力的管理开发计划，以确保员工能承担更大的责任；另一个问题就是内部晋升是以资历还是以能力为基础。四是过多的内部招聘可能会使组织变得封闭。五是过多的内部招聘可能导致效率降低的现象。

（二）外部招聘的优缺点

组织从外部招聘人员的渠道很多。那些快速成长的组织，或者需要招聘大量有技术的熟练工人或者有管理才能的员工的组织就需要从外部招聘。

(1) 外部招聘的优点体现在：一是人员选择范围广泛；二是外部招聘有利于带来新思想和新方法；

三是大大节省了培训费用。

（2）外部招聘的缺点体现在：一是外部招聘选错人的风险比较大；二是需要更长的培训和适应阶段；三是内部员工可能感到自己被忽视；四是外部招聘可能费时费力。

（三）实施内部招聘与外部招聘的原则

（1）高级管理人才选拔应遵循内部优先原则。高级管理人才为组织服务一方面是依靠自身的专业技能、素质和经验，能够为组织服务；另一方面是对组织文化和价值观念的认同，愿意为组织贡献自己全部的能力和知识，而外部招募人员是无法在短期内完成和实现的。

（2）外部环境剧烈变化时，组织必须采取内外结合的人才选拔方式。当外部环境发生剧烈变化时，行业的经济技术基础、竞争态势和整体游戏规则发生根本性的变化，知识老化周期缩短，原有的特长、经验成为学习新事物、新知识的一种障碍，组织受到直接影响。这种情况下，从组织外部、行业外部吸纳人才和寻求新的资源，成为组织生存的必要条件之一。不仅因为组织内部缺乏所需专业人才，时间也不允许坐等组织内部人才的培养成熟。因此，必须采取内部招募与外部招募相结合、内部培养与外部专业服务相结合的措施。

（3）处于成长期的组织，应当广开外部渠道。处于成长期的组织，由于发展速度较快，仅仅依靠内部招募与培养无法跟上组织的发展。同时组织受人员规模的限制，选择余地相对较小，无法得到最佳的人选。这种情况下，组织应当采取更为灵活的措施，广开渠道，吸引和接纳需要的各类人才。

同时，处于快速成长期的组织，由于提供给新员工的职位比较多，员工在短时间内得到晋升的机会大，利用外部招募可以很容易吸引人才以及留住人才。

三、笔试的适用范围和特点

（一）笔试的适用范围

笔试是纸笔测试的简称，是按照统一的要求，安排统一的时间、统一的地点，通过纸笔的形式来考核求职者知识数量、知识结构、知识程度等多方面水平的一种重要方法。笔试是考核求职者学识水平的重要工具，是人员甄选实践中最古老的方法之一，也是一种最基础的人员选拔方法。尤其是在大规模的员工招聘中，笔试作为人员招聘录用过程中有效筛选的工具，帮助组织迅速地甄别求职者的知识素质，从而判断哪些求职者符合招聘岗位的基本要求。

一般来说，笔试作为一种重要的考试方法，其目的主要是有效地测试求职者在基础知识、专业知识、管理知识、综合分析能力和文字表达能力等方面的水平。

（二）笔试的特点

笔试作为招聘录用中一个重要的甄选方法，具有以下特点：

（1）笔试的题目往往是通过对求职者和招聘岗位的情况做出系统分析后，按招聘单位的需求而设计的。组织首先需要对参与选拔的候选人和招聘岗位两方面进行分析，在分析招聘岗位的要求、候选人具备的知识结构等多个方面的基础上，有针对性地完成笔试题目的设计。

（2）笔试一般都由多种题型组成，包括填空题、选择题、是非题、简答题、论文题等。

（3）笔试的测试过程是标准化的过程，一般限定了被测试者回答问题的时间。笔试往往要求被测试者在规定的时间内完成笔试的所有题目。不仅是测试求职者的知识,也是对其反应能力的测评。

(三)笔试的优点

一是相对比较公平。二是涵盖的知识面广。笔试可以较好地衡量求职者的知识数量、知识结构、知识水平等。三是花费的时间与费用相对较少,效率较高。四是简便。五是具备良好的信度和效度。笔试所采用的测试题大都在很多次的测试中得以大量应用,一般都经过了长时间的积累和推敲,因此笔试题目一般都具有较好的信度和效度,为笔试测试结果的可靠性和有效性提供了一个良好的保证。六是参加笔试的被测试者心理压力较小。笔试有助于求职者在测试中更好地发挥自己的水平,充分展示自己的知识水平、知识结构等,而且笔试成绩的评定也更为客观。

四、人员面试

(一)面试的概念

面试是一种重要的人力资源测评手段,得到了极为广泛的应用,但对面试的确切定义,至今众说纷纭。关于面试最普遍的定义是:在一种特定情景下,经过精心设计,通过测评者与被测评者双方的交流、考察,了解被测评者素质状况信息,以确定被测评者是否符合职位要求的一种人员选拔方法。

面试强调利用面对面的方式,对被测评者做出准确、客观的评价。面试作为公司获取人才的重要手段,能得到普通测试所不能得到的交流机会,使测评者能够评价候选人的内在素质及其外部表现,如智力、工作能力、仪表等。

(二)面试的内容

(1)求职者的仪表风度。仪表风度是指求职者的体型、外貌、气质、衣着、举止、精神状态等。

(2)求职者的背景情况。一般来说,求职者的简历已经较为全面地反映了这方面的情况,但是为了全面、深入地了解这些情况,在面试中面试官还会提出一些与此相关的问题,如求职者的家庭背景、学校教育、工作经历、业余爱好等。

(3)求职者的专业知识。面试也是一次对专业知识笔试的补充,面试官以此进一步了解求职者掌握专业知识的深度和广度,以及专业知识是否符合所要录用职位的要求。

(4)求职者的工作或实践经验。求职者所具有的实际工作经验是面试过程中的重点考察内容。

(5)求职者的工作态度。求职者的工作态度是所有招聘单位都非常重视的一项素质。因此,在面试中,对于工作态度的考察是不可避免的。

(6)求职者的求职动机。求职者的求职动机是面试中的一项重要考察内容,面试官一般会从未来是否能满足求职者各方面需求的角度来确定合适的人选。

(7)求职者的兴趣爱好等情况。在面试过程中,由于需要从个性与工作适宜性方面对求职者进行评价,所以面试官一般会侧面了解求职者休闲时间爱从事哪些运动、喜欢阅读哪些书籍、喜欢什么样的电视节目、有什么样的爱好等,这有利于录用后的工作安排。

（三）面试的目标

1.面试人员的面试目标

(1) 创造一个融洽的会谈气氛，使应聘者能够正常展现自己的实际水平。
(2) 让应聘者更加清楚地了解企业发展状况、应聘岗位信息和企业人力资源政策等。
(3) 了解应聘者的专业知识、岗位技能和非智力素质。
(4) 决定应聘者是否通过本次面试。

2.应聘者的面试目标

(1) 创造一个融洽的会谈气氛，尽量展现出实际的水平。
(2) 有充分的时间向面试人员说明自己具备的条件。
(3) 被理解、被尊重，并得到公平对待。
(4) 充分地了解自己关心的问题。
(5) 决定是否愿意来该公司工作。

五、心理测试

（一）心理测试的概念与原则

所谓心理测试，是指通过一系列的心理学方法来测量被试者的智力水平和个性方面差异的一种科学方法。

心理测试在招聘中运用，可以了解一个人是否符合该企业某一岗位的需要。所谓的人事安排，就是让合适的人担任合适的工作，而心理测试正可以了解一个人的实际能力，这样，决策者可以把适当的人安排在适当的岗位上。

心理测试的原则是：

(1) 要对个人隐私加以保护。因为心理测试涉及个人的智力、能力等方面的隐私，这些内容严格来说应该只有被试者以及他愿意让人知道的人才能了解，所以，有关测试内容应该严加保密。

(2) 心理测试以前，要先做好预备工作。心理测试选择的内容、测试的实施和计分，以及测试结果的解释都有严格的顺序。一般来说，主试及测试者要接受过严格的心理测试方面的训练。

(3) 测试要事先做好充分的准备，包括要统一地讲出测试指导语，要准备好测试材料，要能够熟练地掌握测试的具体实施手段，要尽可能使每一次测试的条件相同，这样测试结果才可能比较准确。

（二）心理测试的方式与种类

心理测试主要有以下几种方式和类型：

(1) 智力测验。智力测验就是对智力的科学测试，智力包括观察能力、记忆能力、想象能力、思维能力等。智力的高低可能会影响到一个人在社会上是否成功。

(2) 个性测验。个性可以包括性格、兴趣、爱好、气质、价值观等。个性和智力一样，也是企业员工招聘中的一个重要测试方面。由于个性在工作中发挥的作用很大，且个性由多方面内容组成，因此，我们不能希望仅通过一次测试或者一种测试，就把一个人的所有个性都了解清楚，我们应分别进行测试,以准确、全面地了解一个人的整体个性。在招聘中,我们通过个性测验了解一个人个性的某一方面,再结合其他指标,来综合考虑他适合担任哪些工作。

(3)特殊能力测试。特殊能力测试在一般员工招聘中并不常用。所谓的特殊能力,就是指某些人具有的他人所不具备的能力。例如,有些人的听觉特别敏锐,有些人的视觉特别敏锐,有些人的嗅觉特别敏锐,而有些人的味觉特别敏锐。

(4)情景模拟测试。情景模拟测试是一种非常有效的人员选拔方法。情景模拟测试是根据被测者可能担任的岗位,编制一套与该岗位实际情况相似的测试项目,将被测者安排在模拟的、逼真的工作环境中,要求被测者处理可能出现的各种问题。情景模拟测试比较适合在招聘服务人员、事务性工作人员、管理人员、销售人员时使用。但是,由于这种测试方法设计复杂且费时耗资,因此目前在招聘高层管理人员时使用较多。

六、员工录用决策

人员录用是依据选拔的结果做出录用决策并进行安置的活动,其中最关键的内容是做好录用决策。

一般来说,人员录用的主要决策模式有三种,如表2-1所示。

表2-1 人员录用的决策模式

模式	内容
多重淘汰式	将多种考核与测验项目依次实施,每次淘汰若干低分者。对考核项目全部通过者,再按最后面试或测验的实得分数,排出名次,择优确定录用名单
补偿式	在补偿式中,不同测试的成绩可以互为补充,最后根据应聘者在所有测试中的总成绩做出录用决策。如分别对应聘者进行笔试与面试选择,再按规定的笔试与面试的权重比例,综合算出应聘者的总成绩,决定录用人选
结合式	在采用结合式进行录用决策分析时,在全部测试中,有些测试是淘汰性的,有些是可以互为补偿的,应聘者只有通过淘汰性的测试之后,才能参加其他项目的测试,某些项目的测试成绩可以互为补充

在做出最终录用决策时,应当注意以下几个问题。

(1)尽量使用全面衡量的方法。企业要录用的人员必然是能够满足单位需要,符合应聘岗位素质要求的人才。因此必须根据单位和岗位的实际需要,针对不同的能力素质要求给予不同的权重,然后录用那些得分较高的应聘者。

(2)减少做出录用决策的人员。在决定录用人选时,必须坚持少而精的原则,选择那些直接负责考察应聘者工作表现的人,以及那些会与应聘者共事的人进行决策。如果参与的人太多,会增加录用决策的困难,造成争论不休或浪费时间和精力。

(3)不能求全责备。人没有十全十美的,在录用决策时也不要吹毛求疵、挑小毛病,总是不满意。我们必须分辨主要问题以及主要方面,分辨哪些能力对于完成这项工作是不可缺少的,这样才能录用到合适的人选。

练习题

一、单项选择题

1.( )不是内部招募法的优点。
   A. 激励性强　　　　　B. 适应较快　　　　　C. 准确性高　　　　　D. 费用较高

2. 有可能影响内部员工积极性的员工招募方式是( )。
   A. 校园招聘　　　　　B. 网络招聘　　　　　C. 内部招募　　　　　D. 外部招募

3. 笔试的缺点是不能全面考察应聘者的( )。
   A. 财务知识　　　　　B. 观察能力　　　　　C. 管理知识　　　　　D. 管理能力

4. 面试不能够考核应聘者的( )。
   A. 交流能力　　　　　B. 风度气质　　　　　C. 衣着外貌　　　　　D. 科研能力

5. 企业招聘大批的初级技术人员,最适合的招聘渠道是( )。
   A. 校园招聘　　　　　B. 猎头公司　　　　　C. 熟人推荐　　　　　D. 档案筛选

二、多项选择题

1. 从面试所达到的效果看,面试可分为( )。
   A. 初步面试　　　　　B. 结构化面试　　　　C. 诊断面试
   D. 非结构化面试　　　E. 正式面试

2. 面试前应做好( )等准备工作。
   A. 确定面试目的　　　B. 设计面试问题　　　C. 确定面试时间、地点
   D. 详细了解应聘者资料　E. 写出面试事项和范围,写出提纲

3. 内部招募的优点是( )。
   A. 费用低　　　　　　B. 准确性高　　　　　C. 适应快
   D. 风险大　　　　　　E. 激励性强

4. 属于网络招聘优点的是( )。
   A. 成本较低　　　　　B. 选择余地大、涉及范围广
   C. 方便快捷　　　　　D. 不受时间、地点限制
   E. 便于存储、分类、处理、检索

5. 人员录用的主要模式有( )。
   A. 补偿式　　　　　　B. 多重淘汰式　　　　C. 结合式
   D. 综合决定式　　　　E. 推荐式

三、是非题

1. 笔试的缺点是不能全面考察应聘者的态度、修养、管理能力等。( )
2. 人力资源管理的首要环节是人力资源规划。( )
3. 招聘工作一般是从招聘需求的提出和确定开始的。( )
4. 校园招聘属于外部招聘。( )
5. 面试筛选法适合于初步筛选应聘者。( )

第二节　招聘活动的评估

知识要点

1. 招聘成本相关概念与分类。
2. 招聘成本效益评估。
3. 招聘数量与质量评估。
4. 人员招聘过程评估的概念与内容。

一、招聘成本相关概念与分类

招聘成本是伴随企业招聘和选拔活动的开展而发生的各种费用支出，是企业员工招聘工作所花费的各项成本的总称，既包括招聘过程中的招募、选拔、录用和安置成本，也包括因招聘不慎而使得员工离职给企业带来的损失以及重新再组织招募所花费的费用。

招聘成本分为招聘总成本与招聘单位成本。招聘总成本是人力资源的获取成本，它由两部分构成：一部分是直接成本，包括招募费用、选拔费用、录用员工的家庭安置费用和工作安置费用、其他费用（如招聘人员差旅费、应聘人员招待费等）；另一部分是间接费用，包括内部提升费用、工作流动费用。招聘单位成本是招聘总成本与实际录用人数之比。如果招聘实际费用少，录用人数多，意味着招聘单位成本低，相反，则意味着招聘单位成本高。

招聘成本具体表现为招募成本、选拔成本、录用成本、安置成本、离职成本、重置成本六种类型。

二、招聘成本效益评估

招聘成本评估是指对招聘过程中的费用进行调查、核实，并对照预算进行评价的过程。

成本效益评估是对招聘成本所产生的效果进行的分析，主要包括招聘总成本效益分析，招募成本效益分析、人员选拔成本效益分析和人员录用成本效益分析等。

招聘成本效益既是一项经济评价指标，同时也是对招聘工作的有效性进行考核的一项指标。招聘成本效益越高，则说明招聘工作越有效。

三、招聘数量与质量评估

企业通过对各类人员招聘数量情况的统计指标进行评估，可以分析在员工数量上满足或不满足需求的情况，查明具体产生的原因，有利于找出招聘活动中的薄弱环节。同时，通过对人员招聘的数量与招聘计划进行比较，也能为人力资源规划的修订提供依据。而人员招聘质量评估是对员工的工作绩效行为、实际能力、工作潜力的评估。它是对招聘的工作成果与方法的有效性进行检验的另一个重要方面。人员招聘质量评估既有利于改进招聘方式方法,又能为企业员工培训开发、绩效评估等人力资源管理项目提供重要的信息和依据。

四、人员招聘过程评估

企业人员招聘的过程主要由招募、甄选、录用三个基本环节组成。

(1)招募环节评估是对招聘广告、招聘申请表、招聘渠道的吸引力的评估,包括绝对指标和相对指标。

(2)甄选环节评估,是对甄选方法的质量评估。企业最常用的甄选方法有面试、无领导小组讨论等,对这些甄选方法的有效性,可以通过计算甄选方法的信度和效度指标来评估。

(3)录用环节评估。录用环节的评估是对职位填补的及时性的评估以及对录用员工的评估。

练习题

一、单项选择题

1. 招聘总成本中的直接成本部分不包括(　　)。
   A. 招募费用　　　B. 选拔费用　　　C. 内部提升费用　　　D. 招聘人员差旅费

2. (　　)评估是鉴定招聘效率的一个重要指标。
   A. 招聘预算　　　B. 招聘管理成本　　　C. 招聘费用　　　D. 招聘成本效益

3. (　　)大于等于100%时,说明在数量上完成或超越了招聘任务。
   A. 录用比　　　B. 招聘完成比　　　C. 应聘比　　　D. 总成本效益

4. 招聘总成本效益等于(　　)。
   A. 录用人数/招聘总成本　　　B. 应聘人数/招聘期间费用
   C. 被选中人数/选拔期间费用　　　D. 正式录用人数/录用期间费用

5. 以下哪个成本不属于招募成本?(　　)
   A. 招待费　　　B. 直接劳务费　　　C. 间接管理费　　　D. 预付费用

二、多项选择题

1. 人员招聘质量评估是对员工的(　　)的评估。
   A. 工作绩效行为　　　B. 实际能力　　　C. 工作潜力　　　D. 操作能力

2. 招聘总成本包括(　　)。
   A. 招募费用　　　B. 选拔费用　　　C. 录用员工的家庭安置费用
   D. 工作安置费用　　　E. 工作流动费用

3. 以下公式正确的是(　　)。
   A. 应聘比=(应聘人数/计划招聘人数)×100%
   B. 录用合格比=(已录用胜任岗位人数/实际录用总人数)×100%
   C. 录用基础比=(原有人员胜任岗位人数/原有人员总数)×100%
   D. 招聘完成比=(应聘人数/计划招聘人数)×100%

4. 以下哪些是招聘成本的类型?(　　)

A. 招募成本　　　B. 录用成本　　　　　C. 安置成本
D. 离职成本　　　E. 重置成本
5. 招聘总成本中的直接成本部分包括（　　　）。
A. 招募费用　　　B. 选拔费用　　　　C. 内部提升费用　　　D. 招聘人员差旅费

三、是非题

1. 招聘成本是伴随企业招聘和选拔活动的开展而发生的各种费用支出。（　　　）
2. 选拔成本是指对应聘人员进行鉴别选择，以决定录用或不录用这些人员所支付的费用。（　　　）
3. 离职成本是指因招聘方式或程序错误致使招聘失败而重新招聘所发生的费用。（　　　）
4. 招聘成本评估是指对招聘过程中的费用进行调查、核实，并对照预算进行评价的过程。（　　　）
5. 招聘完成比等于录用人数除以计划招聘人数乘以100%。（　　　）

第三节　人力资源空间时间的配置

知识要点

1. 人力资源配置的概念与原则。
2. 劳动分工与协作的概念和内容、工作地的组织。
3. 人力资源时间配置的内容。
4. 工作轮班的概念与内容。

一、人力资源配置的概念与原则

1. 人力资源配置的概念

人力资源是社会各项资源中最关键的资源，是对企业产生重大影响的资源，历来被国内外的许多专家学者以及成功人士、有名企业所重视。现在的许多企业就非常重视人力资源的管理。人力资源配置就是指在具体的组织或企业中，为了提高工作效率、实现人力资源的最优化而实行的对组织或企业的人力资源进行科学、合理的配置。

2. 人力资源配置的基本原则

人力资源管理要做到人尽其才，才尽其用，人事相宜，最大限度地发挥人力资源的作用。但是，对于如何实现科学合理的配置，这是人力资源管理长期以来亟待解决的一个重要问题。对企业人力资源进行有效合理的配置必须遵循如下原则：

（1）能级对应。岗位人员的配置，应做到能级对应，就是说每一个人所具有的能级水平与所处的层次和岗位的能级要求相对应。

（2）优势定位。优势定位有两个方面的内容：一是指人自身应根据自己的优势和岗位的要求，选择最有利于发挥自己优势的岗位；二是指管理者也应据此将人安置到最有利于发挥其优势的岗位上。

（3）动态调节。动态原则是指当人员或岗位要求发生变化的时候，要适时地对人员配备进行调整，以保证始终使合适的人工作在合适的岗位上。能级对应、优势定位只有在不断调整的动态过程中才能实现。

（4）内部为主。从内部培养人才，给有能力的人提供机会与挑战，造成紧张与激励气氛，是促成公司发展的动力。但是当确实需要从外部招聘人才时，我们就不能"画地为牢"。

（5）道德原则。

其一，公正。公正是人力资源配置中必须遵循的原则。其主要包括三个方面的内容：一是起点公正；二是过程公正；三是结果公正。

其二，先公后私。要求在处理个人、集体和国家之间的利益关系时，要树立先国家、集体，后个人的道德规范，在谋求个人正当利益的同时，努力为集体和国家做贡献。

其三，尊重员工。管理活动要从人的需要和愿望出发，要依靠人来进行，其目的又是人的素质的提高，让人生活得更好。

其四，诚信与信任。诚信是对企业的严肃要求，而恪尽职守、诚实守信是对现代企业员工的职业道德的基本要求。"用人不疑"，"疑人不用"，在组织或企业内部建立高度的信任。

二、劳动分工与协作的概念和内容、工作地的组织

1. 企业劳动分工的概念

劳动分工是在科学分解生产过程的基础上所实现的劳动专业化，使许多劳动者从事着不同的、但又相互联系的工作。劳动分工有三个主要层次，即一般分工、特殊分工和个别分工。一般分工与特殊分工是社会内部的分工，简称社会分工；个别分工是企业范围内的分工，它是每个企业内部各部门以及每个生产者之间的分工。个别分工是把生产、服务过程分解为若干局部的劳动，各个局部的劳动既相互联系，又各自独立，具有专门的职能。企业的劳动分工正是建立在社会分工基础上的个别分工。

2. 企业劳动分工的形式

企业内部劳动分工，一般有以下几种形式：

（1）职能分工。企业全体员工按所执行的职能分工，一般分为工人、学徒、工程技术人员、管理人员、服务人员及其他人员。这是企业劳动组织中最基本的分工，它是研究企业人员结构、合理配备各类人员的基础。

（2）专业（工种）分工。它是职能分工下面第二个层次的分工。专业或工种分工是根据企业各类人员的工作性质的特点所进行的分工，如工程技术人员及管理人员可以按专业特点分为设计人员、

工艺人员、计划人员、财会人员、统计人员等。生产工人按他们从事的生产工艺的性质及使用的工艺装备等特点进行分工,如机械制造业的工种有造型工、冶炼工、车工等。这类分工对有计划地培训人员是非常重要的,同时也是研究每类人员构成的基础。

(3)技术分工,指每一专业和工种内部按业务能力和技术水平高低进行的分工。进行这种技术分工有利于发挥员工的技术业务专长,鼓励员工不断提高自己的技术水平。企业应使各个技术等级的人员保持合理的比例,注意提高员工队伍的素质,以适应企业不断提高生产经营水平的需要。

3.企业劳动协作

企业的劳动协作,就是采用适当的形式,把从事各种局部性工作的劳动者联合起来,共同完成某种整体性的工作。企业有分工,就要有协作。协作是分工不可缺少的条件,分工越细,越需要加强协作。协作以分工为前提,而分工又以协作为条件,在分工的基础上协作,在协作的原则下进行分工。分工和协作是不可分割的整体。企业劳动协作的形式:以简单分工为基础的协作是简单协作,而以细致分工为基础的协作是复杂协作。

企业劳动协作的形式,一般分为企业之间的协作和企业内部的协作。从协作范围上看,有空间的劳动协作和时间范围的劳动协作。

4.工作地的组织

工作地是工人进行生产活动的场地,是劳动者、劳动手段和劳动对象联合的有机整体。工作地的组织与控制,就是要把劳动者、劳动手段和劳动对象这三者科学地组织起来,正确处理他们之间的相互关系,促进劳动生产率的提高。工作地有手工工作地与机械化工作地、单机台工作地与多机台工作地、单人工作地与多人工作地之分。从生产类型来看,又可分为大量生产的工作地、成批生产的工作地和单件小批生产的工作地。各种不同类型的工作地,其组织与控制的内容和要求是不同的。合理地组织与控制工作地,通常包括下列内容:

(1)工作地的装备要齐全。

工作地的装备,一般有主要设备、工卡量具、工具箱、工位器具以及其他各种辅助工具。根据生产工艺的要求,要使工作地的装备齐全,以保证工人正常生产。同时,对工作地的装备还要合理地进行布置,尽量缩短工人的行走距离,便于操作,减轻劳动强度,减少辅助时间,便于运输,防止零部件磕碰、划伤和变形。

(2)保持工作地的正常秩序和良好环境。

保持工作地的正常秩序,首先要加强生产作业计划,用计划组织与控制生产,以保证工作地之间及工作地与其他各环节的密切配合。其次,要发挥工人的主动性和积极性,自觉地按工艺规程、按质量标准进行操作,维护工作地秩序。为使工作地有良好的劳动环境,要做到有良好的通风设备,保持工作地的温度和湿度,要有良好的采光、照明条件,防止和减少噪声,这样才能保证工人的健康。

(3)科学地组织与控制工作地的供应服务。

为使工作地正常生产,就要及时地供应原材料、半成品、各种工具、图纸和各种有关的技术文件,及时地清理废料和垃圾,及时地运送加工好的半成品和成品,等等。

三、人力资源时间配置的内容

企业人力资源在时间维度上的分工与协作,即员工的工作时间组织。根据国家机关、事业单位和企业生产经营等不同的特点和条件,工时制度可分为以下三类:

(1)标准工时工作制,即国家规定的员工每日工作8小时,每周工作40小时的标准工时制度。我国多数企业采用这一制度。

(2)综合工时工作制,即综合计算工时工作制。它是针对因工作性质特殊,需连续作业,或受季节及自然条件限制的企业的部分员工,采用的以周、月、季或年度为周期综合计算工作时间的一种工时制度。但其日均工作时间、周均工作时间与标准工时制度基本相同。

(3)不定时工作制,是指因生产特点、工作特殊需要或职责范围,无法按标准工作时间衡量、需机动作业而采取不确定工作时间的一种工时制度。

企业进行人力资源配置时,主要有以下三种人力资源配置形式:人岗关系型、移动配置型、流动配置型。

(1)人岗关系型是通过人力资源管理过程中的各个环节来保证企业内各部门各岗位的人力资源质量。它是根据员工与岗位的对应关系进行配置的一种形式。就企业内部来说,这种类型的员工配置方式大体有如下几种:招聘、轮换、试用、竞争上岗、末位淘汰(当企业内的员工数多于岗位数,或者为了保持一定的竞争力时,在试用过程或竞争上岗过程中,对能力最差者实行下岗分流。这便是一种末位淘汰配置方式)、双向选择(当企业内的员工数与岗位数相当时,往往先公布岗位要求,然后让员工自由选择,最后以岗选人。这便是一种双向选择的配置方式)。

(2)移动配置型是一种从员工相对岗位移动进行配置的类型。它通过人员相对上下左右岗位的移动来保证企业内的每个岗位人力资源的质量。这种配置的具体表现形式大致有三种:晋升、降职和调动。

(3)流动配置型是一种从员工相对企业岗位的流动进行配置的类型。它通过人员相对企业的内外流动来保证企业内每个部门与岗位人力资源的质量。这种配置的具体形式有三种:安置、调整和辞退。

四、工作轮班的概念与内容

工作轮班是指在工作日内组织不同班次的劳动协作形式。它是劳动分工和协作在时间上的联系。企业的工作轮班形式可以分成两类:①单班制,每天组织一班生产;②多班制,每天实行两班或两班以上的工人轮流生产。一般地说,实行单班制不利于厂房和机器设备的充分利用。实行多班制对充分利用机器设备和生产面积、缩短生产周期、加速流动资金周转都有着重要作用。

一个企业的生产应采取何种工作班制,主要考虑企业的生产工艺特点和生产任务。工艺过程不允许间断、必须连续进行的,如发电、化工、石油、冶金等行业的基本生产必须实行多班制;工艺过程可以间断进行的,如机械制造、纺织等行业,可根据企业的生产任务和其他有关的生产条件而定。

工作轮班有多种组织形式,我国企业根据各自不同的生产需要,建立了各种各样的轮班制度。其中根据一天内的运转情况,大致可进行表2-2所示的分类。

表 2-2 轮班制度分类

运转类型	班制		上班方式	工作时间	循环周期	周工时
一运转	白班	两班	上一休一	12 小时	2 天	42
	全天班	三班	上一休二	24 小时	3 天	56
		四班	上一休三		4 天	42
两运转	白班、夜班	三班	上二休一	12 小时	3 天	56
三运转	早班、中班、晚班	四班	上三休一	8 小时	4 天	42
		五班	上四休一+上二休三		10 天	34
四运转	早班、下午班、前夜班、后夜班	五班	上四休一	6 小时	5 天	34
		六班	上四休二		6 天	28

员工工作时间不能无限度地延长,对于实行综合工时制的企业,我国法律有明确规定,一周超过 40 小时即视为加班时间。基于企业用工成本和员工身心健康考虑,42 小时或 56 小时是更为合理的选择,而 84 小时远超员工身体负荷,不应提倡。就目前大多数企业现状来看,三班一运转、三班两运转、四班三运转等更为常见。

企业在安排工作轮班制度时应注意:

(1)要平衡各个轮班人员的配备。

(2)适当组织各班工人交叉上班。

(3)建立和健全交接班制度。

(4)工作轮班的组织,应从生产的具体情况出发,以便充分利用工时和人力。

(5)工作轮班制对人的生理、心理会产生一定的影响,特别是夜班对人的影响最大。可采用两种办法减缓员工夜班疲劳情况:适当增加夜班前后的休息时间;减少上夜班的次数,如采用四班三运转。

在对员工权益保护日益完善的今天,员工工作时间的有效配置越来越重要,企业效益与员工价值之间关系的平衡、工时的制定、工时制的选取、工作轮班制度的安排,需要引起每一个企业的重视。

练习题

一、单项选择题

1. 人员配置应遵循的原则不包括(　　)。

A. 岗得其人　　B. 人得其位　　C. 人尽其才　　D. 适才适所

2. (　　)是企业中最基本的协作关系和最基本的组织形式。

A. 作业组　　B. 车间　　C. 工作地组织　　D. 专业分工

3. 以下哪个不是劳动分工的原则?(　　)

A. 把直接生产工作和管理工作、服务工作分开

B. 把相同的工艺阶段和工种分开

C. 把准备性工作和执行性工作分开

D. 把基本工作和辅助性工作分开

4. 以下关于劳动环境优化的说法错误的是（　　）。

A. 色彩可以调节情绪　　　　　　　B. 照明亮度越高越好

C. 色彩可以降低疲劳度　　　　　　D. 不同环境照明度不同

5. 下列哪种不是劳动轮班的组织形式？（　　）

A. 两班制　　　　B. 三班制　　　　C. 四班制　　　　D. 五班制

二、多项选择题

1. 人员配置的原理包括（　　）。

A. 要素有用原理　　B. 能位对应原理　　C. 互补增值原理

D. 动态适应原理　　E. 弹性冗余原理

2. 员工配置的基本方法包括（　　）。

A. 以人为标准进行配置　　　　　　B. 以性别为标准进行配置

C. 以岗位为标准进行配置　　　　　D. 以双向选择为标准进行配置

E. 以单向选择为标准进行配置

3. 工时制度的类型主要有（　　）。

A. 标准工时工作制　　B. 固定工时工作制　　C. 不定时工作制

D. 弹性工时工作制　　E. 综合工时工作制

三、是非题

1. 人力资源配置就是指在具体的组织或企业中，为了提高工作效率、实现人力资源的最优化而实行的对组织或企业的人力资源进行科学、合理的配置。（　　）

2. 工作轮班是指在工作日内组织不同班次的劳动协作形式。（　　）

3. 劳动分工是在科学分解生产过程的基础上所实现的劳动专业化，使许多劳动者从事着不同的、但又相互联系的工作。（　　）

4. 移动配置型是一种从员工相对企业岗位的流动进行配置的类型。（　　）

5. 劳动协作分为两种，以简单分工为基础的协作是简单协作，而以细致分工为基础的协作是复杂协作。（　　）

第三章 培训与开发

第一节 员工培训与培训项目设计

知识要点

1. 员工培训的概念、特点和内容。
2. 培训需求分析的含义和层次。
3. 培训项目设计的基本原则与主要内容。

一、员工培训概述

员工培训通常是指企业在综合考虑企业发展目标和员工个人发展目标的基础上,有计划、有系统地组织员工从事学习和训练,从而使员工能胜任目前所承担或将要承担的工作和任务的人力资源管理活动。

员工培训与其他教育相比,有其自身的特点,主要体现在以下方面:

(1)员工培训是以工作为中心,其目的是使受训者掌握职业岗位所必需的知识、能力和技巧,以提高工作效率和水平。

(2)培训具有针对性。针对不同规模、不同性质、不同行业的企业员工实施的培训,对于同一企业不同层次、不同岗位的员工,培训的内容、方式都不尽相同。员工培训的对象一般是已明确岗位及任务的企业在职员工,培训所设定的内容与员工的工作任务、工作需要和工作内容有直接、密切的联系。岗位需要什么就传授什么,企业员工在什么方面欠缺就补什么。

不同培训对象的不同培训内容如表3-1所示。

表 3-1　不同培训对象的不同培训内容

培训对象	培训内容
新员工	侧重于企业的价值观、行为规范、企业精神以及岗位所需要的基本技能
老员工	与工作直接相关的技能，如新技术、新工艺
管理者	管理知识与技能、人际关系协调、工作能力、决策能力、领导组织能力等

（3）培训形式的灵活多样性。员工培训根据企业需要和员工特点，可采取多样化的培训形式。在期限上可长可短，既有长期培训，也有短期培训；在方式上，既有脱产培训，又有在职培训，有线下教学，又有线上讲座；在方法上，有常规的理论讲授，又有小组讨论、案例分析，以及现场教学、实操演练等。

（4）培训投资的有效性。员工培训要发挥其功能，即培训成果转移或转化为生产力，能促进企业发挥和保持竞争优势。

员工培训的内容，可分为五个层次：

（1）知识培训。主要任务是对培训对象的知识进行更新，要解决"知"的问题，通过培训使其具备完成本职工作所需的基本知识。

（2）技能培训。主要任务是对培训对象所具有的能力加以培养和补充，主要解决"会"的问题。

（3）思维培训。培训目标在于解决"创"的问题，通过培训改变管理者固有的思维方式，激发管理人员的创造性思维。

（4）观念培训。通过引导学员实现观念的转变，以适应社会环境的急剧变化，解决"适"的问题。

（5）心理培训。通过对培训对象的心理训练，促进其心理调整，引导他们利用自己的显能去开发自己的潜能，解决"悟"的问题。

二、培训需求调查分析

针对员工的培训需求的调查分析是实施企业培训的基础，是确定培训目标、设计培训项目、开发培训课程的前提，是现代培训活动的重要环节，有利于保证培训的质量和效果。

培训需求分析是在计划与设计每项培训活动之前，采取一定的方法和技术，对组织及其成员的目标、知识、技能等方面进行系统的调查和鉴别，以确定是否需要培训和培训内容的过程。

企业需要培训的员工通常是两类人：一是新员工，二是在职员工。展开员工培训需求调查要分析新员工培训需求和在职员工的培训需求。两类人员的培训需求都需要从企业、岗位和人员三个层面进行调查。调查方法主要有访谈法、问卷调查法、观察法、绩效法、经验预计法、关键事件分析法。各种方法都有优劣之处，企业在实际工作中，可根据企业内部和外部环境条件，以及员工个人的特点，选择一种或多种方法进行分析，以提高有效性。

培训需求的分析可以分为三个层次：

（1）组织分析。组织分析就是从整个组织的角度出发，把培训需求与组织将要达到的目标联系起来。它主要包括组织目标和组织战略分析、组织外部环境分析与内部氛围分析等方面。组织分析层面的培训需求反映的是某一企业的员工在整体上是否需要进行培训。

(2)工作分析。工作分析就是试图确定培训的内容,即员工达到令人满意的工作绩效所必须掌握的知识与技能。工作分析主要包括以下内容:系统地收集反映工作特性的数据;以所收集的数据为依据,制定每个岗位的工作标准;明确怎样才能达到这些工作标准;确定有效的工作所需要的知识、技能、才干和其他一些物质条件。工作分析主要是研究具体的工作者本人的工作行为与期望的行为标准之间的差距,从而知道此人需要接受什么样的培训。

(3)个人分析。培训的重点在于促进员工的个人行为发生所期望的转变。没经验的员工绩效不佳可能是由于缺少所需要的知识或技能,有经验的员工没有做好工作则可能是因为养成了不良的工作习惯或原来的培训不当,还可能是由于工作态度方面存在问题。这些都可以通过个人分析而发现,个人分析就是在具体的个别员工水平上进行的。

总之,培训是为了解决所发现的问题,没有问题就无须培训。所以需要对企业的培训需求做细致的具体分析,照搬其他企业现成的培训计划虽然省事,但往往会效果不佳。

三、培训项目设计的基本原则与主要内容

(一)基本原则

总的来说,培训项目设计的原则可以概括为"满足需求、重点突出、立足当前、讲求实用、考虑长远、提高素质",当然还要考虑激励性、职业发展性等。

1.因材施教原则

设计员工培训项目应充分考虑员工各自的特点,做到因材施教,要针对员工的不同文化水平、不同职务、不同要求以及其他差异区别对待。

2.激励性原则

在现代企业中,培训通常作为一种激励的手段。员工对那些重视培训的企业情有独钟。因为员工在接受培训的同时,将感受到组织对他们的重视,这样有利于提高对自我价值的认识,也有利于增加职业发展的机会。

3.实践性原则

在实施培训项目的过程中,应千方百计创造实践的条件,使员工通过实践,真正地掌握要领,达到操作的技能标准,提高工作能力,从而促进培训项目成果在实践工作中的转化。

4.反馈及强化原则

反馈的作用在于巩固学习的技能、及时纠正错误和偏差,反馈的信息越及时、准确,培训的效果就越好。强化是结合反馈对接受培训人员的奖励或惩罚。这种强化不仅应在培训结束后马上进行,如奖励接受培训效果好并取得优异成绩的人员,还应在培训之后的上岗工作中对培训的效果给予强化,如奖励那些由于培训带来工作能力的提高并取得明显绩效的员工。

5.目标性原则

为培训对象设置明确且具有一定难度的培训目标,可以增强培训效果。目标设置要合理、适度,同时与每个人的具体工作相联系,使接受培训的人员感受到培训的目标来自于工作又高于工作,是

自我提高和发展的高层延续。

6.延续性原则

培训的效果一定要延续到今后的工作中去,这一原则尤其要强调。延续性原则更强调企业对于那些已经接受培训的员工如何使用,以及如何发挥他们已经掌握的技能。最有效的办法是给他们更多的工作机会、更理想的工作条件。

7.职业发展性原则

这也是培训在员工身上所体现出来的延续性原则。员工在培训中所学习和掌握的知识、能力和技能应有利于个人职业的发展,这同时也是调动员工参加培训积极性的有效法宝。

(二)主要内容

培训项目设计主要包括以下内容:

1.培训项目的确定

一是确定需求。培训项目的确定要在培训需求分析的基础上,罗列出各种培训需求的优先顺序,并根据企业的资源状况优先满足排列在前的需求。二是明确培训的目标群体及规模。考虑拟培训目标群体在企业中的作用、工作状况及知识、技能、态度水平。三是确定培训目标。考虑目标群体的个体差异性和培训的互动性,对培训预期效果、完成任务的条件、达到目的的标准进行明确、清晰的描述。

2.培训内容的开发

培训内容的开发即根据确定的培训项目,结合上述培训项目设计原则来设计课程内容、培训方式方法等。

3.实施过程的设计

充分考虑实施过程中的各个环节和阶段,合理安排培训进度,把培训内容以问题或能力为中心分解成多个学习单元,按照各个单元之间的相互关系和难易程度确定讲授的顺序、详细程度和各自需要的时间,形成一个完备的培训进度表。

合理选择教学方式,根据教师期望对培训的控制程度和受训者的参与程度,并结合培训内容,确定以什么方式更能达到效果。

全面分析培训环境,培训时的环境应尽量与实际工作环境相一致,以保证培训成果在具体工作中能够得到很好的应用。

4.评估手段的选择

如何考核培训项目的成败,如何进行中间效果的评估,如何评估培训结束时受训者的学习效果,如何考察在工作中的运用情况,这些在设计培训项目的时候也是必不可少的一部分。培训项目评估的目的、手段和具体实施影响着整个培训项目。

5.培训资源的筹备

培训需要的资源包括人、财、物、时间、空间和信息等。资源分析实际上也是可行性分析,以此确定培训能否展开,是采取企业内部培训方式还是外部委托培训方式,又或者是与外部机构进行合作培训。

6.培训成本的预算

培训的目的是提升企业的竞争力,培训项目的投资回报是衡量培训项目成功与否的重要指标。

练习题

一、单项选择题

1.(　　)通常是指企业在综合考虑企业发展目标和员工个人发展目标的基础上,有计划、有系统地组织员工从事学习和训练,从而使员工能胜任目前所承担或将要承担的工作和任务的人力资源管理活动。

A.员工培训　　　B.员工开发　　　C.职业生涯规划　　　D.员工激励

2.(　　)的主要任务是对培训对象的知识进行更新,要解决"知"的问题,通过培训使其具备完成本职工作所需的基本知识。

A.知识培训　　　B.技能培训　　　C.思维培训　　　D.观念培训

3.(　　)通过培训改变管理者固有的思维方式,激发管理人员的创造性思维,在于解决"创"的问题。

A.知识培训　　　B.技能培训　　　C.思维培训　　　D.观念培训

4.(　　)是指员工在培训中所学习和掌握的知识、能力和技能应有利于个人职业的发展,这同时也是调动员工参加培训积极性的有效法宝。

A.因材施教原则　　B.激励性原则　　C.目标性原则　　D.职业发展性原则

5.(　　)是在计划与设计每项培训活动之前,采取一定的方法和技术,对组织及其成员的目标、知识、技能等方面进行的系统调查和鉴别,以确定是否需要培训和培训内容的过程。

A.培训需求分析　　B.培训目标确定　　C.培训项目设计　　D.培训方法选择

二、多项选择题

1.培训需求的分析可以分为(　　)等层次。

A.组织分析　　　B.工作分析　　　C.个人分析　　　D.全面分析

2.组织分析主要包括(　　)等方面的内容。

A.组织目标分析　　　　　　　　B.组织战略分析

C.组织外部环境分析　　　　　　D.内部氛围分析

3.培训项目设计的基本原则包括(　　)。

A.因材施教原则　　B.激励性原则　　C.目标性原则　　D.职业发展性原则

4.工作分析主要内容包括(　　)。

A.系统地收集反映工作特性的数据

B.以所收集的数据为依据,制定每个岗位的工作标准

C.明确怎样才能达到这些工作标准

D.确定有效的工作所需要的知识、技能、才干和其他一些物质条件

5. 培训项目的确定取决于( )。
A. 培训需求　　　　　　　　B. 培训的目标群体及规模
C. 培训目标　　　　　　　　D. 培训效果

三、是非题

1. 员工培训是以目标为中心,其目的是使受训者掌握职业岗位所必需的知识、能力和技巧,以提高工作效率和水平。( )

2. 培训投资的有效性要求员工培训要发挥其功能,即培训成果转移或转化为生产力,能促进企业发挥和保持竞争优势。( )

3. 反馈及强化原则不是培训项目设计的原则之一。( )

4. 培训项目的确定要在培训需求分析的基础上,罗列出各种培训需求的优先顺序,并根据企业的资源状况优先满足排列在前的需求。( )

5. 培训的重点在于促进员工的个人行为发生所期望的转变。( )

第二节　培训组织与实施

知识要点

1. 培训课程设计的要素和原则。
2. 常用员工培训方法。
3. 培训组织保障与服务。
4. 培训成本控制。

一、培训课程设计概述

(一)培训课程设计的要素

(1)培训课程目标——根据环境和需求而定。
(2)培训课程内容——以实现培训课程目标为出发点去选择并组合。
(3)培训课程模式——有效体现培训内容,采用配套的组织与教学方法。
(4)培训课程策略——培训程序的选择和资源的利用。
(5)培训课程评价——对培训课程目标与实施效果的评价。
(6)教材——切合学习者情况,提供适当信息。
(7)学习者——学员的学习背景和学习能力、学员的类型、组织形式(个人、部门、组织、行业、跨行业等),学员的规模等。

(8)执行者——理解培训课程设计思想的主持人与教员。

(9)时间——短、平、快,要求充分利用。

(10)空间——可超越教室的空间概念。

(二)培训课程设计的基本原则

1.根据培训项目的类别和层次确立培训目标

在实施培训课程设计的时候,首要的任务是给所要设计的培训项目进行定位。它包含了两个方面的含义:一方面是要确定培训项目的类别,另一方面是在层次上做出定位,由此确定培训项目和课程的目标,各个课程要素的选择也要以此为依据。

培训课程应达到的全部目标分为三个领域,即:由知识掌握、理解与智力发展诸目标组成的认知领域;由兴趣、态度、价值观和正确的判断力、适应性的发展诸目标组成的情感领域;由各种技能和运动技能诸目标组成的精神运动领域。这三大领域的目标各自又可以进行细分,从而形成目标层次体系。课程设计应当明确在各自的领域达到最终目标的过程中依次应达到的子目标,从而形成不同的培训课程体系。

现代培训按其性质分为五个层次,即知识培训、技能培训、态度培训、观念培训、心理培训。这五个层次的培训是由表层逐步深入且相互联系的,不同性质的培训,其深度也是不同的。由于知识以及科技融合的趋势对人才的素质提出了新的要求,由对专业型人才的需求转变为对复合型人才的需求,由注重知识和技能转变为更注重态度、观念和心理,培训目标也要实现相应的转变,即:在传统的重视知识和技能培训的基础上,加强态度培训、观念培训和心理培训;由传统的注重培训目标的单一性和专业化转变为重视培训目标的综合性和多样化。

2.充分考虑组织特征和学习风格以制定培训策略

现代企业对培训的理解、培训的设计、培训的实施,与组织的经营和发展结合在一起。其培训课程设计是与组织的经营和发展战略的制定同步进行的。在这种课程设计中,课程的目标就是组织经营的目标;课程的内容就是组织经营的内容;课程战略的选择主要就是营造一个让员工可能在实际经验中自己教育自己的环境,而且这个环境是管理者和领导者可以控制的;课程的培训方法是以自我学习为主,管理者与员工互动、员工与员工之间互动、大家经验共享的模式;课程的时间设计,是组织发展的全过程;课程设计的"课堂",就是这个学习型组织活动的整个空间连同它所在的环境。

制定培训策略还要充分考虑组织特征和学习者风格。由于培训课程的主要接受者是成年人,他们有自己的经验和学习经历,都有自己惯用的学习方法,有与岗位工作紧密联系的学习需求,因此,培训课程的执行要尽量地遵循成年人的认知规律,注意选择那些能调动他们学习积极性的培训策略和方式方法,以提高学习的效果。

学习型组织作为未来企业成功的模式,具有崭新的学习观念,其培训战略的制定可以归结为四个原则:第一,系统地从过去和当前的培训项目与经验中学习;第二,鼓励使用数量化的测量标准和衡量基准进行培训信息反馈和改进;第三,视参与者的支持为培训的一部分和进步依据;第四,促进各个培训参与主体之间的联系,实现资源共享。

二、员工培训方法

选择培训方法和形式的前提是对培训进行分类并确定本企业所要开展的培训属于哪一类别,根据培训的实际需要选择合适的培训方法和形式。按照不同的标准,培训可以分成以下几类:

一是以培训要求的强制程度为标准,可以将培训分为强制性培训和选择性培训。前者指企业强制要求、员工必须参加并通过的培训,例如上岗培训、入职培训;后者指企业建议员工参加、员工可以选择参加的培训,例如文体兴趣培训、心理调适培训。

二是以培训内容的适用范围为标准,可以将培训分为普适性培训和专门性培训。前者指面向企业全体员工、所有员工均可以参加的培训,例如企业文化培训、交往技能培训;后者指只面向部分特定员工、其他员工不能参加的培训,例如销售培训、公关培训。

三是以培训工作的承担主体为标准,可以将培训分为内部培训和外部培训。前者是企业组织并交由某个内设机构(如人力资源部门)负责承担具体工作的培训;后者是企业组织并委托某个外部机构(如人力资源服务企业)负责承担具体工作的培训。

四是以培训的对象为标准,可以将培训分为高层员工培训、中层员工培训和基层员工培训。高层员工培训多以外部培训为主,中层员工培训则以外部培训和内部培训相结合,基层员工培训以内部培训为主。

企业常用培训方法可分为四类:

(一)信息传递类培训方法

1. 讲授法

讲授法指教师按准备好的讲稿内容系统向受训者传授知识的方法。该方法适用于学员对学科知识、前沿理论的系统了解。教师是讲授法成败的关键因素。讲授法的优点体现在:传授内容多,知识系统、全面,有利于大规模培养人才;对环境要求不高,有利于师生互相沟通;平均培训费用较低。其缺点是:传授内容多,不利于学员消化吸收;不能满足学员的个性需求;传授方式枯燥单一,培训效果受教师水平直接影响。

2. 专题讲座法

专题讲座法与讲授法在内容上有差异。专题讲座主要是针对某一专题知识组织的教学,一般一个专题知识安排一次培训。该方法适用于管理人员或技术人员对技术难题、当前热点、前沿趋势的解析。其优点是形式灵活,占用时间不长,集中在一个专题有利于解决实际问题;缺点是教学内容不够系统。

3. 研讨法

研讨法是在教师引导下,学员围绕某一个或几个主题进行交流讨论、相互启发的培训方法。研讨法可分为以教师为中心的研讨和以学员为中心的研讨,以任务为取向的研讨和以过程为取向的研讨。其优点是多向式信息交流,有利于加深对知识的理解;学员参与充分,有利于提高其综合能力。缺点是研讨前的准备工作要求高,对指导教师的要求高。

(二) 技能训练类培训方法

1. 工作指导法

工作指导法又称教练法、实习法,是指由一位有经验的工人或主管人员在工作岗位上对受训者进行培训的方法,由教练指导受训者开展工作,提出建议,并进行激励。其优点是可广泛应用于不同受训者,培训针对性强,培训成本较低。缺点是培训教学计划不系统,易受教练的个人思维和行为方式影响。

2. 工作轮换法

工作轮换法指让受训者在组织内部变换工作岗位,使其获得不同岗位工作经验的培训方法。其优点是能拓展员工的知识和技能,丰富受训者的工作经验,增加对工作的了解;改善部门间合作,有利于管理者理解相互间的问题;使受训者明了自己的长处和弱点,找准位置。缺点是比较适合于一般直线管理人员的培训,对职能管理人员不太适用。

3. 模拟训练法

模拟训练法是将实际工作中可利用的资源、约束条件和工作过程模型化,学员在模拟的工作情境中训练,学习相应技能,提高其处理问题的能力。如室内模拟驾驶训练、无人机模拟飞行训练等。该方法的优点是学员工作技能提高较快;有利于培训中形成良好的学习氛围。缺点是模拟情境准备时间长,质量要求高;对组织者要求高。

4. 管理游戏法

管理游戏法又称商业游戏法,是指由两个或多个参与者依照商业竞争的原则,相互竞争并达到预期目标的方法。商业游戏法主要用于管理技能的开发,它要求受训者搜集信息,对其进行分析并做出决策。管理游戏法原先是作为企业培训的一种高级训练方法,这种培训方式是从MBA案例教学讨论发展而来,一般通称为"干中学",是让受训者走出办公室,在相对集中的一段时间内参与管理游戏,在游戏过程中培养与人相处的一种健康心态,并通过管理游戏,培养受训者的管理思维方式。

优点是:游戏情境逼真,能刺激学习,参与者会积极参与,兴趣较高;培训往往以小组的形式进行,培养受训人员的领导才能和团队精神,增强团队凝聚力;有利于提高受训人员在决策时的决策力和判断力,训练受训人员的思维能力和创造能力以及解决实际问题的能力。缺点是:游戏策划设计耗时较长,对培训师要求较高。

5. 师徒制培训

传统师徒制没有固定的模式,师傅以自己的知识和技能指导徒弟,讲解技术要点,亲自示范,徒弟通过观察和模仿、技能训练提高技能,主要应用在技能型行业和工种。新型师徒制要求根据技术程度制订学习计划,专人负责指导,采用在职在岗的技能培训和课堂式的理论教学相结合的教学模式。主要应用于新员工、转岗人员等岗位适应性培训,不仅适用于技能行业,还适合其他一线岗位的员工培训。

（三）体验参与类培训方法

1.案例分析法

案例分析法是围绕一定的教学目标,通常将实际中真实的场景加以典型化处理,形成供学员思考分析和决断的案例,通过独立研究和相互讨论的方式,以提高学员分析和解决问题的能力的一种培训方法。

用于教学的案例有三个特点:内容真实;案例中包含一定的管理问题;案例必须有明确的目的。

该方法的优点是:一是提供了系统的思考模式;二是有利于增强学员解决实际问题的能力。缺点是搜集和整理有针对性的案例有较大困难。

2.头脑风暴法

头脑风暴法是美国创造学之父奥斯本在20世纪30年代创立的,是指工作小组成员在正常融洽和不受任何限制的气氛中以会议形式进行讨论、座谈,打破常规,积极思考,畅所欲言,充分表达看法。它是一种激发群体智慧的方法。

根据奥斯本本人及其研究者的看法,头脑风暴法的优势体现在:联想反应;热情感染;竞争意识;个人欲望。其基本流程一般为:确定议题,明确要解决的问题;会前准备,提供与议题相关的背景资料;确定人选,一般参与人数以10~15人为宜,最好由不同专业或不同岗位者组成;明确分工,推选1名主持人,1~2名记录员;规定纪律,应相互尊重、不私下议论、消极旁观;掌握时间,一般在30~45分钟为宜。

3.角色扮演法

角色扮演法是指在一个模拟的工作环境中,指定参加者扮演某种角色,借助角色的演练来理解角色的内容,模拟性地处理工作事务,以提高处理各种问题的能力。可应用于训练态度仪容和言谈举止等人际关系技能,不仅适用于培训生产和销售人员,更适用于管理人员的培训,适合矫正员工的工作行为。

优点是有利于通过扮演角色来促进学员自身态度和行为的改变;学员参与性强;实施时间和内容具有高度的灵活性;能有效提高学员的应变能力和业务能力。缺点是模拟场景的静态性和设计的有限性,难以适应复杂多变的工作环境;角色扮演问题分析局限于个人,不具有普遍性。

4.拓展训练法

该方法是通过模拟探险活动进行的情景式心理训练、人格训练、管理训练,以外化型体能训练为主,学员被置于各种艰难的环境中,在面对挑战、克服困难和解决问题的过程中使人的心理素质得到改善。通常包括场地拓展训练和野外拓展训练两种形式。

场地拓展训练可以促进团队内部和谐、提高沟通效率、提升员工积极性,对形成大家认同的企业文化起着积极的作用,成为企业常规培训的重要补充。野外拓展训练是在自然地域,通过模拟探险活动进行的情景体验式心理训练,以提高学员的自信心,培养把握机遇、抵御风险、积极进取和团队精神等素质,以提高个体和组织的环境适应能力与发展能力。

（四）新兴技术类培训方法

1. 网络培训

网络培训也称为基于网络的培训,当前又称线上培训,是企业利用企业网络或因特网对受训人员进行知识和技能讲解、演示、沟通和管理的培训方式。

优点是学员受益面广,人均培训费用较低;培训安排灵活,打破时间和空间限制;培训管理实时,操作简便。缺点是体验感较差,个体学习效率不高;需人际交流的操作技能和体验式的工作内容不适用网络培训。

2. 虚拟仿真培训

虚拟仿真培训指利用虚拟现实技术生成实时的、具有三维信息的人工虚拟环境,学员通过运用相应的设备接受和响应该环境的各种感官刺激而进入其中,并可根据需要通过多种交互设备来驾驭环境、操作工具和操作对象,从而达到提高培训对象各种技能或知识水平的目的。优点是仿真性、超时空性、自主性、安全性。学员能够自主地选择或组合虚拟培训场地和设施,而且可以在重复中不断增强训练效果。

除以上培训方法外,还有学员自学、读书会、现场教学、参观访问等方式,可结合培训工作实际,综合运用。

三、培训组织保障与服务

（一）明确培训参与者的职责

培训管理者职责:负责本企业员工培训的计划、组织、控制、监督等管理性工作。具体负责拟订企业年度、季度、月度培训计划,组织执行企业各层面的培训活动,建立并完善培训管理制度,进行培训费用的预算与结算,不定期开展培训需求调查,培训结束后进行培训效果评估,组织开发培训课程与教材;协助构建适应"互联网+"时代的E化培训体系,帮助并监督各部门培训工作的执行情况等。

培训讲师主要职责:包括设计培训课程及内容;培训活动的实施、组织与管理;为企业相关工作提供咨询服务;激励员工主动学习及实施其他直接影响员工学习的所有活动。

受训者职责:受训者即在企业培训活动中接受培训的各种员工及管理者,其职责为积极配合培训前期工作;积极参与培训活动,做好培训总结;积极实践培训内容。

企业高层管理者职责:树立重视员工培训工作的态度;支持员工培训组织体系建设;做好员工培训规划工作。

（二）落实培训前的具体事项

主要事项有:检查培训后勤保障;联络培训讲师并浏览课件;确认并通知受训人员;备齐培训所需资料;落实培训期间的交通食宿;培训费用预算。

（三）培训组织与实施

培训开始阶段工作主要是:培训主题及课程介绍、日程安排介绍、培训讲师介绍、培训注意事项介绍。

培训开展阶段工作主要是：协助培训讲师开展培训活动；培训课程的自我管理；

培训收尾阶段工作主要是：培训课程归纳总结；对培训活动进行回顾和展望；对培训讲师表达谢意；与培训讲师进行交流分享。

培训后期阶段工作主要是：考核受训者培训成绩；制作并颁发证书；培训资料整理归档；问卷调查与培训效果跟踪；撰写培训小结。

四、培训成本控制

培训成本是指企业在员工培训过程中所发生的一切费用，包括培训之前的准备工作、培训实施过程、培训结束之后的效果评估等与之相关活动的各种费用。培训成本分析是一种培训效果的货币量化评价方法。作为一项重要的人力资源管理活动，培训必然会发生费用支出，同时取得一定的收益，培训成本控制就是从定量的角度出发，保持培训的投入与收益平衡。

员工培训的成本，包括直接成本和间接成本。

(1) 直接成本。直接成本是指在培训活动过程中所需要支付的全部实际费用。它直接反映在财务账户上，是一种显性成本。具体包括：培训师的报酬；培训教材、辅导资料的费用及打印、复印、装订费用；培训场地租借费用；培训器材的折旧费、维护与修理费；因培训而发生的交通费用、食宿及电话费用；其他费用等。

(2) 间接成本。培训的间接成本是培训组织实施过程之外企业所支付的一切费用总和。如培训项目设计费用、培训项目管理费用、受训者受训期间的工资福利，以及培训项目的评估费用等。

人力资源开发成本主要包括人员定向成本、在职培训成本和脱产培训成本。

(1) 人员定向成本。定向成本也称为岗前培训成本，它是企业对上岗前的员工进行有关企业历史、企业文化、规章制度、业务知识、业务技能等方面的教育培训时所支出的费用。它包括培训者和受训者的工资、教育管理费、学习资料费、教育设备的折旧费等。

(2) 在职培训成本。在职培训成本是在不脱离工作岗位的情况下对在职人员进行培训所支出的费用。它包括培训者和受训者的工资，培训工作中所消耗的材料费，受训者参加业余学习所支出的图书资料费、学费等。

在职培训往往会涉及机会成本问题，它是指由于开展在职培训而使有关部门或人员受到影响导致工作效率下降，从而给企业带来的损失。如有关人员离开原来岗位所造成的损失，由于受训者的低效率或误操作给整条生产线，乃至对整个生产过程的产量和质量造成的影响等。

(3) 脱产培训成本。脱产培训成本是企业根据生产工作的需要，对在职人员进行脱产培训时所支出的费用。脱产培训根据实际情况，可以采取委托其他单位培训、委托有关教育部门培训或者企业自己组织培训等多种形式。

根据所采取的培训方式，脱产培训成本可分为企业内部脱产培训成本和企业外部脱产培训成本。企业外部脱产培训成本包括培训机构收取的培训费，受训者的工资、差旅费、补贴、住宿费、资料费等；企业内部脱产培训成本包括培训者和受训者的工资、培训资料费、专设培训机构的管理费等。培训成本与参训人员在企业中所担任的职务、所接受培训的层次、培训单位等有密切的关系。

练习题

一、单项选择题

1. 在教师引导下,学员围绕某一个或几个主题进行交流讨论,相互启发的培训方法是(　　)。
   A. 讲授法　　　　B. 专题讲座法　　　C. 研讨法　　　　D. 工作指导法

2. (　　)主要用于管理技能的开发,它要求受训者搜集信息,对其进行分析并做出决策。这种培训方式是从 MBA 案例教学讨论发展而来。
   A. 模拟训练法　　B. 工作轮换法　　　C. 管理游戏法　　D. 头脑风暴法

3. (　　)可应用于训练态度仪容和言谈举止等人际关系技能,不仅适用于培训生产和销售人员,更适用于管理人员的培训,适合矫正员工的工作行为。
   A. 角色扮演法　　B. 拓展训练法　　　C. 虚拟仿真法　　D. 案例分析法

4. 可以促进团队内部和谐、提高沟通效率、提升员工积极性,对形成大家认同的企业文化起着积极的作用,成为企业常规培训的重要补充的是(　　)。
   A. 研讨法　　　　B. 拓展训练法　　　C. 工作指导法　　D. 案例分析法

5. 培训收尾阶段工作通常不包括(　　)。
   A. 培训讲师介绍　　　　　　　　　　B. 培训活动总结、回顾和展望
   C. 对培训讲师表达谢意　　　　　　　D. 与培训讲师进行交流分享

二、多项选择题

1. 以培训内容的适用范围为标准,可以将培训分为(　　)。
   A. 普适性培训　　B. 专门性培训　　　C. 内部培训　　　D. 选择性培训

2. 体验参与类培训方法通常包括(　　)。
   A. 案例分析法　　B. 头脑风暴法　　　C. 角色扮演法　　D. 拓展训练法

3. 人力资源开发成本主要包括(　　)。
   A. 人员定向成本　B. 在职培训成本　　C. 脱产培训成本　D. 间接成本

4. 人员定向成本通常包括(　　)。
   A. 培训者和受训者的工资　　　　　　B. 教育管理费
   C. 学习资料费　　　　　　　　　　　D. 教育设备的折旧费

5. 工作轮换法的优点体现在(　　)。
   A. 拓展员工的知识和技能,丰富受训者的工作经验,增加对工作的了解
   B. 改善部门间合作,有利于管理者理解相互间的问题
   C. 使受训者明了自己的长处和弱点,找准位置
   D. 广泛适用于中高层管理人员

6. 案例分析法中用于教学的案例应具有的特点是(　　)。
   A. 案例内容真实　　　　　　　　　　B. 案例中包含一定的管理问题
   C. 案例必须有明确的目的　　　　　　D. 案例必须简单明了

三、是非题

1. 专题讲座法主要适用于管理人员或技术人员对技术难题、当前热点、前沿趋势的解析。（ ）
2. 头脑风暴法是指工作小组成员在正常融洽和不受任何限制的气氛中以会议形式进行讨论、座谈,打破常规,积极思考,畅所欲言,充分表达看法。它是一种激发群体智慧的方法。（ ）
3. 培训前的具体事项不包括培训费用预算的编制。（ ）
4. 培训成本与参训人员在企业中所担任的职务、所接受培训的层次、培训单位等有密切的关系。（ ）
5. 培训讲师主要职责是设计培训课程及内容;培训活动的实施、组织与管理;为企业相关工作提供咨询服务;激励员工主动学习及实施其他直接影响员工学习的所有活动。（ ）
6. 师徒制培训主要应用在技能型行业和工种,应用于新员工、转岗人员等岗位适应性培训,不仅适用于技能行业,还适合其他一线岗位的员工培训。（ ）

第三节　培训有效性评估

知识要点

1. 培训有效性评估的含义、作用和类型。
2. 培训有效性评估的方法。
3. 培训有效性信息的收集方法。
4. 培训有效性评估技术。

一、培训有效性评估的含义和作用

1.培训有效性评估的含义

培训有效性的评估是指系统地收集必要的描述性和判断性信息,以帮助做出选择、使用和修改培训项目的决策。

培训有效性评估应该始于培训目标。根据培训目标,可以确定预期的培训结果,为了衡量预期的培训结果,就需要建立培训有效性的评估指标。培训评估是一个完整的培训流程的最后环节,既是对整个培训活动实施成效的评价与总结,同时评估结果又为以后培训活动的培训需求提供了重要信息。

2.培训有效性评估的作用

培训有效性评估的作用主要体现在以下三个方面:一是为决策提供有关培训项目的系统

信息;二是促进培训管理水平的提升;三是使培训管理资源得到更广泛的推广和共享。

二、培训有效性信息的类型

分析培训的有效性信息类型是确定培训效果信息的前提条件,不了解培训效果信息的种类或培训效果信息的集存点,就无法全面、准确地收集信息,自然也就导致最终分析的偏差。

(1)培训的及时性。它是指培训的实施与需求在时间上是否相对应。培训的实施必须有前瞻性,不能何时需要何时再培训,应当在岗位工作需要前就做好培训,以适应新工作的需要。

(2)培训目标设定的合理性。在设定培训目标时,应全面、细致地对培训需求进行研究,也就是说培训目标的设定应能真正满足培训需求。

(3)培训课程设置与培训内容安排的适用性。培训课程及其内容的设置合理适用,是达到培训目标的关键环节,是保障培训有效性的基础。

(4)培训教材的选用与开发。教材选用与开发方面是否符合培训的需求,运用这些教材进行培训能否达到培训目的是培训有效性信息之一。需要评估教材的深度及细致程度是否能被受训人员接受,会不会过于简单或者过于烦琐,而导致受训人员收获不大或难有收获。

(5)培训教师的选派。教师选派方面的信息包括所选定的教师是否有能力做好这方面的培训,是否了解受训人员,是否有良好的教学水平,是否掌握受训人员能接受的教学方法,是否能让受训人员全部或者部分地接受培训内容。

(6)培训时间的安排。一是培训时机的选择是否得当,二是具体培训时间的确定,三是培训时限的设定。这些因素影响受训人员的培训参与率及学员的学习情绪,也直接决定着培训效果。

(7)培训场地的选定。培训场地要根据培训的具体内容而定,不同的培训内容要选择不同的培训场所。

(8)受训群体的选择。它是指根据受训人员在素质、知识水平、经验上的不同,选择相应的教材和适宜的授课方式。这主要从培训效果和受训人员的接受能力来考虑。

(9)培训形式的选择。培训形式选择方面的信息,是指所选择的培训方式是否有助于受训人员接受培训的内容,是否还有更好的方法。

(10)培训组织与管理状况。培训的组织与管理是对培训活动顺利开展的后勤保证,直接影响参训人员对培训活动安排的满意度。

三、培训有效性评估的方法

培训有效性评估的方法一般有观察法、问卷调查法、测试法、情景模拟测试、绩效考核法、360度考核、前后对照法、时间序列法和经济评价法等。

(1)观察法:一般由培训管理者担任观察者,按照事先拟定的提纲对观察对象实施观察。

(2)问卷调查法:是评估中最常用到的方法,问卷设计要根据使用的范围和时机加以调整,最好是开放式问题和封闭式问题相结合。

(3)测试法:主要用于对知识型和技能型内容的测试。

(4)情景模拟测试:包括角色扮演和公文筐测试等多种方法,通过在最接近实际工作环境的情境下进行测试而了解受训者的真实水平。

（5）绩效考核法：收集受训者的绩效资料，对其在受训前后的一段时间内绩效的变化进行考察。

（6）360度考核：通过被考核人的上级、同级、下级和服务的客户对他进行评价，从而使被考核人知晓各方面的意见，清楚自己的所长所短，以达到提高自身能力的目的。

（7）前后对照法：选取两个条件相似的小组，在培训前，对两个小组进行测验，分别得到两组成绩。一个小组施加培训，一个小组不进行培训，在培训结束后，再对两个小组进行测验，比较每个小组的测验成绩，看培训是否对小组起作用。

（8）时间序列法：在培训后定期做几次测量，通过数据对比分析以准确分析培训成果的转移程度。

（9）经济评价法：从经济角度综合评价培训项目的好坏，计算出培训为企业带来的经济收益。

四、培训有效性信息的收集方法

1. 通过资料收集

收集的资料来源可以是各种各样的，可以是对课程文字性质的描述，也可以通过数理的统计办法反映到直观的数字上，还可以是其他收集办法的书面体现，如运用问卷调查法得到的调查问卷。

通过资料可收集以下信息：①培训方案的资料；②有关培训方案的领导批示；③有关培训的录音；④有关培训的调查问卷原始资料和统计分析资料；⑤有关培训的录像资料；⑥有关培训实施人员写的会议纪要、现场记录；⑦编写的培训教程等。

2. 通过观察收集

这个方法是通过员工上课的表现、课下员工的反应来体现的。在上课的过程中，员工的状态可以反映出课程对他们的吸引力；课下员工的反应可以体现员工对课程的认识深度等问题。

通过观察可收集以下信息：①培训组织准备工作情况；②培训实施现场情况；③培训对象参加情况；④培训对象反应情况；⑤观察培训后一段时间内培训对象的变化。

3. 通过访问收集

访问收集是一种成本较低也便于实现的方法，可以通过受训员工的上级来实现。在课程结束后，上级应当了解员工对于此次培训的看法及收益，还可以通过观察员工培训前后工作的变化来及时与受训人员联系和沟通。在某种意义上，这种方法是与观察法相结合进行的。

通过访问可收集的信息有：①培训对象；②培训实施者；③培训组织者；④培训学员领导和下属。

4. 通过调查收集

使用这种方法的时候要注意避免主观因素的影响。调查对象包括受训员工、培训师、上级领导甚至未能参加培训的员工。通过调查，可收集以下信息：①培训需求；②培训组织；③培训内容及形式；④培训师；⑤培训综合效果。

五、培训有效性评估技术

柯氏培训效果评估模型，即柯克帕特里克培训效果评估模型，它是当前培训评估中运用最广泛的一种模型。柯氏模型认为，培训效果可从反应层、学习层、行为层和结果层等四方面进行评估，如表3-2所示。

表3-2 柯克帕特里克培训效果评估模型

评估层次	结果标准	评估方向	评估的适宜内容
第一层次	反应	各方对培训的感性满意度	对培训整体性感觉
第二层次	学习	学到的知识、技能、态度、行为	学员取得的学习成绩
第三层次	行为	认识的形成和工作行为的改进	学员形成的技能和态度
第四层次	结果	由培训形成的结果	学员形成的知识、技能、态度、绩效等

（一）反应评估

反应评估即评估受训者对培训的直观感受，这是培训效果评价的最低层次，主要通过调查受训者对培训项目（培训方式、课程、讲师等）的印象和感觉来评价培训效果。通过调查表或面谈的方式收集学员的反馈意见。如受训者对培训师的看法、课程难度和期望价值、对培训组织是否满意、培训合理化建议等。通常在一门、一天或一次的授课结束后立刻进行，培训组织者也可以通过亲自参加培训，记录受训人员的表现。

若采用问卷法进行反应评估，首先，要对每个问题的各个选项进行赋值；其次，将每个选项所赋予的分值与选择这个选项的总人数相乘；再次，将所得的结果相加；最后，再除以所回收问卷的总数，这个数值就是某个问题的平均分数。据此，就可了解此培训项目在该项问题上的评估情况。与此同时，也可与其他问题进行对比，以了解该项目在本次培训活动中的整体情况。

（二）学习评估

学习评估是第二级评估，即评估受训者的学习效果。学习评估主要通过测验试卷、实地操作、培训观察评分及小组研讨等方式来考察和评估与培训活动相关的知识、技能的掌握情况，可以在培训开始前，也可在培训中及培训结束后进行。第二个层级的评估是测量受训人员在走出培训地点时的收获。

该评估方式主要有两大优点：一是对受训人员有一定的压力，能使受训人员更认真地学习；二是对培训讲师有压力，能使他们更负责、更精心地准备课程和讲课。相对应地，学习评估存在的局限性主要表现在以下两个方面：一是评估所带来的压力可能使报名不踊跃；二是评估所采用的测试方法的可靠性和可信度有多大、测试方法的难度是否合适，对工作行为转变来说可能并非最好的参考指标。

（三）行为评估

行为评估，是指在培训结束后三个月至半年的时间，通过观察、访谈、问卷调查等方法了解参与培训学员的新知识、新技能或态度在实际工作中运用的状况，从而对培训效果进行分析与评估。该层次评估可以通过上级、下级、同事、客户等相关人员对受训者的绩效进行评价。

行为改变的影响因素有很多，以行为评估来分析培训效果时要对以下情况有清醒的认识：有些培训对象已经具备了行为改变的能力，但因缺乏足够的预期回报而没有将改变付诸实施；有些具备了改变行为的能力也拥有足够的可预期回报，但缺乏行为改变的条件，而造成行为最终未改变；有些具备行为改变的能力,也拥有其他条件,但仍难以完成行为改变。总之,一定要记住行为的改变需要一定的基础。受训人员的行为在培训之后若没有改变可能并不是培训没有效果。

行为评估与学习评估类似,一般也采用对比的方式进行。开展评估工作时,应注意要给受训人员行为改变充足的时间。另外,为确保评估的准确性和客观性,在培训前后都要对试验组和参照组进行数据采集。为提高效度,也可适当增加评估的次数。数据来源不仅可来自培训对象本人,也可来自日常工作中与培训对象联系紧密的人。

（四）结果评估

结果评估,主要考察员工受训后工作绩效的改善。这是柯氏评估模型最高的层级。可以通过实际工作中的具体指标来衡量,具体表现在以下三方面:

(1)组织目标的实现程度。可以通过培训之后企业业绩的改善情况,也通过质量、数量、安全、销售额、成本、利润、投资回报率等指标来度量。

(2)外部客户的满意度。如:客户对产品质量和服务质量的投诉量、产品退赔率、发货/交货准时性、处理投诉的及时性等。

(3)内部员工的满意度。可以通过员工的士气和精神面貌、员工的团队意识、组织内部各部门以及员工之间的沟通效率、组织环境的和谐程度、员工的忠诚度等来度量。

结果评估可以打消高层主管投资于培训的疑虑心理,指导培训课程计划,把有效的培训经费用到能为企业创造经济效益的课程上来。其局限性则包括:①培训成果的转化耗时较长;②评估的技术要求高,对评估者的要求也就相对较高,企业现有的培训管理者可能无法驾驭,评估技术不完善;③必须取得管理层的合作,否则就无法拿到相关的数据,通常这也是存在一定困难的;④即使企业有条件将非培训导致的绩效结果与之剥离,这种剥离也是极为复杂的。

进行结果评估时,既可通过对反应评估、学习评估和行为评估等三个层次的优化和完善来进行,也可通过调查和收集一些受训人员行为变化的实际事例、数据或者证据来弥补结果评估自身的不足。

练习题

一、单项选择题

1. 培训有效性评估应该始于(　　)。

　　A. 培训目标　　　　B. 培训效果　　　　C. 培训绩效　　　　D. 培训成本

2. (　　)通过被考核人的上级、同级、下级和服务的客户对他进行评价,从而使被考核人知晓各方面的意见,清楚自己的所长所短,以达到提高自身能力的目的。

　　A. 360度考核　　　B. 前后对照法　　　C. 测试法　　　　　D. 观察法

3. 主要考察员工受训后工作绩效的改善的是(　　)。

　　A. 反应评估　　　　B. 学习评估　　　　C. 行为评估　　　　D. 结果评估

4. 通过访问,可收集来自培训对象、培训实施者、培训组织者和(　　)的信息。

　　A. 培训学员领导和下属　　　　　　　　B. 培训学员

C. 培训管理者　　　　　　　　D. 培训师

5. 在培训后定期做几次测量,通过数据对比分析以准确分析培训成果的转移程度的是（　　）。

A. 经济评价法　　B. 前后对照法　　C. 绩效考核法　　D. 时间序列法

二、多项选择题

1. 柯氏模型认为,培训效果可从（　　）方面进行评估。

A. 反应层　　　　B. 学习层　　　　C. 行为层　　　　D. 结果层

2. 学习评估主要通过（　　）等方式来考察和评估与培训活动相关的知识、技能的掌握情况。

A. 测验试卷　　　B. 实地操作　　　C. 培训观察评分　D. 小组研讨

3. 行为评估可以通过（　　）等相关人员对受训者的绩效进行评价。

A. 上级　　　　　B. 下级　　　　　C. 同事　　　　　D. 客户

4. 结果评估可以通过实际工作中的具体指标来衡量,具体表现在（　　）。

A. 组织目标的实现程度　　　　　B. 外部客户的满意度

C. 内部员工的满意度　　　　　　D. 高层领导的满意度

5. 培训有效性评估的作用主要体现在（　　）。

A. 为决策提供有关培训项目的系统信息

B. 促进培训管理水平的提升

C. 使培训管理资源得到更广泛的推广和共享

D. 节约培训成本

三、是非题

1. 学习评估可以在培训开始前,也可在培训中及培训结束后进行。（　　）

2. 行为评估通常在培训结束后三个月至半年的时间内进行。（　　）

3. 受训者对培训师的看法不属于反应评估的内容。（　　）

4. 分析培训的有效性信息类型是确定培训效果信息的前提条件。（　　）

5. 培训课程及其内容的设置合理适用,是达到培训目标的关键环节,是保障培训有效性的基础。（　　）

第四节　员工培训制度的建立与实施

知识要点

1. 员工培训制度的概念与构成。

2. 员工培训制度的起草与修订要求。

3.员工培训制度的基本结构。

一、员工培训制度的概念与构成

员工培训制度是能够直接影响和作用于培训系统及其活动的各种法律、规章、制度及政策的总和。从广义上讲，主要包括有关培训的法律、法规以及培训的相关制度和政策等。

在企业员工培训与开发的管理活动中，各类企业根据自己的实践经验和形势的要求，制定一系列的员工培训管理制度，一般来说，包括培训服务制度、入职培训制度、培训激励制度、培训考核评估制度、培训奖惩制度和培训风险管理制度等六种基本制度。还有培训实施管理制度、培训档案管理制度、培训资金管理制度等，从而构建一个完整的企业员工培训制度体系。

二、员工培训制度的起草与修订要求

起草或修订企业员工的培训制度时，应体现以下几个方面的要求：

1.培训制度的战略性

员工培训本身要从组织战略的角度考虑，要以战略的眼光去组织培训，不能只局限于某一个培训项目或某一项培训需求。因此，制定和修订培训制度时也要从战略角度出发，为组织人才培养建立一个完善有效并有威严的指导性框架，使培训与开发活动走向制度化和规范化。

2.培训制度的长期性

培训是一项人力资本投资活动，要正确认识人力资本投资与人才开发的长期性和持久性。要用"以人为本"的指导思想和管理理念制定培训制度，保证制度的稳定性和连贯性。

3.培训制度的适用性

培训制度是开展日常培训工作的指导方针，应有明确、具体的内容或条款，充分体现管理与实施的需要。这些内容或条款针对培训过程中的某一方面做出了明确的规定，保证在具体实施过程中出现问题时可以照章办理。

起草培训制度草案或对某项具体培训制度进行修订时，还应当深入实际进行调查研究，掌握各种培训制度在未制定前与制定之后，以及在实施过程中的变化，需克服和解决的困难和问题，以提高培训制度的效用。

三、员工培训制度的基本结构

人力资源管理部门在起草某一项具体的培训制度时，应当注意其结构和内容的完整性和一致性。一项具有良好的适应性、适用性和可行性的培训制度至少应包括以下几个方面的基本内容。

(1)制定员工培训制度的依据。

(2)实施员工培训的目的或宗旨。

(3)员工培训制度具体的规定条款。

(4)员工培训制度的核准与施行。

(5)员工培训制度的解释与修订。

企业应当立足于实际，以"服务于企业利益、服务于企业员工"为培训目标，在考虑企业持续稳定发展的基础上，尊重员工个性与发展要求，根据市场发展的需要，结合企业战略目标，通过制度建设形成有效的培训约束机制和激励机制，为培训活动的开展创造良好的制度环境，为员工参加教育培训提供有力的政策支持，为大量人才的迅速成长提供更多机会。

练习题

一、多项选择题

1. 起草或修订企业员工的培训制度时，应体现的要求有（　　）。
   A. 培训制度的战略性　　　　　　　　B. 培训制度的长期性
   C. 培训制度的适用性　　　　　　　　D. 培训制度的先进性
2. 一般来说，员工培训制度包括培训服务制度、培训风险管理制度、（　　）等几种基本制度。
   A. 入职培训制度　　　　　　　　　　B. 培训激励制度
   C. 培训考核评估制度　　　　　　　　D. 培训奖惩制度
3. 员工培训制度的基本结构一般包括（　　）。
   A. 制定员工培训制度的依据
   B. 实施员工培训的目的或宗旨
   C. 员工培训制度具体的规定条款
   D. 员工培训制度的核准与施行、解释与修订

二、是非题

1. 员工培训制度是能够直接影响和作用于培训系统及其活动的各种法律、规章、制度及政策的总和。（　　）
2. 员工培训制度体系中不包括培训实施管理制度。（　　）
3. 培训制度的适用性是指培训制度的内容或条款针对培训过程中的某一方面做出了明确的规定，保证在具体实施过程中出现问题时可以照章办理。（　　）

第五节　员工职业生涯规划与管理

知识要点

1. 职业与职业生涯的基本概念。
2. 职业生涯规划的内涵与特征。

3. 职业生涯发展的基本理论。
4. 员工职业生涯规划的含义、步骤和分阶段职业生涯管理。
5. 组织职业生涯管理措施。

一、职业与职业生涯的基本概念

职业的产生与发展是人类文明的标志,是社会发展和进步的反映。但职业并不是伴随着人类社会的形成而产生的,而是社会劳动分工的必然结果,并随社会劳动分工的深化而发展变化。

职业是人们参与社会分工,利用专门的知识和技能,为社会创造物质财富、精神财富,获取合理报酬作为物质生活来源,并满足精神需求的工作。也可以说,职业是人的社会角色的一个极为重要的方面。不仅如此,职业还往往成为一个人最基本的符号、最主要的特征。它能反映一个人的社会身份、社会地位与自身的文化、能力、素质水平等,它同工作、场所、权位、利益相关联,具有专业性、经济性、社会性、连续性、稳定性的特点。

职业生涯是指个体从正式进入职场直到退出职场这段时间内的与工作有关的经历、态度、需求、行为等过程,是一个人的职业经历。一个人一生中连续从事的职业,不仅包括过去、现在和未来那些可以实际观察到的职业发展过程,还包括个人对职业生涯发展的见解和期望。职业生涯的内涵主要包含以下四个方面:

(1)职业生涯表示职业岗位的经历。职业生涯只是表示一个人一生中在各种职业岗位上所度过的整个经历,并不包含成功与失败的含义,也没有进步快慢的含义。

(2)职业生涯包括外职业生涯和内职业生涯两个方面。

(3)职业生涯是一个连续的过程。职业生涯是一生中所有的与工作相关的连续经历,而不仅仅指某一个工作阶段。

(4)职业生涯受各方面因素的影响。个人对终身职业生涯的设想与计划、家庭中父母的意见以及配偶的理解与支持、组织的需要与人事计划、社会环境的变化等,都会对职业生涯有所影响。

因此,职业生涯在一定程度上可以认为是多方面互相作用的结果。

二、职业生涯规划的内涵与特征

职业生涯规划又称为职业生涯设计,是指个人与组织相结合,在对一个人职业生涯的主客观条件进行测定、分析、总结的基础上,对自己的兴趣、爱好、能力、特点进行综合分析与权衡,结合时代特点,根据自己的职业倾向,确定其最佳的职业奋斗目标,并为实现这一目标做出行之有效的安排。职业生涯设计的目的绝不仅仅是帮助个人按照自己的条件找到一份合适的工作,达到与实现个人目标,更重要的是帮助个人真正了解自己,为自己定下事业大计,筹划未来,拟定一生的发展方向,根据主客观条件设计出合理可行的职业生涯发展方向。职业生涯规划按照主体的不同,可以分为个人职业生涯规划和组织职业生涯规划。

一个人的职业生涯是生命、生活的重要组成部分,选择了一份职业,就是选择了一种社会角色,进而选择了一种生活方式。一个职业目标与生活目标相一致的人是幸福的,职业生涯规划实质上是追求最佳职业生涯的过程。

职业生涯规划呈现出下列特征:

(1)发展性。职业生涯规划是一个动态的过程,是一生中所有的与工作相关的连续经历,而不仅是一个工作阶段,它是发展的、演进的过程。它不是一次能够完成且一成不变的,需要根据客观环境、自身条件的变化及时调整。它是一种使人全面发展的重要工具,而不是固定的行为模式。

(2)阶段性。员工职业生涯的发展过程有着不同阶段,可以分为不同的时期,同时还要把目光投向未来。员工本人必须清楚:自己现在做的工作,十年后会怎么样?自己的职业在未来的社会需要中,是增加还是减少?自己在未来的社会中的竞争优势何在?在自己适合从事的职业中,哪些是社会发展迫切需要的?在综合考虑各种因素后,就能够给自己做职业生涯规划了。

(3)互动性。职业生涯规划是个人与他人、组织以及社会互动的过程。其中,组织对员工的职业生涯发展起着尤其重要的作用。个人的职业生涯目标能否实现以及实现多少,在很大程度上取决于组织的帮助和支持。一旦人的才能和潜力得到充分发挥,人才资源不虚耗与浪费,企业的生存成长就有了取之不尽、用之不竭的源泉。

(4)个性化。职业生涯规划是一件个性化的事情,它因个性类型不同、价值观不同、思维方式及行为方式不同、文化资本的构成不同、选择企业和单位的标准不同、对个人与社会关系的认识不同、所处的职业生涯阶段不同、个人能力不同而有所不同。

三、职业生涯发展的基本理论

(一)职业选择理论

职业选择是指人们从对职业的评价、意向、态度出发,依照自己的职业期望、兴趣、爱好、能力等从社会现有的职业中挑选职业,使自身能力素质与职业需求特征相符合的过程。如何选择职业?职业选择理论提供了这方面的答案。

1.职业性向理论

该理论是美国职业指导专家约翰·霍兰德创立的。1959年,他在弗洛伊德人格理论的基础上,从个体特质与要素维度出发,经过大规模的测评分析研究,提出了职业选择与发展理论。其优势在于通过六种类型的划分对个人职业性向类型和环境类型进行了平行的整体性描述。该理论强调个人与环境之间的匹配,霍兰德认为,"一个人做出职业选择的依据就是寻找那些能够满足他或她成长的环境","对自己的工作环境知道得越多,他或她就越容易做出正确的职业选择"。该理论经过几十年的研究和补充修正形成了系统的职业指导模式,该模式可以通过自我评定来发现自己的职业类型,并依据个性类型来选择自己的职业。

霍兰德把个性类型划分为六种:现实型、研究型、艺术型、社会型、企业型、常规型。他认为绝大多数人都可以被归于六种类型中的一种。对应于个性类型,霍兰德把环境也划分为相应的六大基本类型。

霍兰德在人性与环境、职业类型划分的基础上,提出了六边形职业性向模型,如图3-1所示。

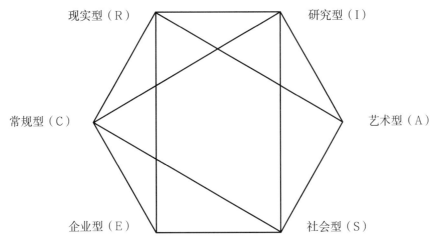

图 3-1 六边形职业性向模型

此图的一个角代表一个职业性向和一种职业类型。根据霍兰德的研究,连线距离越短,两种类型的职业相关系数就越大,适应程度就越高。当连线距离为零时,换言之,个性类型与职业类型高度相关,统一在一个点上,表明某种类型劳动者从事相关类型职业,或者某种类型职业由相应类型劳动者来担当,在这种情况下,职业配置最相适宜,是最好的职业选择。

2.特质-因素理论

该理论最早由美国波士顿大学的帕森斯教授提出,是用于职业选择与职业指导的经典理论之一。帕森斯在其《选择一个职业》的著作中提出人与职业相匹配是职业选择的关键。他认为,每个人都有自己独特的人格模式,每种人格模式的个人都有其相适应的职业类型。所谓"特质"就是指个人的人格特征,包括能力倾向、兴趣、价值观和人格等,都可以通过心理测量工具来加以评量;而所谓的"因素"则是指在工作上取得成功要具备的条件或资格,这些因素是可以通过对工作的分析而了解的。

(1)人与职业的匹配的类型。

一是因素匹配(职业匹配人)。需要专门技术和专业知识的职业与掌握该种技能和专业知识的求职者相匹配。例如,脏、累、苦等劳动条件很差的职业,需要能吃苦耐劳、体格健壮的求职者与之匹配等。

二是特质匹配(人匹配职业)。例如,具有敏感性、易动感情、不守常规、个性强、理想主义等特质的人,适合从事审美性、自我情感表达的艺术创作类型的职业。

(2)帕森斯职业选择的步骤。

①人员分析。借助成就测验、能力测验和人格测验等测评手段,了解求职者的价值观、能力倾向、兴趣爱好、气质与性格等,通过面谈、调查等方法进一步获得有关求职者的身体状况、家庭背景、学业成绩、工作经历等情况,并对这些资料进行评价。

②职业分析。分析各种职业对人的要求(因素),并向求职者提供有关的职业信息,包括职业性质、工资待遇、工作条件以及晋升的可能性、求职的最低条件、就业机会等。

③人职匹配。整合个人和工作领域的信息,这是特质-因素理论的核心。指导人员在了解求

职者的特质和职业的各项因素的基础上,帮助求职者进行比较分析,以便选择一种适合其个人特点、有可能得到且能在职业上取得成功的职业。

职业选择理论依据的理论基础,是强调人的个体差异已为当时人们普遍接受的事实,差异心理学和心理测验的产生和发展为职业选择理论及其实际应用提供了有利条件;同时,这一方法符合职业生涯规划的逻辑和一般过程,也易于操作和实施。所以这种职业选择方法自产生起就一直被人们广泛接受和采用,并不断发展和完善。

(二)职业发展理论

职业发展理论是从动态角度研究人的职业行为、职业发展阶段的。职业发展理论的代表人物是金斯伯格和萨帕。

1.金斯伯格的职业发展理论

金斯伯格是职业发展理论的先驱,1951年其专著《职业选择》问世,他在这本书中提出了职业发展理论的基本观点。

(1)职业选择是一个发展过程。它不是一个单一的决定,而是在一段时间里做出的一系列决定。在这个过程中,每一个步骤与前后的步骤之间都有着某种有意义的联系。

(2)这个职业选择过程大部分是不可逆转的,因为在这个过程中做出的每一个决定都依赖于个人的年龄和发展。

(3)这个过程以一种折中的方式结束。一系列内外部因素影响个人的决定,一个人必须在影响择业的主要因素(兴趣、能力和现实机会)之间取得平衡。

金斯伯格把人的职业选择心理的发展分为三个主要时期,即幻想期(11岁以前)、尝试期(11~18岁)、现实期(18岁以后)。他着重研究的是一个人的早期职业发展,但并没有因此而否认职业选择的长期性。1983年,金斯伯格对他的职业选择理论进行了重新阐述,着重强调:对于那些从工作中寻求主要满足感的人来说,职业选择是一个终身的决策过程,他们会不断地重新评价如何能够增进自己正在变化的职业目标和工作现实之间的配合。同时,金斯伯格提出了终身选择过程中的三个因素,即最初的职业选择、最初选择与后来工作经验之间的反馈以及经济和家庭情况。

2.萨帕的职业发展理论

美国学者萨帕的职业发展理论比金斯伯格的学说更为详细、更进一步,扩大到整个人生。其理论的主要观点是:人是有差异的,人的才能、兴趣和人格各不相同,人们因自己的上述特性而各自适应于若干种职业;职业选择与调适是一个连续过程;人们对于职业的偏爱和所具资格、人们的生活与工作情境,以及人们的自我概念,都会随时间的推移和经验的增加而改变;职业发展过程具有可塑性。

萨帕对于人生职业生涯的分析,是围绕着职业生涯的不同时期而进行的。其关注焦点是选择和配合个人,也注意到了社会因素对职业选择和职业发展的影响。萨帕在后期将影响决定择业的因素分为两大类:一类为个体决定因素,包括兴趣、能力、价值观等个体化因素;另一类是环境决定因素,如社会结构和经济条件。目前,西方国家从幼儿园到十二年级的职业指导计划,基本上是以萨帕的职业发展阶段模式为基础的。

四、员工职业生涯规划

组织的员工在不断地追求自己理想的职业,都有从自己现在和未来的工作中得到成长、发展和获得满意成就的强烈愿望和要求,他们也在激烈的职场竞争环境中对自己的职业生涯进行规划和管理。

(一)员工职业生涯规划的含义

员工职业生涯规划是指员工针对自身的主观和客观因素进行分析和测定,确定自己的职业生涯奋斗目标,并为了实现这一目标制订相应的工作、培训和教育计划的过程。一个良好的职业生涯规划应当具备可行性、适时性、适应性和持续性。

(二)员工分阶段职业生涯管理

在职业生涯管理过程中,从员工的个人角度出发,其职业生涯发展可分为早期、中期和后期三个不同阶段。在不同的阶段,员工会呈现不同的职业特点,面临的职业生涯管理任务也不同。

1.早期阶段的员工职业生涯管理

早期阶段是员工刚进入组织,逐步被组织接纳,从学生变成雇员的过程,发生角色和身份的变化。员工在这一阶段的特征表现在:①经常出现现实冲击。这一阶段,新员工的较高工作期望所面对的却是枯燥无味和毫无挑战性的工作现实;②难以得到首任上司的信任和重用;③组织成员往往对新员工心存偏见或嫉妒。

针对员工职业生涯早期的管理主要有:①员工提供真实资料,便于组织能全面了解员工;②员工及时调整心态,融入新的工作环境和人际关系;③员工积极与上司和同事沟通,获得针对自身的信息反馈;④员工与管理人员一同制订可行的个人职业生涯发展方案并严格执行。

2.中期阶段的员工职业生涯管理

员工在经过了职业生涯早期阶段,完成了员工与企业的相互接纳后,步入了职业生涯中期阶段。这个阶段是一个时间周期长、富于变化,既有可能获得职业生涯成功,又有可能出现职业生涯危机的一个很宽阔的职业生涯阶段。这个阶段按照年龄划分一般为30~50岁,是职业生涯最漫长、最重要的时期。员工职业生涯管理中期的特点有:①职业能力稳步提升,逐渐成熟;②有相当的生活阅历,具有处理人际关系和各种事情的技能经验;③形成成熟的价值观,绝大多数人的事业心、责任心增强;④现实和职业理想不一致。

根据这一阶段职业发展的特点,应当采取以下职业生涯管理措施:一是制定适当的职业生涯目标。二是利用更多成功求职的途径。如果这一阶段发现职业发展的领域不合适,就需要重新发现自我,更换合适的职业生涯领域。三是与时俱进,不断坚持学习。四是保持身心健康。

3.后期阶段的员工职业生涯管理

职业生涯的后期一般指50岁以后。在这一阶段,个人的工作、生活和心理特征都发生了与以往不同的改变,主要表现在:①进取心、竞争力和职业能力明显下降;②权力、责任和中心地位下降,角色发生明显变化;③优势尚存,仍可发挥余热,尽职贡献。

针对这一阶段的职业特征,员工个人应当做到:①坦然面对现状,接受和发展新角色;②将重心从工作转移到生活上去,在业余爱好、家庭、社区活动和非全日制工作等方面寻找新的满足;③站好最后一班岗,为退休做好准备。在这个阶段,作为老员工可以发挥自己的经验优势,帮助培养年轻员工,培养合适的接班人。同时,员工还可以回顾自己的职业生涯,总结成功的经验和失败的教训,现身说法对新员工进行培训教育。最后,做好退休的思想准备工作。

五、组织职业生涯管理

组织职业生涯管理是指企业将帮助员工成长、发展的计划与企业的需求、发展相结合的行为过程。它为员工实现其职业目标明确了职业道路,能最大限度地调动员工的积极性,提高员工的归属感,使员工对组织的贡献最大化,从而有利于组织目标和管理活动的实现。

针对员工在职业生涯的不同阶段所呈现的不同特点、存在的问题,组织应在员工不同的职业阶段采取不同的职业生涯管理措施。

1.早期阶段主要措施

早期阶段主要措施有:组织应尽快熟悉新员工;通过绩效反馈帮助员工确立职业生涯目标;与员工一起制定个人职业生涯规划;通过培训等促进员工的社会化。

2.中期阶段主要措施

员工的中期职业生涯阶段是职业生涯最重要的一个阶段,在这个阶段可能会出现的主要问题有:职业生涯由上升发展达到顶点之后,开始出现下降的轨迹;职业生涯出现认同危机,有的人在晋升无望后,开始反思自我的价值;工作与家庭冲突严重,并容易引发身心疾病等。针对这一员工重要职业阶段,组织可采取的措施是:

(1)为员工提供更多的职业发展机会。可以从三个方面考虑:一是开辟新的工作领域,扩大组织业务范围,以增加组织新的岗位;二是通过一定的形式,承认员工的业绩,给予员工一定的荣誉;三是进行岗位轮换,丰富员工的工作经验,使员工的成长需求得到满足。

(2)转变观念,提高员工的竞争力。组织应注重员工的成长和学习,将个人发展融入人力资源的政策之中,比如鼓励工作轮换,鼓励管理人员跨部门流动或提升,促使员工培养较强的适应能力和竞争能力,中期职业生涯就不会因突发事件而中断。

(3)帮助员工形成新的职业自我概念。

(4)协助员工解决工作和家庭的矛盾。面对矛盾和冲突,组织可以提供情绪性的帮助,如倾听、表示同情;也可以提供实质性的帮助,如为了解决子女问题,组织可以设立幼儿托管机构,减轻员工的家庭负担。

3.后期阶段主要措施

对于职业生涯后期的员工,主要是做好他们的退休退养工作。组织对员工后期阶段的职业生涯管理主要有以下措施:

(1)制定完善的员工退休制度。对于退休员工,组织应该一视同仁,严格按照有关的退休制度来执行。对身体素质较好、专业技术较强或管理经验丰富的员工,如果符合组织需要,可以采取兼职、顾问等方式聘用他们,如指导年轻员工、协助审查新的项目、继续完成退休前未完成的研究工作等,充分利用退休人员的人力资源。

(2)做好退休之际的工作衔接。组织要有计划、分批地进行岗位接班人的选拔和培训工作,帮助退休员工与接班人做好交接。

练习题

一、单项选择题

1. 个人的职业生涯目标能否实现以及实现多少,在很大程度上取决于组织的帮助和支持,体现出职业生涯规划的(　　)。

A. 发展性　　　　B. 阶段性　　　　C. 互动性　　　　D. 个性化

2. (　　)最早由美国波士顿大学的帕森斯教授提出,是用于职业选择与职业指导的经典理论之一。

A. 特质－因素理论　　　　　　　　B. 职业性向理论
C. 职业发展理论　　　　　　　　　D. 职业选择理论

3. 职业发展理论的代表人物是金斯伯格和(　　)。

A. 萨帕　　　　B. 帕森斯　　　　C. 霍兰德　　　　D. 马斯洛

4. 金斯伯格提出了终身选择过程中的三个因素,其中不包括(　　)。

A. 最初的职业选择　　　　　　　　B. 最初选择与后来工作经验之间的反馈
C. 经济和家庭情况　　　　　　　　D. 工作经历

5. (　　)是指员工针对自身的主观和客观因素进行分析和测定,确定自己的职业生涯奋斗目标,并为了实现这一目标制订相应的工作、培训和教育计划的过程。

A. 职业生涯　　　　　　　　　　　B. 组织职业生涯管理
C. 职业生涯规划　　　　　　　　　D. 员工职业生涯规划

二、多项选择题

1. 职业生涯规划呈现的特征有(　　)。

A. 发展性　　　　B. 阶段性　　　　C. 互动性　　　　D. 个性化

2. 美国学者萨帕的职业发展理论的主要观点包括(　　)。

A. 人是有差异的,人的才能、兴趣和人格各不相同,人们因自己的上述特性而各自适应于若干种职业
B. 职业选择与调适并不是一个连续过程
C. 人们对于职业的偏爱和所具资格、人们的生活与工作情境,以及人们的自我概念,都会随时间的推移和经验的增加而改变
D. 职业发展过程具有可塑性

3. 职业生涯的内涵主要包括(　　)。

A. 职业生涯表示职业岗位的经历
B. 职业生涯包括外职业生涯和内职业生涯两个方面
C. 职业生涯是一个连续的过程

D. 职业生涯受各方面因素的影响

4. 一个良好的职业生涯规划应当具备(　　)。

A. 可行性　　　　B. 适时性　　　　C. 适应性　　　　D. 持续性

5. 组织对员工的中期职业生涯阶段可采取的措施有(　　)。

A. 为员工提供更多的职业发展机会

B. 转变观念,提高员工的竞争力

C. 帮助员工形成新的职业自我概念

D. 协助员工解决工作和家庭的矛盾

三、是非题

1. 职业生涯是指个体从正式进入职场直到退出职场这段时间内的与工作有关的经历、态度、需求、行为等过程,是一个人的职业经历。(　　)

2. 职业生涯规划是一个动态的过程,是一生中所有的与工作相关的连续经历,而不仅是一个工作阶段,它是发展的、演进的过程。(　　)

3. 马斯洛是职业发展理论的先驱,他认为职业选择是一个发展过程。(　　)

4. 霍兰德认为,"一个人做出职业选择的依据就是寻找那些能够满足他或她成长的环境","对自己的工作环境知道得越多,他或她就越容易做出正确的职业选择"。(　　)

5. 员工职业生涯管理为员工实现其职业目标明确了职业道路,能最大限度地调动员工的积极性,提高员工的归属感,使员工对组织的贡献最大化,从而有利于组织目标和管理活动的实现。(　　)

第四章
绩效管理

第一节 绩效考评的前期准备

> **知识要点**
>
> 1. 绩效的含义和特点。
> 2. 绩效管理的概念、目的和功能。
> 3. 绩效管理系统的构成。

一、绩效的含义和特点

(一) 绩效的含义

绩效,是一种管理学概念,指成绩与成效的综合,是一定时期内的工作行为、方式、结果及其产生的客观影响。在企业等组织中,绩效通常用于评定员工工作完成情况、职责履行程度和成长情况等。

从管理学角度来说,绩效是组织中个人(群体)特定时间内的可描述的工作行为和可衡量的工作结果,以及组织结合个人(群体)在过去工作中的素质和能力,指导其改进完善,从而预计该个人(群体)在未来特定时间内所能取得的工作成效的总和。

绩效是指组织、团队或个人,在一定的资源、条件和环境下,完成任务的出色程度,是对目标实现程度及达成效率的衡量与反馈。绩效,从管理学的角度看,包括个人绩效和组织绩效两个方面。

从字面意思分析,绩效是绩与效的组合。

绩就是业绩,体现在企业的利润目标,又包括两部分:目标管理(MBO)和职责要求。企业要有企业的目标,个人要有个人的目标要求,目标管理能保证企业向着希望的方向前进,实现目标或者超额完成目标可以给予奖励,比如奖金、提成、效益工资等;职责要求就是对员工日常工作的要求,比如业务员除了完成销售目标外,还要做新客户开发、市场分析报告等工作,对这些职责工作也有要求,这个要求的体现形式就是工资。

(二)绩效的特点

1. 多因性

绩效的多因性是指绩效的优劣不是取决于单一因素,而要受制于主、客观等多种因素的影响。

(1)激励。激励主要是指调动员工的工作积极性。人性中有积极的一面也有消极的一面,这就需要不断地对员工进行激励,发挥其主观能动性,把消极的因素降到最低。而激励本身又取决于员工个人的需要结构、个性、感知、学习过程与价值观等个人特点。

激励的技巧:①启发而不惩罚;②公平相待;③注重现实表现;④适时激励;⑤适度激励。

(2)技能。技能是指员工的工作技巧与能力水平,影响员工技能的主要因素有个人的天赋、智力、经验、教育与培训等。在这些影响因素中培训对于提高员工的技能起到重要的作用。

(3)环境。环境一方面是指企业内部的客观条件,如:劳动场所的布局与物理条件;任务的性质;工作设计的质量;工具、设备与原材料的供应;上级领导的作风与监控方式;公司的组织结构与环境政策、工资福利、培训机会、企业文化、宗旨及氛围等。另一方面是指企业外部的客观环境,如政治环境、经济环境、市场竞争强度等。

(4)机会。机会带有偶然性。在特定的情况下,员工如果能够得到机会去完成特定的工作任务,则可能达到在原有岗位上无法实现的工作绩效。

2. 多维性

绩效的多维性是指员工的绩效需要从多个角度或方面去分析与评价。这就要求在设计绩效考评体系时要根据组织战略、文化以及岗位特征等方面的情况设计出一个由多维度考评指标、不同权重组成的评价体系。

3. 动态性

员工的绩效是会变化的。这就要求在评价员工的绩效表现时不能用一成不变的思维来对待绩效的问题。

总之,对员工的考察应当是全面的、发展的、多角度的,力戒主观、片面和僵化。

二、绩效管理的概念、目的和功能

(一)绩效管理的概念

所谓绩效管理,是指各级管理者和员工为了达到组织目标共同参与的绩效计划制订、绩效辅导沟通、绩效考核评价、绩效结果应用、绩效目标提升的持续循环过程,绩效管理的目的是持续提升个人、部门和组织的绩效。

绩效管理是所有人力资源管理和企业管理中最难做到的,它在实际操作过程中很复杂。绩效管理的对象是人,人和机器最大的区别是,人有思想、有情绪,会产生业绩的波动。所以,对人的投资有两大特征,第一风险大,第二收益高。正因为绩效管理的对象特征,在2006年世界经济学会的评估中,绩效管理被列为最难的管理难题。

（二）绩效管理的目的

(1) 达成目标。绩效考核本质上是一种过程管理，而不是仅仅对结果的考核。它是将中长期的目标分解成年度、季度、月度指标，不断督促员工实现、完成的过程，有效的绩效考核能帮助企业达成目标。

(2) 挖掘问题。绩效考核是一个不断制订计划、执行、改正的PDCA循环过程，整个绩效管理环节，包括绩效目标设定、绩效要求达成、绩效实施修正、绩效面谈、绩效改进、再制定目标的循环，也是一个不断发现问题、解决问题的过程。

(3) 分配利益。不与利益挂钩的考核是没有意义的，员工的工资一般都分为两个部分：固定工资和绩效工资。绩效工资的分配与员工的绩效考核得分息息相关，所以一说起考核，员工的第一反应往往是绩效工资的发放。

(4) 促进成长。绩效考核的最终目的并不是单纯地进行利益分配，而是促进企业与员工的共同成长。通过考核发现问题、解决问题，找到差距进行提升，最后达到双赢。

（三）绩效管理的功能

一是促进组织和个人绩效的提升。绩效管理通过设定科学合理的组织目标、部门目标和个人目标，为企业员工指明努力方向。管理者通过绩效辅导沟通及时发现下属工作中存在的问题，给下属提供必要的工作指导和资源支持，下属通过工作态度以及工作方法的改进，保证绩效目标的实现。

二是促进管理流程和业务流程优化。企业管理涉及对人和对事的管理，对人的管理主要是激励约束问题，对事的管理就是流程问题。所谓流程，就是一件事情或者一个业务如何运作，涉及因何而做、由谁来做、如何去做、做完了传递给谁等几个方面的问题。在绩效管理过程中，各级管理者都应从公司整体利益以及工作效率出发，尽量提高业务处理的效率，应该在上述四个方面不断进行调整优化，使组织运行效率逐渐提高，在提升组织运行效率的同时，逐步优化公司管理流程和业务流程。

三是保证组织战略目标的实现。企业一般有比较清晰的发展思路和战略，有远期发展目标及近期发展目标，在此基础上根据外部经营环境的预期变化以及企业内部条件制订出年度经营计划及投资计划，在此基础上制定企业年度经营目标。企业管理者将公司的年度经营目标向各个部门分解就成为部门的年度业绩目标，各个部门向每个岗位分解核心指标就成为每个岗位的关键业绩指标。

三、绩效管理系统的构成

绩效管理系统主要由绩效计划、绩效辅导、绩效评价、绩效反馈四个环节组成，形成一个完整的闭环，如图4-1所示。

绩效计划是由管理者与员工根据既定的绩效标准共同制定并修正绩效目标以实现目标的过程。其前提是：一要了解组织的使命和战略；二要了解员工所承担的职位本身。

绩效辅导是整个绩效管理循环中持续时间最长的一个阶段。绩效辅导过程的重点如下：主要责任承担者是员工，员工作为工作任务完成的主体，必须通过自己的努力达成对绩效的承诺；员工的直接上级承担重要的管理责任，通过监控、协调、指导等活动推动或激励所属员工实现预定的绩效目标。

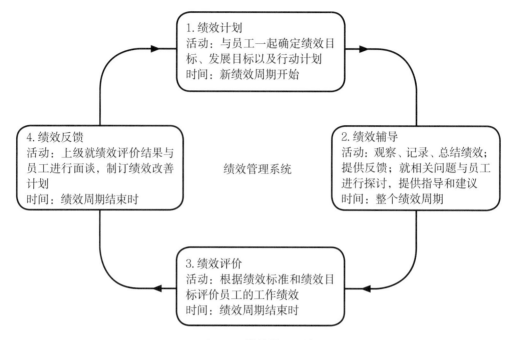

图 4-1 绩效管理系统

在绩效辅导中,要进行积极沟通,主要原因有三:对绩效计划做出适时调整;员工在绩效计划执行过程中需要了解相关信息,同时获得必要的资源支持,需要上级的支持;管理人员需要了解员工工作进展,了解进度与计划的差距,了解执行过程中的困难,适时辅导和调整。

绩效评价又称绩效考评、绩效考核、绩效评估等,是指将战略转化成一整套可执行的绩效衡量标准与体系,并对照绩效标准,采用科学的考核方法,评定员工的工作目标完成情况、员工的工作职责履行程度、员工的发展情况,等等。绩效评估无疑是以绩效为导向,但是绩效导向并不意味着只关注结果(绩效本身包含"绩"和"效"),它也关注取得这些结果的过程。

绩效反馈这一重要环节是绩效考核结果的应用,绩效考核结果应用必须与有效的人力资源管理决策挂钩,才能真正发挥作用。绩效结果的主要应用有:薪酬调整;绩效工资或奖金发放;奖惩或评优;晋升、调职、降级或淘汰(如试用期考核);培训提升(为培训提升提供需求信息,同时也提供培训与开发有效性的建议)。

练习题

一、单项选择题

1. 在绩效管理的总结阶段,对企业各级组织诊断分析的基础和前提是( )。

A. 对企业绩效管理体系的诊断 B. 对考评者全面全过程的诊断
C. 对企业绩效管理制度的诊断 D. 对被考评者全面全过程的诊断

2.( )是企业实施绩效管理活动的准则和行为的规范。

A. 绩效管理制度　　　　　　　　　　B. 绩效管理目标

C. 绩效管理内容　　　　　　　　　　D. 绩效管理方法

3.(　　)是从企业宏观的角度对绩效管理程度进行的设计。

A. 绩效管理的制度设计　　　　　　　B. 绩效管理的总流程设计

C. 绩效管理的方法设计　　　　　　　D. 绩效管理具体程序设计

4. 绩效管理的最终目标是(　　)。

A. 提高组织工作效率　　　　　　　　B. 为员工的发展提供平台

C. 改善组织工作氛围　　　　　　　　D. 促进企业与员工的共同发展

5. 在绩效管理的各个环节中,管理者关心的中心和焦点应当始终是(　　)。

A. 考评指标　　　B. 考评标准　　　C. 考评方法　　　D. 被考评者

二、多项选择题

1. 导致绩效不佳的原因可能是(　　)。

A. 目标设置不科学　　　　　　　　　B. 规章制度不健全

C. 工作流程不合理　　　　　　　　　D. 组织领导不得力

E. 考核时间不充足

2. 企业绩效管理体系是保证考评者和被考评者正常活动的前提和条件。一个绩效管理系统需要经过多次实践验证、多次修改和反复调整,才能成为一个具有(　　)的系统。

A. 科学性　　　B. 可靠性　　　C. 准确性

D. 适用性　　　E. 实用性

3. 公司员工绩效评审系统的功能有(　　)。

A. 约束考评者　　　　　　　　　　　B. 解决绩效考评中存在的问题

C. 对考评结果进行甄别　　　　　　　D. 为员工提供发表意见的机会

E. 确保考评结果的公正性

4. 绩效管理的作用有(　　)。

A. 引导性作用　　B. 价值性作用　　C. 战略性作用　　D. 阶段性作用

5. 绩效计划的作用是(　　)。

A. 工作目标和标准的契约　　　　　　B. 双向沟通的过程

C. 提高员工的参与感和对组织的承诺　D. 提高企业对员工的认知

三、是非题

1. 绩效计划是由管理者与员工根据既定的绩效标准共同制定并修正绩效目标以实现目标的过程。(　　)

2. 所谓绩效管理,是指各级管理者和员工为了达到组织目标共同参与的绩效计划制订、绩效辅导沟通、绩效考核评价、绩效结果应用、绩效目标提升的持续循环过程。(　　)

3. 绩效管理的目的是持续提升个人、领导、部门、组织的绩效。(　　)

4. 绩效,从管理学的角度看,包括个人绩效和组织绩效两个方面。(　　)

5.技能是指员工的工作技巧与能力水平,影响员工技能的主要因素有个人的天赋、智力、经验、教育与培训等。(　　)

第二节　绩效信息的收集

知识要点

1.绩效考评的作用。
2.绩效信息来源及采集渠道。

一、绩效考评的作用

绩效考评本身不是目的,而是手段,因此,其概念的内涵和外延应随着企业管理的需要而相应地有所变化。具体而言,绩效考评的内涵就是对人和事的评价。它包括以下两层含义:一是对员工在工作中的素质能力及态度进行评价;二是对员工的工作业绩或工作结果,即其在组织中的相对价值或贡献程度进行评价。绩效考评的外延则是指有目的、有组织地对日常工作中的人员进行观察、记录、分析,以此为依据对其进行尽可能客观的评价。它包括以下三层含义:一是从企业目标出发进行评价,并使评价和评价之后的人力资源管理活动有助于企业目标的实现;二是作为人力资源管理系统的组成部分,运用一套系统的、一贯的制度性规范、程序和方法进行评价;三是对员工在日常工作中显示出来的工作能力、工作态度和工作成绩,进行以事实为依据的评价。

绩效考评作为企业重要的管理手段之一,在企业的人力资源管理活动中发挥着重要的作用。

1.为员工培训工作提供依据

有效的员工培训必须针对员工目前的表现、业绩和素质特征与其所在岗位的岗位规范、组织发展要求等方面的差距来进行,并以此合理地确定培训目标、培训内容,选择相应的培训方法。通过绩效考评,可以发现员工的长处与不足、优势与劣势,从而根据实际需要,制订培训计划。此外,在员工培训结束后,企业要对培训效果进行评估。培训工作是否提高了员工的工作能力,是否有助于企业的经营发展,也就是说企业在员工培训中的投资是否有回报,往往体现在受训员工的工作表现和工作业绩上。而这些信息可以通过定期的绩效考评来获得,因此,绩效考评还有助于企业对员工培训效果进行评估。

2.为薪酬管理提供依据

企业向员工支付报酬要遵循"按劳分配"的原则。薪酬制度是否公平合理直接影响着员工的工作积极性。定期的、规范的绩效考评可以为员工报酬的确定提供客观有效的依据,使工资、奖金等物质报酬的高低与员工的贡献大小相联系,从而使员工感到公平合理,以激励其为企业的发展多做贡献。

3.为企业内部的员工流动提供依据

员工在企业内部的流动通常也要以员工的业绩和能力作为依据。例如,在企业中,有晋升要求的人数往往多于可能得到晋升的人数,因此,较为公平合理的做法就是依据客观的绩效考评结果择优晋升。同样,企业在做出员工工作调动(包括平级调动和降级调动)或辞退决策时,往往也要以绩效考评的结果作为依据。

4.为员工的奖惩提供依据

以奖励为主,惩罚为辅,奖惩结合,这历来是企业管理中的激励原则。对于那些忠于职守、踏实工作、业绩优异的员工要给予物质或精神上的奖励,而对于那些不负责任、偷工减料、业绩低劣的员工则要给予相应的惩戒。只有如此,才能鼓励员工向优秀者学习,防止不良行为在企业中蔓延。这种对员工的奖惩通常也要以绩效考评的结果作为依据。

5.为员工的自我发展明确方向

对于员工在工作中取得的成绩以及员工在某一方面的卓越能力,通过绩效考评,可以得到组织的认可与肯定;而对于员工在工作中存在的不足以及工作能力方面的缺憾,通过绩效考评也可以使员工有清楚的认识,从而明确其未来的努力方向,鞭策员工不断地进行自我完善。

6.促进上下级之间的沟通与交流

在绩效考评过程中,上级主管要通过面谈等方式将考评结果反馈给员工。通过这种途径,主管人员可以了解员工的反应和潜力,员工也可以通过与主管人员的交谈明确自身的不足以及组织对自己的工作期望,并与主管人员一起商定下一步的努力方向及奋斗目标,从而增进上下级之间的沟通与交流,使管理人员与员工之间的工作关系得到改进。

二、绩效信息来源及采集渠道

在绩效管理实施阶段,管理者与员工在持续进行绩效沟通与辅导的同时,还有一项重要的工作需要进行,那就是绩效考核信息的管理,这也是绩效管理的一项基本工作。很多管理者认为考核信息的收集与整理是一种负担,增加了他们的工作量。这种错误的认识恰恰是很多企业绩效管理失败的原因。考核信息的缺失,容易导致绩效考核的随意性与主观性,形成不公平的考核结果。因此,在实际工作中,管理者一定要注意考核信息的收集与整理,将其与日常的工作联系起来。

在实际的绩效管理过程中,我们经常会遇到这样的情况:考核期限早就结束了,考核结果却迟迟无法确定。这种情况的发生很大程度上是由于绩效考核信息的无法取得。因此,在实施绩效考核工作时,必须重视员工绩效考核信息的可获得性。一些比较成熟的公司,都设有统一的指标库,指标库中的每项指标都标明了指标数据的提供部门、提供周期和审查部门,以确保绩效考核信息的有效收集。但是,由于指标库建设的高成本,很多公司很难也没必要建立统一的指标库,因此,对绩效考核信息的来源就缺乏有效的管理。对于这种类型的企业,建议在制订绩效计划时,对绩效考核指标按照部门维度进行自检,确保考核信息的可获得性。考核信息可获得性自检表可参看表4-1。

表 4-1 考核信息可获得性自检表

序号	指标名称	指标定义	考核数据	数据提供部门	数据提供周期	数据审查部门
1	××指标	××××	××数据	××部门	天/周/月/年	××部门
2	××指标	××××	××数据	××部门	天/周/月/年	××部门

(一)管理绩效考核信息的目的

首先,绩效考核结果的评定需要明确的事实依据作为支撑。在绩效考核时,考核者将员工的绩效判定为"优秀"、"良好"或者"差",就必须要有支持这个判定的事实依据,绝不能根据个人的主观判断就轻易地做出判定。比如,有的员工在绩效初期表现不是很好,后期发现自己的不足,不断改进,取得了不错的绩效成绩。如果考核者仅仅根据自己的主观判断,忽视该员工后期的努力,对其绩效做出"差"的主观判定,则势必会引起员工的不满。在工作过程中收集和记录的数据就可以作为员工绩效考评的重要依据。

其次,及时准确的考核信息能够为员工改进绩效提供参考。绩效管理的目的是改进和提高员工的绩效能力,进而更好地实现企业的战略目标。对员工日常的绩效表现进行记录,可以发现员工潜在的一些问题,并指出改进方向,制定新的改进目标。而且,当管理者对员工的某些行为进行批评时,很多员工对自己的不足并没有清醒的认识,如果管理者能拿出明确的信息记录,则会增强说服力,让员工清楚地看到自己存在的问题,进而不断改进。

最后,具体的绩效信息还可以为有可能发生的劳动纠纷保留证据。近年来,企业与员工之间的劳动纠纷有上升的趋势,在解决劳动纠纷的过程中,如果能有具体、丰富的证据,就能提高纠纷的解决效率。而员工的工作记录就是主要的证据,这些记录不仅能够保护企业的利益,也可以保护当事员工的利益,从而促进劳动纠纷公平、公正的解决。

(二)绩效信息管理的内容

绩效信息的管理是一项十分庞杂的工作,如果不加选择地把所有员工的所有信息都记录下来,则不仅耗费了企业的物力、人力,增加了企业的管理成本,而且容易增加企业氛围的紧张感,无形中对员工施加压力,影响员工的绩效表现。因此,绩效考核信息的收集,必须有选择性。这些信息主要包括两个方面,如表4-2所示。

表 4-2 绩效考核信息的具体内容

绩效考核信息	具体内容
KPI 相关信息	1.确定绩效好坏的事实依据,如销售额、客户满意度、投诉率等; 2.绩效不佳的原因,如员工态度问题、能力问题及外部客观因素; 3.优秀绩效的产生原因,如员工的工作思路、工作方法; 4.员工绩效目标的达成情况; 5.同员工进行绩效面谈时的记录

续表

绩效考核信息	具体内容
关键事件信息	选择员工工作中最重要、最关键的事件来对优秀绩效或不良绩效进行描述，包括事件发生的时间、原因及结果，员工的有效行为或无效行为等，在收集关键事件之后，总结出职位的关键特征和行为要求，对员工的绩效表现进行综合评估

（三）绩效信息收集的渠道

收集绩效信息的渠道主要有以下几个方面：

(1)绩效考核数据提供部门提供的相关考核数据；

(2)定期召开部门会议来考察员工的绩效情况；

(3)参照员工绩效计划书检查工作进展，记录员工计划完成情况；

(4)日常工作中巡视工作台，与员工进行非正式的讨论；

(5)从与被考核员工共事的其他员工那里听取反馈，包括正式的和非正式的；

(6)员工定期提交工作汇报与总结；

(7)检查员工工作的结果，检测员工的工作效率与质量；

(8)调查与员工工作相关的内部和外部的客户满意度，以此来考察员工的绩效。

（四）绩效信息收集的方法

收集绩效考核信息的方法主要有考勤记录法、观察法、工作记录法及他人反馈法。

1.考勤记录法

考勤记录法是最常用的一种方法，主要记录员工的出勤情况，考察员工是否有迟到、早退及缺勤等现象。同时，考勤记录可以统计员工的工作时间，再结合员工的工作产出，能够很直观地检测员工的工作效率，对员工的绩效表现做出评价。

2.观察法

观察法是指管理者在日常工作中直接观察员工的表现，并进行记录的一种方法。如销售经理在卖场观察一个销售人员如何耐心地向客户讲解产品的特点、如何解决客户的投诉、如何帮助客户解决问题的过程等。观察法是获取绩效考核信息最直接的方式，但是必须有一定的时间长度，不能仅仅通过一次工作状态的观察就片面地确定员工的绩效表现。

3.工作记录法

通常情况下，员工绩效目标的完成情况可以通过工作记录表现出来。例如销售人员的当日、当月销售额及客户回访数量，都是在日常工作记录中体现出来的绩效情况。目前，许多企业都特别推崇关键事件记录法，就员工的一些典型、关键的工作行为进行记录。这既包括能证明绩效优秀的关键事件，又包括能证明绩效存在问题的关键事件。

4.他人反馈法

由于岗位的特殊性和日常管理工作的繁忙，管理者不可能全部掌握员工的绩效行为，在这种情况下，适当地听取他人的反馈信息是不错的方法。而且，当员工的工作是为客户或者企业内其他部门的人员提供服务时,管理者就可以从员工的服务对象那里得到相关的信息。

总的来说,在收集绩效信息时,可以综合运用以上几种方法,因为用单一的收集方法收集到的信息往往不够全面,不能够整体反映员工的绩效表现。

(五)绩效信息管理系统

绩效管理过程中收集到的信息往往有多种载体,如传统的纸质文档、简单的笔录、复杂的表格、非正式的口头谈论及电子文档等。各种形式的绩效信息庞杂、琐碎,需要进行大量的汇总、统计与分析,如果单靠人工来完成,就会非常困难。当今时代是信息时代,绩效管理离不开信息网络的应用,因此,建立科学完善的绩效信息管理系统也是企业实施绩效管理的重要工作。

练习题

一、单项选择题

1. 考评者对被考评者心存顾虑,致使考评的结果缺乏客观公正性的绩效考评方式是(   )。
   A. 上级考评　　　　B. 同级考评　　　　C. 下级考评　　　　D. 自我考评

2. 在选择具体的绩效考评方法时,无须考虑的因素是(   )。
   A. 培训成本　　　　B. 工作实用性　　　C. 管理成本　　　　D. 工作适用性

3. 在绩效管理中,通过对下属员工采取惩罚的手段,以防止和克服他们绩效低下的行为,属于绩效改进策略的(   )。
   A. 正向激励策略　　B. 预防性策略　　　C. 负向激励策略　　D. 制止性策略

4. 宏观上看,企业强化绩效管理的目的是提高(   )。
   A. 员工个人素质　　B. 企业收益　　　　C. 企业整体素质　　D. 劳动效率

二、多项选择题

1. 根据考评者的来源,绩效考评可以分为(   )。
   A. 书面的资料　　　B. 同事的报告　　　C. 任职者报告
   D. 直接的观察　　　E. 任职者家属的报告

2. 根据面谈的具体过程及其特点,绩效面谈可以分为(   )。
   A. 单向劝导式面谈　B. 解决问题式面谈
   C. 双向倾听式面谈　D. 综合式绩效面谈

3. 正向激励策略的形式包括(   )。
   A. 物质性策略　　　B. 货币形式策略　　C. 精神性策略
   D. 非货币形式策略　E. 荣誉性策略

4. 从考评者角度来看,影响绩效考评质量的因素有(   )。
   A. 考评者的多少
   B. 考评者的个人素质
   C. 考评者的工作经验

D. 考评者对被考评者的熟悉程度

E. 考评者对考评指标及标准的理解程度

三、是非题

1. 绩效总结面谈是在绩效管理活动的过程中，根据下属不同阶段的实际表现，主管与下属围绕思想认识、工作程序等方面的问题所进行的面谈。（　　）

2. 为了保证考评的公正和公平性，人力资源部门应当确立保障系统，即员工绩效申诉和评审。（　　）

3. 品质导向型绩效考评，以考评员工的潜质为主，着眼于"他这个人怎么样"。（　　）

4. 行为主导型的考评方法不太适合人际接触和交往频繁的工作岗位。（　　）

第三节　绩效指标与标准设计

知识要点

1. 绩效考评指标的类型。
2. 绩效指标体系的设计要求。
3. 绩效考评标准及设计原则。
4. 绩效目标设置的原则。

一、绩效考评指标的类型

绩效考评中，用以衡量员工绩效的依据称为绩效指标。只有通过绩效指标，考评工作才具有可操作性。总体考核结果的优劣往往需要通过综合各个指标的考核结果来体现。例如：办公室的工作绩效可以通过文件编写质量、行政车辆管理、总体工作令领导满意度等指标来考核；出纳的绩效考评可以通过现金收付、日记账登记、现金提存与保管等方面的指标来进行。

(1) 根据绩效的内容，可以分为能力指标、态度指标和结果指标。

绩效是员工的最终劳动成果，绩效的好坏取决于员工的劳动能力和劳动态度，所以绩效考评一般包括业绩、能力和态度的考评等内容。与此相对应，绩效指标也可分为业绩指标、能力指标和态度指标。业绩指标反映了员工承担岗位工作的成果，通常从任务完成度、工作质量、工作数量、工作时间、工作成本等多个方面进行衡量，往往采用定量的方式进行考评。能力指标反映员工在岗位工作过程中显示和发挥出来的能力，如经验、阅历、知识、技能熟练程度、判断能力、理解能力、研究能力、创新能力、改善能力、企划能力、计划能力、领导能力、协调能力等，往往采用定性的方式进行考评。态度是工作能力向工作业绩转换的"中介"。对于不同职位的员工来说,业绩考评指标会因岗位职责和目标任务的不同而不同,能力考评项目也会因岗位要求不同而不同。但是,不管职位差异,不论能力大小,态度考评的重点基本相同,通常包括积极性、热忱、责任感、纪律性、独立性、协调性,主要采取定性的方式进行考评。

(2)根据绩效的重要程度,可以分为关键绩效指标、一般绩效指标和否决指标。

关键绩效指标是衡量企业战略实施效果的指标,是企业战略目标经过层层分解产生的可操作性的指标体系,体现了对组织战略目标的增值作用。关键绩效指标虽然重要,但并非绩效指标的全部,尤其是对于一些支持性部门而言,如办公室、财务部、人力资源部等,它们的绩效指标很少源于组织的战略,更多的是来自于部门的职能或职责。一般绩效指标是指影响企业基础管理的一些指标,体现对企业各层次的履行规定职能与职责的基础管理要求。此外,还有一类指标被称为否决指标。它不同于其他指标,如果这种指标所对应的工作没有做好,将对企业带来直接且严重的后果。比如生产制造型企业将安全工作作为否决指标,即如果企业或某部门在安全工作上出现问题,则直接否决其本年度所有工作成绩,其结果是该部门领导人的考评成绩为零,本部门的绩效奖金为零。

(3)根据指标的可量化程度,可以分为定量指标和定性指标。

定量指标是指可以通过数据计算分析形成考评结果的指标,如销售利润率、顾客满意度以及产品数量等,其考评以数据结果为基础。一般而言,我们要求绩效考评指标要尽量量化,这样有助于客观地对指标进行考评。但是有很多绩效指标往往难以用量化的方式进行衡量,我们称之为定性指标。具体而言,定性指标是指无法直接通过数据计算分析考评内容,需对考评对象进行客观描述和分析来反映考评结果的指标,常见的定性指标主要是能力类或态度类的指标。为了使定性指标的考评尽量客观,常常采取定量化的方式予以转换,具体方式是将定性指标设定出不同级别的考评标准,并对每一种标准进行详细的描述,为考评主体在考评该指标时提供有效的参考。

二、绩效指标体系的设计要求

一般来说,完整的KPI包括指标的编号、名称、定义、设定目的、责任人、数据来源、计算方法、计分方式、考评周期等内容。在企业所有KPI设计完毕后,可以把全企业所有的KPI汇总在一起,组成KPI库。每年在做战略规划部署的时候,可以根据实际需要从KPI库中抽取相关指标对战略的实施进行实地跟踪,以考评企业各层面部门和岗位的工作实际情况,及时发现战略的偏差,及时纠正。

在设计确定关键绩效指标体系时,必须满足以下五个方面的原则要求:

(1)明确性原则(specific):KPI必须是明确的、具体的,以保证其明确的牵引性。

(2)可测性原则(measurable):KPI必须是可衡量的,必须是明确的衡量指标。

(3)可达成原则(attainable):KPI必须是可以达到的,不能因指标无法达成而使员工产生挫折感,但这并不否定其应具有挑战性。

(4)相关性原则(relevant):KPI必须是相关的,它必须与企业的战略目标密切联系,不然也就谈不上是关键指标。

(5)时限性原则(time-based):关键绩效指标必须是以时间为基础的,即必须有明确的时间要求。

三、绩效考评标准及设计原则

（一）概念

绩效考评标准是考评者通过测量或通过与被考评者约定所得到的衡量各项考评指标得分的基准。依据组织的战略，就可制定个人或群体的工作行为和工作成果标准。标准尽管可有多项，每一项也有很明确的要求，但衡量绩效的总的原则只有两条：是否使工作成果最大化；是否有助于提高组织效率。

（二）组成

绩效考评标准由三个要素组成：标准强度和频率、标号、标度。

1. 强度和频率

所谓的标准强度和频率，是指评价标准的内容，也就是各种规范行为或对象的程度或相对次数。标准强度和频率属于评价的主要组成部分。

2. 标号

所谓标号，是指不同强度的频率的标记符号，通常用字母（如 A、B、C、D 等）、汉字（如甲、乙、丙、丁等）或数字来表示。标号没有独立的意义，只有我们赋予它某种意义时，它才具有意义。

3. 标度

所谓标度，就是测量的单位标准。它可以是经典的测量尺度（即类别、顺序、等距和比值尺度），也可以是现代数学的模糊集合、尺度；可以是数量化的单位，也可以是非数量化的标号。总之，可以是定量的，也可以是定性的。标度是评价标准的基础部分，它同评价的计量与计量体系有密切的关系。

在绩效考评中，各种内容、标度和属性的标准之间，存在着密切的内在联系，它们相互依存、相互补充、相互制约，组成一个有机整体，这就是考评标准体系。

（三）目的

设计绩效考评标准的目的是：考核员工工作绩效；建立公司有效的绩效考核制度、程序和方法；达成公司全体职工，特别是管理人员对绩效考评的认同、理解和操作的熟知；绩效考评制度的促进；公司整体工作绩效的改进和提升。

（四）分类

绩效考评标准从不同的角度可以有不同的分类。通常的分类方法有如下几种：

(1) 按评价的手段分，可把评价标准分为定量标准和定性标准。

①定量标准，就是用数量作为标度的标准，如工作能力和工作成果一般用分数作为标度。

②定性标准，就是用评语或字符作为标度的标准，如对员工性格的描述。

(2) 按评价的尺度分，可将评价标准分为类别标准、等级标准、等距标准、比值标准和隶属度标准。

①类别标准，是用类别尺度作为标度的标准，它实质上同定性标准中的以数字符号为标度的标

准相同。

②等级标准,是用等级尺度作为标度的标准。

③等距标准,是用等距尺度作为标度的标准。与等级标准不同的是,用等距标准测得的分数可以相加,而用等级标准测得的分数不能相加。

④比值标准,是用比值作为标度的标准。这类标准所指的对象通常是工作的数量与质量、出勤率等。

⑤隶属度标准,是用模糊数学中的隶属系数作为标度的标准。这类标准基本上适用于所有评价内容,能回答经典标度无法解决的问题,因而被广泛使用。

(3)按标准的形态分类,可分为静态标准与动态标准。

①静态标准,主要包括分段式标准、评语式标准、量表式标准、对比式标准和隶属度标准等五种形式。

分段式标准,是将每个要素(评价因子)分为若干个等级,然后将指派给各个要素的分数(已赋予权重)分为相应的等级,再将每个等级的分值分成若干个小档(幅度)。

评语式标准,是运用文字描述每个要素的不同等级。这是运用最广泛的一种。

量表式标准,是利用刻度量表的形式,直观地划分等级,在评价了每个要素之后,就可以在量表上形成一条曲线。

对比式标准,就是将各个要素的最好的一端与最差的一端作为两极,中间分为若干个等级。

隶属度标准,就是以隶属函数为标度的标准,它一般通过相当于某一等级的"多大程度"来评定。

②动态标准,主要有行为特征标准、目标管理标准、情景评价标准和工作模拟标准。

行为特征标准,就是通过观察分析,选择一例关键行为作为评价的标准。

目标管理标准,是以目标管理为基础的评价标准。目标管理是一种以绩效为目标、以开发能力为重点的评价方法,目标管理评价标准则是把它们具体化和规范化。

情景评价标准,是对领导人员进行评价的标准。它是从领导者与被领导者和环境的相互关系出发来设计问卷调查表,由下级对上级进行评价,然后按一定的标准转化为分数。

工作模拟标准,是通过操作表演、文字处理和角色扮演等工作模拟,将测试行为同标准行为进行比较,从中做出评定。

(4)按标准的属性分类,分为绝对标准、相对标准和客观标准。

①绝对标准,就是建立员工工作的行为特质标准,然后将达到该项标准列入评估范围内,而不在员工相互间做比较。绝对标准的评估重点,在于以固定标准衡量员工,而不是与其他员工的表现做比较。

②相对标准,就是将员工间的绩效表现相互比较,也就是以相互比较来评定个人工作的好坏,将被评估者按某种向度做顺序排名,或将被评估者归入先前决定的等级内,再加以排名。

③客观标准,就是评估者在判断员工所具有的特质,以及其执行工作的绩效时,对每项特质或

绩效表现,在评定量表上每一点的相对基准上予以定位,以帮助评估者做评价。

(五)总原则

制定绩效考评标准的总原则:工作成果和组织效率。

绩效考评标准就是对员工绩效进行考核的标准和尺度。员工的绩效评价标准既要达到评价的各项目的,又要为被评价员工普遍接受。在制定评价标准时,应满足以下要求:

(1)公正性与客观性,指评价标准的制定及其执行,必须科学、合理,不掺入个人好恶等感情成分。

(2)明确性与具体性,指评价标准不能含混不清、抽象,而应该明确,一目了然,便于使用,尽量可以直接操作,即可进行测量;同时,应尽可能予以量化。

(3)一致性和可靠性,指评价标准能适用于一切同类型员工,即一视同仁。不能区别对待或经常变动,致使评价结果缺乏可比性,也就是评价不能达到必要的可信度,变得不可靠了。

(4)民主性和透明性,指在制定标准过程中,要依靠员工,认真听取他们的意见。

(六)绩效考评标准的八大设计原则

1. 公平原则

公平是确立和推行人员考绩制度的前提。不公平,就不可能发挥考绩应有的作用。

2. 严格原则

考绩不严格,就会流于形式,形同虚设。考绩不严,不仅不能全面地反映工作人员的真实情况,而且还会产生消极的后果。考绩的严格性包括:要有明确的考核标准;要有严肃认真的考核态度;要有严格的考核制度与科学而严格的程序及方法等。

3. 单头考评的原则

对各级职工的考评,都必须由被考评者的"直接上级"进行。直接上级相对来说最了解被考评者的实际工作表现(成绩、能力、适应性),也最有可能反映真实情况。间接上级(即上级的上级)对直接上级做出的考评评语,不应当擅自修改。这并不排除间接上级对考评结果的调整修正作用。单头考评明确了考评责任所在,并且使考评系统与组织指挥系统取得一致,更有利于加强经营组织的指挥机能。

4. 结果公开原则

考绩的结论应对本人公开,这是保证考绩民主的重要手段。这样做,一方面,可以使被考核者了解自己的优点和缺点、长处和短处,从而使考核成绩好的人再接再厉,继续保持先进;也可以使考核成绩不好的人心悦诚服,奋起上进。另一方面,还有助于防止考核中可能出现的偏见以及种种误差,以保证考核的公平与合理。

5. 结合奖惩原则

依据考绩的结果,应根据工作成绩的大小、好坏,有赏有罚,有升有降,而且这种赏罚、升降不仅与精神激励相联系,而且必须通过工资、奖金等方式同物质利益相联系,这样才能达到考绩的真正目的。

6. 客观考评的原则

人事考评应当根据明确规定的考评标准，针对客观考评资料进行评价，尽量避免渗入主观性和感情色彩。

7. 反馈的原则

考评的结果（评语）一定要反馈给被考评者本人，否则就起不到考评的教育作用。在反馈考评结果的同时，应当向被考评者就评语进行说明解释，肯定成绩和进步，说明不足之处，提供今后努力的参考意见等。

8. 差别原则

考核的等级之间应当有鲜明的差别界限，针对不同的考评评语在工资、晋升、使用等方面应体现明显差别，使考评带有刺激性，鼓励职工的上进心。

四、绩效目标设置

（一）基本原则

在绩效管理实践中，绩效目标的制定通常应该遵循SMART原则，具体含义如下：

1. 绩效目标应该是明确具体的

"S"（specific）指的是绩效目标应该尽可能地细化、具体化。组织绩效目标和部门绩效目标必须细化和具体化到每个人的绩效目标上，即必须落实到具体的岗位和人员，或能对应到具体的个人。而每个人的情况又各不相同，如岗位、权责、资源条件和经验能力等不同，因此绩效目标应该明确、具体地体现每位员工的具体工作。组织只有将这种要求尽可能表达得明确而具体，才能够更好地激发员工实现这一目标，并引导员工全面地实现管理者对他的绩效期望。

2. 绩效目标应该是可衡量的

"M"（measurable）是指目标要能够被准确衡量，要有可供比较的标准。设定绩效目标，是为了激发每个人的潜力，为实现组织目标而共同努力，因此，目标必须可以衡量，才能够为人们的行为提供及时有效的反馈，并且在绩效评价的时候才能进行量化。绩效目标的可衡量特征与绩效评价指标和绩效标准的可衡量特征是密切相关的，这三者的可衡量特征决定了绩效评价和反馈在绩效管理中的可能性。例如，客户经理的绩效目标为"提高客户满意度"，衡量该目标的绩效指标之一是"客户投诉率"，绩效标准则是"5%"。需要指出的是，可衡量并不一定要绝对量化。

3. 绩效目标应该是可达到的

"A"（attainable）是指目标通过努力就能够实现。在制定目标的时候，为了充分发挥员工的积极性和主动性，组织通常选择比现有水平稍高一点的目标，强调"蹦一蹦，够得着"。过高的目标会使员工失去信心和动力，而目标太低则无法使员工发挥应有的水平。切实可行的方法是在两者之间找到一个最佳的平衡点，即一个员工通过努力可以达到的可行的绩效目标。因此，在绩效目标制定过程中，管理者和下属需要充分沟通，共同制定既具有挑战性又兼备可行性的绩效目标。

4.绩效目标应该与战略有关联

"R"(relevant)指绩效目标体系要与组织战略目标相关联,个人绩效目标要与组织绩效目标和部门绩效目标相关联。与战略相关联原则要求管理者在制定绩效目标时,应对组织战略有清晰明确的界定,同时在分解和承接过程中,要避免错误推理而制造出对组织战略无贡献甚至适得其反的绩效目标。

5.绩效目标还应该有时限性

"T"(time-based)就是指完成目标需要有时间限制。这种时间限制实际上是对目标实现方式的一种引导,要求管理者根据工作任务的权重、事情的轻重缓急,确定完成绩效目标的最后期限,并确定项目进度安排,并据此对绩效目标进行有效的监控,以便在出现问题的时候,能及时对下属进行绩效辅导。不论是整个绩效计划中的总目标,还是分阶段的分目标,都应受到时间的限制。

(二)绩效目标的制定

1.绩效目标制定的基本步骤

绩效目标的制定过程通常包含以下几个步骤。

第一,成立一个由高层领导者参与的战略规划小组,负责拟定和描述组织的愿景,在高层领导者之间达成共识后,确定组织的战略目标。对一个成熟的组织来说,则是直接根据组织的愿景和战略,结合组织的年度工作计划,制定组织的绩效目标。

第二,每位高层领导与其分管部门的管理者组成小组,提出各部门的目标,然后基于部门目标和部门工作计划,制定部门绩效目标。在制定部门绩效目标时,管理者需要注意部门绩效目标和组织绩效目标的纵向协同以及不同部门之间的横向协同。

第三,部门管理者与员工就部门目标分解和实现方式进行充分沟通,形成每个人的绩效目标。在这一过程中,上级需要统筹协调每个人的工作内容,保证本部门的目标能够实现,同时也要避免像传统的目标制定那样仅是从上到下制定,应该在制定各级目标时保证每个员工都有充分的发言权,并鼓励下级人员积极参与绩效目标的制定。组织通过保证基层员工的绩效目标与部门绩效目标以及组织目标的协同性和一致性,实现化组织战略为每个员工的日常行动的目的。

2.绩效目标制定的关键点

管理者在绩效目标制定过程中,为了确保绩效目标的科学性和可操作性,还需要把握如下几个关键点。

(1)进行充分的绩效沟通。在制定绩效目标的过程中,管理者和下属需要进行充分、平等、全面的沟通。充分的沟通要求以确保下属的参与为重点,确保下属能够有机会参与到制定绩效目标的过程中,提升下属对绩效目标的承诺程度和工作卷入程度,从而提升目标达成的可能性。在管理实践中,很多组织在绩效目标制定过程中采取的是一种传统的目标设定过程,即缺乏充分的沟通,而采取上级给下级分派任务的方式,由组织的最高管理层制定组织的战略及目标,然后逐层分解到组织的各个层次。最高领导层的目标经常是一种充满激情的陈述,使用的往往是泛泛的描述性语言,而下面每一个层级在接收信息时必然加入自己的理解,经过层层过滤,会导致一线人员所做的往往是与战略毫不相关的事,甚至朝着相反的方向进行。这种传统的目标设定过程如图4-2所示。

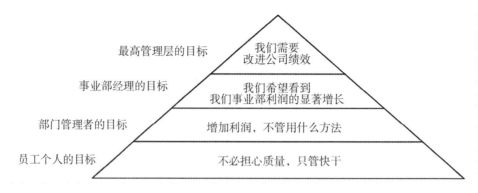

图4-2 传统的目标设定过程

(2)确保绩效目标的动态调整。绩效目标的制定通常遵循"先建立后完善"的原则。绩效目标的建立要在严格遵循SMART原则的基础上,先确定至关重要的绩效目标,同时避免将绩效目标与日常工作计划等同。如果绩效目标过少,则说明可能有重要的目标被忽略;如果目标过多,则可能造成工作繁杂,没有重点,或者是工作职责相互交叉和重叠。在建立了绩效目标之后,管理者还要与下属进行持续沟通,对已经制定的绩效目标进行修正和完善。

绩效目标是根据每个绩效周期的现状确定的,而现实情况处在不断的变化之中,因此,管理者应注意对目标进行及时的动态调整。特别是在制定了分阶段目标的情况下,这种调整应更频繁。如果下属轻易地达到了上一阶段的目标,管理者就应该分析其中是否有特殊的原因,并通过目标的调整来适应情况的变化。如果目标明显不可实现,管理者也应该在分析原因之后适当地进行下调。

练习题

一、单项选择题

1.(   )是假设员工工作行为和绩效整体呈正态分布的一种方法。
   A.关键事件法   B.行为观察法   C.强制分布法   D.目标管理法

2.绩效管理的(   )是指测量员工的工作能力、态度、行为与成果的准确性程度。
   A.信度   B.效度   C.可靠性   D.维度

二、多项选择题

1.有效的绩效信息反馈应具有适应性,即(   )。
   A.反馈信息要因人而异   B.信息反馈是为了沟通而非命令
   C.应解析员工的心理动机   D.应集中于重要的、关键的事项
   E.应考虑到下属的心理承受能力

2.设计绩效考评方法时,需要进行管理成本的分析,分析的内容包括(   )。
   A.不可抗力造成的费用   B.预付成本   C.改进绩效的成本
   D.考评者定时观察的费用   E.考评方法的研制开发的成本

3.从对员工个人的贡献来看,绩效管理有(   )等功能。
   A.导向   B.发展   C.激励

D. 控制　　　　　　　　　　E. 沟通

4. 工作绩效标准包括哪些信息（　　）。
A. 员工应该做什么　　　　　B. 做到何种程度
C. 员工何时做　　　　　　　D. 员工何时完成

三、是非题

1. 在选择具体的绩效考评方法时，无须考虑的因素是培训成本。（　　）
2. 宏观上看，企业强化绩效管理的目的是提高劳动效率。（　　）
3. 行为主导型的考评方法不太适合对操作性工作岗位人员的考评。（　　）
4. 绩效管理具体程序设计是从企业宏观的角度对绩效管理程度进行的设计。（　　）

第四节　绩效考评系统的设计与运行

知识要点

1. 绩效考评主体的分类与比较。
2. 绩效考评周期及其影响因素与考评主体的特点。
3. 绩效考评误差的含义和类型。
4. 处理绩效考评中的矛盾、冲突与绩效申诉的内容和意义。
5. 绩效考评方法的分类。

一、绩效考评主体的分类与比较

（一）绩效考评主体的分类

考评主体的选择直接影响着考评结果的信度和效度。合格的考评主体应当满足的条件是：熟悉被考评者的工作表现；了解被考评者的工作内容和工作性质；能将观察结果转化为有用的评价信息，并能公正客观地提供考评结果。一般而言，员工在组织中的关系是上有上司，下有下属，周围有自己的同事，组织外部还可能有客户。因此，对员工工作绩效进行评价的候选人有以下几种类型：直接上级、员工的同事、员工的下属、员工本人、客户、360度评价。

（二）绩效考评主体的比较

1. 主管考评的优缺点

在传统的考评中，直接主管是评估员工绩效的最佳人选。主管比较熟悉下属员工的工作，能够判断员工的绩效是否有助于实现部门和企业的目标。由主管评估下属员工还可促进双方的沟通，更好地挖掘下属的潜力。一些主管坚持用工作日志记录员工的工作完成情况,为绩效评估提供事实依据。

但是,主管的考评也存在一些问题。首先,主管有时可能没有足够的时间和机会去监督下属的工作。例如,在旅行社中,主管与导游的实际接触很少,主管掌握的信息不一定能做出准确的评估。其次,主管的个人偏好或偏见常常会带到员工的绩效考评中,影响绩效考评的客观性。另外,某些员工在主管面前会努力表现出最佳行为,而这种行为并非日常工作表现,容易给主管留下错觉。因此,在主管对员工进行考评之后,企业通常规定由更高一级的管理人员对考评结果进行复核。

2. 自我考评的优缺点

自我考评的优点主要表现在三个方面:一是考评方式轻松,对考评人和被考评人都不具有威胁性,不会感到有较大的压力;二是自我考评能够增强员工的参与意识;三是自我考评的结果较具建设性,有助于改善工作绩效。

自我考评工作在落实过程中也存在一些缺点,主要表现在三个方面:一是自我考评一般会高估自己的绩效,与上级考评或同事考评的结果往往不同;二是当考评结果用于行政管理时,自我考评会产生系统化误差;三是自我考评只适用于协助员工自我改善绩效,在其他方面(如加薪、晋升等)不足以作为评判标准。

3. 同事考评的优缺点

优点:第一,同事比非同事更了解被考评者,更加了解他的工作表现和工作业绩,因而做出的考评会更加准确;第二,因同事考评而带来的压力,对于被考评者可以起到一定的督促作用,有利于其工作效率的提高;第三,同事考评反映出的观点是多方面的,而且是针对某个具体的工作或行为,并不针对个人。

缺点:第一,因为人际关系的原因,考评自己的同事会比较不自在,从而在一定程度上影响了考评;第二,难以正确认识自我与他人对团队做出的贡献。

因此,在使用同事考评这一考评方法时需要注意两个基本的问题:首先,互评的项目只应是互评人有考评条件的项目,协作精神、努力程度等可以考评,某项工作的完成度则不宜考评(应由直接上级考评);其次,互评要不记名,并相互保密,这样才能保证互评的客观性和真实性。

4. 下属考评的优缺点

下属考评的优点主要在于:首先,能够帮助上级充分发挥领导管理的才能,下属考评把上级工作中的不足之处——尤其是处理上下级关系中的不足之处揭示出来,可以促使上级完善领导指挥方式,使工作更有效率;其次,能够达到权力制衡的目的,下属考评使上级在工作中也受到有效监督,避免出现上级独裁武断的情况。

下属考评由于目前尚未发展完善,仍存在不少弊端:下属在考评中往往不敢实事求是地表达意见,为了避免上级报复,他们会夸大上级的优点,隐匿对上级的不满;上级并不真正重视下属的意见,即使承诺改错,也只是口头说说,并不会真正付诸行动;下属不可能全盘了解上级的工作,因此在考评时往往侧重于个别方面,易产生片面看法。

5. 客户考评的优缺点

优点是:客户考评可以使公司更加重视企业在公众心目中的形象,这一形象通过每一个员工反映出来;客户考评较为客观公正;客户考评使每一位受考评者树立以消费者满意度为导向的意识。

客户考评的缺点:一是难以操作,由于员工接触的客户不同,不同客户的考评标准又有所不同,故对员工来说,客户考评没有统一标准;二是费时费力,由于客户不是企业内部人员,不能用行政命令规定其限时完成考评任务,因此,说服客户配合本公司的业绩考评活动是一项费时费力的工作。

6.360度绩效考核方法的优缺点

优点是:第一,打破了由上级考核下属的传统考核制度,可以避免传统考核中考核者极容易发生的"光环效应""居中趋势""偏紧或偏松""个人偏见"和"考核盲点"等现象;第二,一个员工想要影响多个人是困难的,因此,管理层获得的信息会更准确;第三,可以反映出不同考核者对于同一被考核者不同的看法;第四,防止被考核者急功近利的行为(如仅仅致力于与薪金密切相关的业绩指标);第五,较为全面的反馈信息有助于被考核者多方面能力的提升。360度绩效考核办法实际上是员工参与管理的方式,在一定程度上增加他们的自主性和对工作的控制,员工的积极性会更高,对组织会更忠诚,提高了员工的工作满意度。

其缺点是:第一,考核成本高。当一个人要对多个同伴进行考核时,时间耗费会更多;由多人来共同考核所导致的成本上升可能会超过考核所带来的价值。第二,成为某些员工发泄私愤的途径。某些员工不正视上司及同事的批评与建议,将工作上的问题上升为个人情绪,利用考核机会"公报私仇"。第三,考核培训工作难度大。组织要对所有的员工进行考核制度的培训,因为所有的员工既是考核者又是被考核者。

二、绩效考评周期及其影响因素与考评主体的特点

(一)绩效考评周期概念

绩效考评周期是指对员工进行一次绩效考评的时间周期。绩效考评通常也称为业绩考评或"考绩",是针对企业中每个职工所承担的工作,应用各种科学的定性和定量的方法,对职工行为的实际效果及其对企业的贡献或价值进行考核和评价。

(二)绩效考评周期分类

就目前情况来看,根据时间划分,绩效考评周期主要分为月度、季度、半年度和年度考评几类,各个类别的具体内容如下所述:

(1)月度考评。月度考评一般适用于企业的基层员工。在考评的同时,配合绩效工资的发放,可以在短期内充分地调动员工的积极性,起到对员工及时激励、对企业及时纠偏的良好效果。

(2)季度考评。季度考评一般适用于基层员工和基层管理者,以季度为考评周期既可以避免月度考评工作量大的问题,又可以相对及时有效地反映出各个岗位在这段时间内的工作成效。

(3)半年度考评。半年度考评一般适用于企业的中高层管理人员,是对管理人员一段时间内工作的考量。

(4)年度考评。年度考评一般适用于公司全体员工,是一个相对综合、相对全面的考评,考评配合日常的月考、季考,从过程到结果都可以起到比较完善的监控作用。

（三）绩效考评周期影响因素

绩效考评周期的确定，需考虑以下几个因素：

(1)职位的性质。不同的职位，工作的内容是不同的，因此绩效考评的周期也应当不同。一般职位的工作绩效比较容易考核，考评周期相对要短一些。

(2)指标的性质。不同的绩效指标，其性质是不同的，考评的周期也不同。一般来说，性质稳定的指标，考评周期相对要长一些；相反，考评周期相对就要短一些。

(3)标准的性质。在确定考评周期时，还应当考虑绩效标准的性质，就是说考评周期的时间应当保证员工经过努力能够实现这些标准，这一点其实是和绩效标准的适度性联系在一起的。

企业在选择和确定绩效考评的周期时一定要充分地考虑到自身的战略目标和发展情况，还要充分地考虑到自身工作人员的实际情况，以确保所选择的考评周期的准确性和有效性，确保其应用价值的充分实现，规避各种不必要的风险和损失。

（四）绩效考评主体特点

绩效考核的主体可以是自己，也可以是上下级、同事、外部专家/客户、公司绩效考评小组、业务配合部门。

绩效考核的主体要具备以下特点：

(1)熟悉被考评者的工作表现；
(2)熟悉被考评者的工作内容、工作性质；
(3)了解考评对象的绩效考核标准；
(4)具备将观察结果转化为有用的评价信息的能力；
(5)具备能公正客观地提供考评结果的素质。

任何一个考评主体的选择对绩效考评组织者来说都有利有弊，企业可根据被考评对象、考评形式、公司的考评成熟度选择不同的考评主体。不同考核主体的选择，对考核结果会有一定的影响。目前应用最多的是上级领导为考评主体，因为作为被考评者的直接领导对考评对象的工作内容、工作表现等最为了解和熟悉，最能做出公正、客观的评价，同时也可以有效地做好绩效沟通和面谈，有利于绩效的改进和绩效结果的应用，对员工绩效改善更为有利。

三、绩效考评误差的类型

绩效考评误差的类型主要有：

1.考评指标理解误差

考评指标理解误差是指由于考评人对考评指标的理解的差异而造成的误差。避免这种误差，可以通过以下三种措施来进行：

(1)修改考评内容，让考评内容更加明晰，使能够量化的尽可能量化。
(2)尽可能让同一名考评人对相同职务的员工进行考评，提高可比性。
(3)避免对不同职务的员工考评结果进行比较。

2. 光环效应误差

当一个人有一个显著的优点的时候,人们会误以为他在其他方面也有同样的优点。这就是光环效应。在考评中也是如此,比如,被考评人工作非常积极主动,考评人可能会误以为他的工作业绩也非常优秀,从而给被考评人较高的评价。在进行考评时,考评人应该对所有被考评人的同一项考评内容进行集中考评,而不要以人为单位进行考评,这样可以有效地防止光环效应。

3. 趋中误差

考评人倾向于将被考评人的考评结果放置在中间的位置,就会产生趋中误差。这主要是由于考评人害怕承担责任或对被考评人不熟悉所造成的。在考评前,对考评人员进行必要的绩效考评培训,消除考评人的后顾之忧,同时避免让与被考评人不熟悉的考评人进行考评,可以有效地防止趋中误差。

4. 近期误差

由于人们对最近发生的事情记忆深刻,而对以前发生的事情印象浅显,所以容易产生近期误差。考评人往往会用被考评人近一个月的表现来评判一个季度的表现,从而产生误差。消除近期误差的最好方法是考评人每月进行一次当月考评记录,在每季度进行正式的考评时,参考月度考评记录来得出正确的考评结果。

5. 个人偏见误差

考评人喜欢或不喜欢(熟悉或不熟悉)被考评人,都会对被考评人的考评结果产生影响。考评人往往会给自己喜欢(或熟悉)的人较高的评价,而对自己不喜欢(或不熟悉)的人给予较低的评价,这就是个人偏见误差。采取小组评价或员工互评的方法可以有效地防止个人偏见误差。

6. 压力误差

当考评人了解到本次考评的结果与被考评人的薪酬或职务变更有直接的关系,或者惧怕在考评沟通时受到被考评人的责难,鉴于上述压力,考评人可能会做出偏高的考评。解决压力误差,一方面要注意对考评结果的用途进行保密,另一方面在考评培训时让考评人掌握考评沟通的技巧。如果考评人不适合进行考评沟通,可以让人力资源部门代为进行。

7. 完美主义误差

考评人可能是一位完美主义者,他往往放大被考评人的缺点,从而对被考评人进行了较低的评价,造成了完美主义误差。解决该误差,首先要向考评人讲明考评的原则和方法,另外可以增加员工自评,与考评人考评进行比较。如果差异过大,应该对该项考评进行认真分析,看是否出现了完美主义误差。

8. 自我比较误差

考评人不自觉地将被考评人与自己进行比较,以自己作为衡量被考评人的标准,这样就会产生自我比较误差。解决办法是将考核内容和考核标准细化和明确,并要求考评人严格按照考评要求进行考评。

9. 盲点误差

考评人由于自己有某种缺点,而无法看出被考评人也有同样的缺点,这就造成了盲点误差。盲点误差的解决方法和自我比较误差的解决方法相同。

四、处理绩效考评中的矛盾、冲突与绩效申诉的内容和意义

（一）绩效考评中的矛盾、冲突

由于管理者与被管理者、考评者与被考评者所处的位置不同，观察问题的角度自然不同，权责与利害关系也就不相同，使得他们在绩效管理活动中，不可避免地出现一些矛盾与冲突。在考评活动中，直接主管总是从下属自身的素质、能力、态度和实际表现等方面来考察评定，而下属总是忽视自我检查和自我评价，把注意力放在外部的环境和条件上，认为绩效不高完全是由于别人的原因引起的，如上级主管支持不力、同事之间缺乏合作精神、没有得到及时的信息反馈等，上下级之间在认知上的差异是导致双方的矛盾和冲突的基本原因。无论是考评者还是被考评者，双方在进行面谈时，受"自我保护意识"的驱使，往往将所取得的成功和业绩归因于主观（本人的能力、态度和表现等），而将失误和不足归因于他人和客观（领导、同事、设备、环境、条件等）。

由于考评者和被考评者双方在绩效目标上的不同追求，可能产生三种矛盾：

1. 员工自我矛盾

员工一方面希望得到客观的考评信息，方便弄清楚自己在组织中的地位和作用，以及后期应该努力的方向；另一方面又希望得到上级主管给予自己的关照，以便树立良好形象，让自己拥有认同感，并得到有价值的回报。这种个人双重需求，在绩效管理中是一种常见的冲突。

2. 主管自我矛盾

上级主管在对下属进行绩效考评中，也会存在一定的矛盾冲突。当根据绩效计划的目标进行严格考核时，会直接影响下属利益，例如升职、加薪等；若上级主管未严格考核，则影响下属工作态度等，开发员工潜能的目标也会难以完成。

3. 组织目标矛盾

员工自我矛盾与主管自我矛盾的交叉作用，一定会使得组织绩效目标与员工个人利益冲突。

（二）化解绩效考评中矛盾与冲突的方法

为化解矛盾与冲突，可以采取以下方法：

（1）在绩效面谈中，应当以行为为导向，以事实为依据，以制度为准绳，以诱导为手段。要实事求是，以理服人，对事不对人，与下属进行友好交流。

（2）在绩效考评中，要明确考评是暂时性的，绩效考评的目的是促进个人及组织绩效的提升。因此，一定要将过去的、当前的以及今后可能出现的目标适当区分开，将近期绩效考评目标与远期绩效考评目标区分开。采用具体问题具体分析解决的策略方法，有利于解除下属思想上的顾虑、负担，放下包袱，以更好的心态迎接工作。

（3）适当下放权限，鼓励下属参与。由主管记录转化为下属自我记录与反思，能增强下属的责任感，当员工有了一定的支配权后，会减少不必要的自我保护的戒备心理，更明白自我是组织的一部分，自我绩效的提升是有益公司发展的。由于员工有了一定的支配权，能够明显降低员工自身带来的不必要的自我保护戒备心理，主管领导的工作负担与压力也会得到适当减轻，有更多的精力去谋

划大事,使得公司业绩更上一层楼。

(三)绩效申诉的内容

所谓绩效申诉,就是指员工对考核自己的绩效方案、绩效考核执行过程、绩效考核结果有异议时,经部门负责人解释后仍不能接受而提出的申诉。

公平、公正、公开是绩效管理的最高原则,允许员工进行绩效申诉充分体现了企业对被考核者的尊重,是有效地激励员工的手段,如果被考核者绩效申诉的愿望没有通过合理的途径在组织里得到释放,被考核者必然对组织心生抱怨,从而对被考核者工作积极性产生不利影响。

绩效申诉流程包括以下四个步骤:提出申诉;申诉受理;申诉调查处理及反馈;绩效申诉的总结与分析。

(四)绩效申诉的意义

绩效申诉是健全的绩效管理体系的重要组成部分。建立完善的绩效申诉制度对于保障绩效结果的公平公正、减少组织内部矛盾具有非常重要的意义,其重要意义具体体现在以下几个方面。

(1)绩效申诉能够保障评价的顺利进行,提高评价的可接受性、公平性和公正性。当评价对象对评价结果产生异议时,可以通过申诉表达。相关管理部门启动相应的调查,对评价中的问题进行裁决,纠正评价中的错误,消除评价对象的不满,保障评价的公平、公正、顺利进行。

(2)绩效申诉有利于及时发现和纠正评价系统中存在的问题。在绩效评价的过程中,由于受到主客观因素的影响,可能会出现评价不准确的情况。造成这种情况的原因,一是评价主体方面的因素,如对评价不够重视、受不正当动机和目的的支配等致使评价结果不准确,甚至出现营私舞弊、打击报复等不正当行为;二是客观评价系统的因素,如评价标准模糊等导致评价不公平。绩效申诉可以为这些问题提供纠错机制,由评价对象将上述问题反映到组织内部负责绩效申诉的部门,相关部门一经查实,在纠正评价结果的同时,还要采取相应措施避免类似情况再次发生。

(3)绩效申诉有利于增强评价对象对组织的信任感。通过建立绩效申诉制度,评价对象在对绩效评价结果有异议时就有了表达意见的渠道,评价对象会感觉受到尊重,因而愿意积极参与到绩效管理过程中,乐于接受评价结果,并对组织产生信任感。

五、绩效考评方法

从绩效管理的考评内容上来看,绩效考评可以分为品质主导型、行为主导型和结果主导型。

1.品质主导型

品质主导型的绩效考评采用特征性效标,以考评员工的潜质为主,着眼于"他这个人怎么样",重点考评该员工是一个具有何种潜质(如心理品质、能力素质)的人。品质主导型的考评涉及员工信念、价值观、动机、忠诚度、诚信度,以及一系列能力素质,如领导能力、人际沟通能力、组织协调能力、理解能力、判断能力、创新能力、改善能力、企划能力、研究能力、计划能力等。

2.行为主导型

行为主导型的绩效考评,采用行为性效标,以考评员工的工作行为为主,着眼于"干什么""如何去干",重点考量员工的工作方式和工作行为。由于行为主导型的考评重在工作过程而非工作结果,考评的标准较容易确定,操作性较强。行为主导型适合于对管理性、事务性工作进行考评,特别是对人际接触和交往频繁的工作岗位尤其重要。

3.结果主导型

结果主导型的绩效考评,采用结果性效标,以考评员工或组织工作效果为主,着眼于"干出了什么",重点考量"员工提供了何种服务",完成了哪些工作任务或生产了哪些产品。由于结果主导型的考评,注重的是员工或团队的产出和贡献即工作业绩,而不关心员工和组织的行为和工作过程,所以考评的标准容易确定,操作性很强。结果主导型的考评方法具有滞后性、短期性和表现性等特点。它更适合生产性、操作性以及工作成果可以计量的工作岗位采用,对事务性工作岗位人员的考评不太适合。

练习题

一、单项选择题

1. 一般而言,(　　)较为客观。
   A. 上级考评　　　B. 同级考评　　　C. 下级考评　　　D. 自我考评

2. 以下关于行为主导型的绩效考评的说法错误的是(　　)。
   A. 操作性较强　　　　　　　　　　B. 适合对管理性工作岗位的考评
   C. 重在工作过程　　　　　　　　　D. 适合对生产性、操作性工作岗位的考评

3. 容易受到个人的多种因素的影响,有一定的局限性的绩效考评方式为(　　)。
   A. 上级考评　　　B. 同级考评　　　C. 下级考评　　　D. 自我考评

4. 较客观公正,但考评结果的准确性和可靠性较低的绩效考评方法是(　　)。
   A. 上级考评　　　B. 同级考评　　　C. 下级考评　　　D. 外部人员考评

5. 在一些大的公司中,总经理、管理人员或专业人员的绩效考评一般采用(　　)。
   A. 结果导向型考评方法　　　　　　B. 行为导向型主观考评方法
   C. 品质导向型考评方法　　　　　　D. 行为导向型客观考评方法

二、多项选择题

1. 行为锚定等级评价法的优点有(　　)。
   A. 考评更加精准　　　　　　　　　B. 考评标准明确
   C. 反馈功能较好　　　　　　　　　D. 考评维度清晰
   E. 实施的费用低

2. 绩效申诉流程的具体步骤是(　　)。
   A. 提出申诉　　　　　　　　　　　B. 申诉受理
   C. 申诉调查处理及反馈　　　　　　D. 绩效申诉的总结与分析

3. 关键事件法可以为其他考评方法提供参考依据,其特点为(　　)。
   A. 时间跨度较大　　　　　　　　　B. 考评员工的短期表现
   C. 能做定性分析　　　　　　　　　D. 记录和观察费时费力

E. 提供客观事实依据

4. 在绩效考评的总结阶段要完成的工作有( )。

A. 形成考评结果的分析报告

B. 形成对企业现存问题的分析报告

C. 对业绩优异的员工给予奖励

D. 提出调整和修改绩效管理体系的具体计划

E. 制订下一期人力资源管理各方面的调整计划

5. 从绩效管理的考评内容上来看,绩效考评可以分为( )。

A. 品质主导型　　　　　　　B. 行为主导型

C. 效果主导型　　　　　　　D. 结果主导型

三、是非题

1. 考评人倾向于将被考评人的考评结果放置在中间的位置,就会产生趋中误差。( )

2. 绩效考评周期也可以叫作绩效考评期限,是指对员工进行一次绩效考评的时间周期。( )

3. 季度考评一般适用于基层员工和基层管理者,是对被考评者一个季度内工作的督导和评价。( )

4. 上级主管考核是最公正具体的考评方法。( )

5. 影响考评周期的因素是比较单一的。( )

第五章
薪酬管理

第一节 薪酬与薪酬管理

知识要点

1. 薪酬的概念与内容。
2. 薪酬管理与薪酬信息。
3. 薪酬形式的内容与种类。
4. 薪酬体系设计的原则与内容。
5. 薪酬管理制度。

一、薪酬概述

薪酬是员工为企业提供劳动而得到的各种货币与实物报酬的总和,可以包括工资、奖金、津贴、提成工资、劳动分红、福利等。

从某种意义上说,薪酬是组织对员工的贡献,包括员工的行为、态度及其业绩等所做出的各种回报。从广义上来说,薪酬包括工资、奖金、休假等外部回报,也包括参与决策、承担更大的责任等内部回报。

外部回报指员工因为雇佣关系从自身以外所得到的各种形式的回报,也称外部薪酬。外部薪酬包括直接薪酬和间接薪酬。直接薪酬是员工薪酬的主体组成部分,包括员工的基本薪酬,即基本工资,如周薪、月薪、年薪等;也包括员工的激励薪酬,如绩效工资、红利和利润分成等。间接薪酬即福利,包括公司向员工提供的各种保险、非工作日工资、额外的津贴和其他服务,比如单身公寓、免费工作餐等。

内部回报指员工自身心理上感受到的回报措施,主要体现为一些社会和心理方面的回报,一般包括参与企业决策、获得更大的工作空间或权限、更大的责任、更有趣的工作、个人成长的机会和活动的多样化等。内部回报往往看不见,也摸不着,对于企业来说不是简单的物质付出,如果运用得当,也能对员工产生较大的激励作用。然而,在管理实践中内部回报方式经常会被管理者所忽视。管理者应当认识到内部回报的重要性,并合理地利用。

二、薪酬管理

(一)薪酬管理的含义与内容

薪酬管理指企业在经营战略和发展规划的指导下,综合考虑内外部各种因素的影响,确定自身的薪酬水平、薪酬体系、薪酬结构和薪酬形式,并进行薪酬调整和薪酬调控的整个过程。

企业薪酬管理主要包括以下几个方面的内容:

(1)薪酬的目标管理,即薪酬应该怎样支持企业的战略,又该如何满足员工的需要。

(2)薪酬的水平管理,即薪酬要满足内部一致性和外部竞争性的要求,并根据员工绩效、能力特征和行为态度进行动态调整,包括确定管理团队、技术团队和营销团队薪酬水平,确定跨国公司各子公司和外派员工的薪酬水平,确定稀缺人才的薪酬水平以及确定与竞争对手相比的薪酬水平。

(3)薪酬的体系管理,这不仅包括基础工资、绩效工资、期权期股的管理,还包括如何给员工提供个人成长、工作成就感、良好的职业预期和就业能力的管理。

(4)薪酬的结构管理,即正确划分合理的薪级和薪等,正确确定合理的级差和等差,还包括如何适应组织结构扁平化和员工岗位大规模轮换的需要,合理地确定工资宽带。

(5)薪酬的制度管理,即薪酬决策应在多大程度上向所有员工公开和透明化,谁负责设计和管理薪酬制度,薪酬管理的预算、审计和控制体系又该如何建立和设计。

(二)薪酬管理的基本原则

企业有效的薪酬管理,应当遵循以下几项基本原则:

(1)补偿性原则,要求补偿员工恢复工作精力所必要的衣、食、住、行费用,以及补偿员工为获得工作能力以及身体发育所先行付出的费用。

(2)公平性原则,要求薪酬分配全面考虑员工的绩效、能力及劳动强度、责任等因素,考虑外部竞争性、内部一致性要求,达到薪酬的内部公平、外部公平和个人公平。

(3)透明性原则,即薪酬方案公开。

(4)激励性原则,要求薪酬与员工的贡献挂钩。

(5)竞争性原则,要求薪酬有利于吸引和留住人才。

(6)经济性原则,要求比较投入与产出效益。

(7)合法性原则,要求薪酬制度不违反国家法律法规。

(8)方便性原则,要求内容结构简明、计算方法简单和管理手续简便。

三、薪酬信息

（一）薪酬信息的含义与特征

企业薪酬信息是指企业薪酬体系建立和运行过程中必需的关于薪酬的消息、指令、数据等内容。

薪酬信息具有复杂性、隐蔽性和变动性特征。复杂性是由于企业规模、经营状况的不同，不同岗位职责对于企业的贡献度各异，因此不同企业的同类岗位薪酬水平、工资和福利结构、薪酬政策定位等信息也不同。薪酬信息是一种稀缺的企业资源，许多企业将其视为商业机密，而实行内部保密制度，个人收入也属于个人隐私，增加了薪酬信息采集的难度。薪酬信息的变动性是受市场供求关系的影响，劳动力价格不断变化，决定了薪酬信息获取的滞后性。

（二）薪酬信息的分类与内容

按照信息来源的角度，可以将薪酬信息划分为内部薪酬信息和外部薪酬信息。

内部薪酬信息是指关于企业薪酬体系运行的所有信息，包括企业的薪酬策略、薪酬制度、薪酬水平、薪酬等级、薪酬结构、员工的薪酬满意情况等。这些信息的采集和应用能够保证薪酬体系具有内部公平性和员工激励功能，人力资源部门通过这些信息也可以对整个薪酬体系的运行进行诊断，及时发现问题，解决问题。

外部薪酬信息包括薪酬管理所处的法律环境、市场薪酬水平、竞争对手薪酬信息等。我国企业薪酬管理所面临的外部法律环境可分为宪法、法律、行政法规和规章。

关于薪酬水平的规定：最低工资制度、工资指导线制度、劳动力市场工资指导价位制度、人工成本预测预警制度。

关于薪酬支付的规定：包括工资支付对象，工资必须在用人单位与劳动者约定的日期支付，参加社会活动、休假和停工期间、破产时的工资支付，用人单位可以代扣劳动者工资的情况，用人单位侵犯劳动者合法权益的行为等。

外部薪酬信息还包括关于带薪休假的规定、关于经济补偿与赔偿金的规定和薪酬水平等。

四、薪酬形式

（一）薪酬形式的含义

薪酬形式即货币薪酬形式，是劳动计量和薪酬支付的形式，是在确定各类员工薪酬标准的基础上，计量各个员工的实际劳动数量，并把员工的薪酬等级标准同劳动数量联系起来，计算出企业应当支付给员工的薪酬额度，企业按预定的支付周期直接支付给员工。

（二）薪酬形式的内容

薪酬形式的内容包括劳动计量和薪酬支付两部分。

劳动计量以劳动时间直接计量或以劳动产品及其他形式表现的劳动成果间接计量。

薪酬支付的内容包括支付项目、支付水平、支付形式、支付对象、支付时间以及特殊情况下支付的薪酬。

（三）薪酬形式的种类

薪酬形式的种类包括计时工资制、计件工资制、奖金、津贴与补贴。

我国常用的计时工资制有三种具体形式：月工资制、日工资制、小时工资制。

计件工资制是指根据员工完成合格产品的数量，按计件单价支付的劳动报酬。完整的计件工资制包括三个部分：工作物等级、劳动定额和计件单价。具体形式包括：实行直接无限计件、直接有限计件、累进计件、超额计件等工资制，按劳动部门或主管部门批准的定额和计件单价支付给个人的工资；按工作任务包干方法支付给个人的工资；按营业额提成或利润提成办法支付给个人的工资等。

奖金具有四个特点：单一性、灵活性、及时性和荣誉性。

津贴与补贴具有三个特点：补偿性、单一性和灵活性。

五、薪酬体系设计的原则与内容

建立规范的薪酬管理体系，能提升薪酬体系的内部公平性和激励性，从而充分调动员工工作积极性，促进公司发展，实现公司与员工双赢。薪酬体系设计涉及企业内外部的诸多因素，其科学性与合理性不是绝对的。

（一）薪酬体系设计原则

薪酬体系设计原则可归纳为以下五项：

1.公平性

员工对薪酬分配的公平感，也就是对薪酬发放是否公正的判断与认识，是设计薪酬体系的首要考虑因素，这也是由公平感的主观性和相对性决定的。薪酬的公平性可以分为以下三个层次。

(1)外部公平性，指同一行业或同一地区同等规模的不同组织中类似岗位的薪酬应当基本相同。

(2)内部公平性，指同一组织中不同岗位所获薪酬应与各自的贡献成正比。

(3)个人公平性，涉及同一组织中占据相同岗位的人所获薪酬间的比较。

2.竞争性

竞争性是指在社会上和人才市场中，组织的薪酬标准要有吸引力，才能战胜其他组织，招到所需人才。究竟应将本组织的薪酬标准摆在市场价格范围的哪一段，则要视本组织的财力、所需人才可获得性的高低等具体条件而定，但要有竞争力，至少不应低于市场平均水平。

3.激励性

激励性是指在组织内部各类、各级岗位的薪酬水平上，要适当拉开差距，真正体现按贡献分配的原则。

4.经济性

提高组织的薪酬水平，固然可以提高其竞争性与激励性，但同时不可避免地导致人工成本的上升，所以薪酬体系不能不受经济性的制约。不过组织在考察人工成本时，不能仅看薪酬水平，而且要看员工绩效的质量水平，事实上，后者对组织竞争力的影响远大于成本因素。此外，人工成本的影响还与行业的性质及成本构成有关。在劳动密集型行业中，人工成本在总成本中的比重有时可高达70%,这时人工成本确有牵一发而动全身之效,需精打细算;但在技术密集型行业,人工成本只占总成本的8%~10%,而组织中科技人员的工作热情与革新性,对组织在市场中的生存与发展起着关键的作用。

5.合法性

组织的薪酬体系必须符合国家及地方有关劳动人事的法律、法规、政策,尤其要体现对劳动者的尊重,避免不应有的歧视行为。例如,在员工提供了正常劳动的前提下,企业支付的薪酬不能低于当地执行的最低工资标准。

(二)薪酬体系设计的内容

狭义的薪酬体系是指薪酬体系中相互联系、相互制约、相互补充的各个构成要素形成的有机统一体,其基本模式包括基本工资、津贴、奖金、福利、保险等形式。广义的薪酬体系是薪酬策略、薪酬制度和薪酬管理的综合。

目前,通行的薪酬体系类型主要有岗位薪酬体系、技能薪酬体系和绩效薪酬体系。

(1)岗位薪酬体系是指根据员工在组织中的不同岗位特征来确定其薪酬等级与薪酬水平。以岗位为核心要素,建立在对岗位客观评价的基础之上,体现公平性,有利于组织内部公平性的实现。

(2)技能薪酬体系可分为技术薪酬和能力薪酬两种类型。技术薪酬体系是组织根据员工所掌握的与工作有关的技术或知识的广度和深度来确定员工薪酬等级和水平,适用于科技型企业或专业技术要求较高的部门和岗位。能力薪酬体系是以员工个人能力状况为依据来确定薪酬等级与薪酬水平,适用于企业中高级管理者和专家。该体系有利于人才积极性和潜力的发挥,实现个人发展目标与组织目标的统一。

(3)绩效薪酬体系,将员工个人或团队的工作绩效与薪酬联系起来,根据绩效水平来确定薪酬结构和薪酬水平。员工工作绩效主要体现为完成工作的数量、质量及所产生的收益,以及对企业的其他可以测评的贡献。该体系适用于工作程序性、规划性强,绩效易量化的岗位或团队。

六、薪酬管理制度

薪酬管理制度的实质是薪酬体系的制度化产物,体现为企业对薪酬管理运行的目标、任务和手段的选择,包括企业对员工薪酬所采取的竞争策略、公平原则、薪酬成本与预算控制方式等内容,涉及企业的薪酬战略、薪酬体系、薪酬结构、薪酬政策、薪酬水平及薪酬管理等方面的内容。

从横向分类来看,薪酬管理制度是各种单项薪酬制度的组合,包括工资制度、奖励制度、福利制度和津贴制度(见表5-1)。其中最主要的是工资制度。

表 5-1 薪酬管理制度的分类

分类	内容
工资制度	最基本的制度,可分为计时工资和计件工资
奖励制度	对员工超额劳动或工作高绩效的劳动报酬制度

续表

分类	内容
福利制度	福利是企业对员工劳动贡献的一种间接补偿,是企业薪酬制度的一个重要的组成部分。根据福利的内容,员工福利可以分为法定福利与补充福利;根据福利享受对象,可分为集体福利和个人福利;根据福利的表现形式,可分为经济性福利和非经济性福利
津贴制度	津贴制度是对员工额外的劳动消耗或因特殊原因而支付劳动报酬的制度,是员工薪酬的一种补充形式,是职工工资的重要组成部分。津贴是国家对工资分配进行宏观控制的手段之一,根据津贴的性质,大体可分为三类:岗位性津贴、地区性津贴、保证生活性津贴

练习题

一、单项选择题

1. 薪酬形式的内容包括劳动计量和( )两部分。
   A. 薪酬   B. 薪酬支付   C. 薪资   D. 薪金

2. ( )是指企业薪酬体系建立和运行过程中必需的关于薪酬的消息、指令、数据等内容。
   A. 企业薪酬信息   B. 内部薪酬信息
   C. 外部薪酬信息   D. 薪酬管理

3. 支付相当于员工岗位价值的薪酬,体现了企业薪酬管理的( )原则。
   A. 对外具有竞争力   B. 对员工具有激励性
   C. 对内具有公正性   D. 对成本具有控制性

4. 影响企业整体薪酬水平的主要因素,不包括( )。
   A. 工作条件   B. 劳动市场供求关系
   C. 薪酬策略   D. 地区、行业工资水平

5. 根据员工的实际贡献付薪,并适当拉开薪酬差距体现了企业薪酬管理的( )。
   A. 对外具有竞争力原则   B. 对员工具有激励性原则
   C. 对内具有公正性原则   D. 对成本具有控制性原则

二、多项选择题

1. 薪酬的表现形式包括( )。
   A. 精神的与物质的   B. 稳定的与非稳定的
   C. 有形的与无形的   D. 货币的与非货币的
   E. 内在的与外在的

2. 薪酬信息具有( )特征。
   A. 复杂性   B. 隐蔽性   C. 变动性   D. 灵活性

3. 薪酬体系的类型包括( )。
   A. 浮动薪酬体系   B. 组合薪酬体系
   C. 技能薪酬体系   D. 绩效薪酬体系
   E. 岗位薪酬体系

4. 从横向分类来看,薪酬管理制度是各种单项薪酬制度的组合,包括(　　)。
A. 工资制度　　　　　　　　　　B. 奖励制度
C. 福利制度　　　　　　　　　　D. 津贴制度
5. 我国常用的计时工资制有(　　)等几种具体形式。
A. 月工资制　　　　　　　　　　B. 日工资制
C. 小时工资制　　　　　　　　　D. 周工资制

三、是非题

1. 薪酬是指组织内所有员工的货币性和非货币性劳动收入的总和。(　　)
2. 按照信息来源的角度,可以将薪酬信息划分为内部薪酬信息和外部薪酬信息。(　　)
3. 薪酬体系管理包括如何给员工提供个人成长、工作成就感、良好的职业预期,不包括员工的就业能力的管理。(　　)
4. 以人为基础的薪酬政策是按照人的价值支付薪酬,包括技能薪酬和能力薪酬。(　　)
5. 间接形式的薪酬不包括额外补贴。(　　)

第二节　岗位评价

知识要点

1. 岗位评价的概念与特点。
2. 岗位评价的作用。
3. 岗位评价的主要方法。

一、岗位评价概述

岗位评价是指以具体的岗位为评价客体,通过对岗位责任的大小、工作强度、所需任职资格条件等特性进行评价,以确定岗位相对价值的过程。岗位评价的结果为企业薪酬的内部均衡提供了依据。岗位评价是在岗位分析的基础上,介于岗位分析和薪酬制度设计之间的一个必备环节。它以岗位分析的结果作为评价的事实依据,同时又为科学、合理的薪酬结构设计提供了理论依据。

二、岗位评价的特点

岗位评价具有以下几个特点:
(1) 岗位评价以企业劳动者的生产岗位为评价对象。岗位评价的中心是客观存在的"事",而不是现有的人员。

(2)岗位评价是对企业各类岗位的相对价值进行衡量的过程。在岗位评价的过程中,根据事先规定的、比较系统的、能够全面反映岗位现象本质的岗位评价指标体系,对岗位的主要影响因素逐一进行评比、估价,由此得出各个岗位的量值。

(3)岗位评价需要运用多种技术和方法。综合运用劳动组织、劳动心理、劳动卫生、环境监测、数理统计知识和计算机技术,选用科学的评价方法,对多个报酬要素进行准确的评定或测定,最终做出科学评价。

三、岗位评价的作用

岗位评价,对于一个企业组织来说非常重要。透明化的岗位评价标准,便于员工理解企业的价值标准是什么,该怎样努力才能获得更高的岗位。岗位评价中提供的信息也为确定人力资源招聘条件、培训技术标准等各种人力资源管理活动提供了依据。岗位评价的结果为企业薪酬的内部均衡提供了依据。

岗位评价的作用具体地讲有以下几点:

1.岗位评价是确定岗位级别的手段

岗位级别常常被企业作为划分工资级别、福利标准、出差待遇、行政权限等标准的依据,甚至被作为内部股权分配的依据。岗位评价是确定岗位价值大小,进而确定岗位级别的最佳手段。

2.岗位评价是薪酬分配的基础

在工资结构中,很多公司都有"岗位工资"这个项目。通过岗位评价可以测量出企业各个岗位的相对价值,在此基础上形成企业的薪酬支付体系。这样,企业内部岗位和岗位之间就建立起了一种联系,一方面可以引导员工朝更高的工作效率努力;另一方面,当企业有新的岗位时,可以为该岗位找到较为恰当的薪酬标准。岗位评价解决的是薪酬的内部公平性问题,它使员工相信,每一个岗位的价值反映了其对公司的真实贡献;使员工和员工之间、管理者和员工之间对薪酬的看法趋于一致和满意,各类工作与其对应的薪酬相适应。

3.岗位评价是宽带薪酬设计的必要前提

宽带薪酬结构是目前较为流行的薪酬设计方式。宽带型薪酬结构就是指对多个薪酬等级以及薪酬变动范围进行重新组合,从而变成只有相对较少的薪酬等级以及相应的较宽薪酬变动范围。宽带薪酬的"带"如何形成,"带"有多宽,离开岗位的分级列档是难以确定的;而岗位的分级列档,离开岗位评价又是难以客观公平的。因此,岗位评价构成了企业设计宽带薪酬的不可或缺的一个环节与前提。

四、岗位评价的方法

岗位评价主要方法有排序法、岗位归类法、要素计点法、要素比较法、成本比较法等。

(1)排序法,是由评定人员凭着自己的工作经验主观判断,根据岗位的相对价值按高低次序进行排列。其最大的优点是快速、简单、费用比较低。

(2)岗位归类法。其核心步骤有:一是岗位分类,将相似的岗位划分为一类;二是岗位分级,将复杂度相似的同类岗位划分为一级。

(3) 要素计点法。首先选定岗位中的主要影响因素,并采用一定点数表示每一个因素,按预先规定的衡量标准,对现有岗位的各个因素逐一评比、估价,求得点数,经过加权求和,最后得到各个岗位的总点数。本方法由专业人员参与评定,提高了评定的准确性,其缺点是工作量大,较为费时费力。

(4) 要素比较法。首先要确定岗位的主要影响因素,其次将工资额合理分解,最后依工资数额的多少决定岗位的高低。

(5) 成本比较法。首先将每个岗位按所有的评价要素(如岗位责任、劳动强度、环境条件、技能要求等)与其他所有岗位一一对比,其次将每个评价要素的考评结果整理汇总,求得最后的综合考评结果。该方法适合较小范围内的岗位评价工作。

练习题

一、单项选择题

1. 工作岗位评价的对象是( )。

　A. 岗位　　　　　　　　　　　B. 工资

　C. 员工　　　　　　　　　　　D. 工作职责

2. 以下不属于岗位评价的作用的是( )。

　A. 确定岗位级别的手段　　　　B. 薪酬分配的基础

　C. 宽带薪酬设计的必要前提　　D. 岗位重要性的判断依据

3. ( )是指评价要素和评价标准体系反映岗位特征的有效程度。

　A. 内容效度　　　　　　　　　B. 统计效度

　C. 过程效度　　　　　　　　　D. 结果效度

4. ( )是一种简单、快速、费用低的岗位评价方法。

　A. 关键事件法　　　　　　　　B. 排序法

　C. 因素比较法　　　　　　　　D. 成本比较法

5. 工作岗位评价特点不包括( )。

　A. 岗位评价以企业劳动者的生产岗位为评价对象

　B. 岗位评价是对企业各类岗位的相对价值进行衡量的过程

　C. 岗位评价需要运用多种技术和方法

　D. 岗位评价的流程标准

二、多项选择题

1. 排序法的主要特征有( )。

　A. 主观性　　　　　　　　　　B. 快速

　C. 简单　　　　　　　　　　　D. 费用低

　E. 准确

2. 岗位归类法的核心步骤包括( )。

A. 岗位分类　　　　　　　　　　B. 岗位分级

C. 岗位评分　　　　　　　　　　D. 岗位责任划分

3. 岗位级别是以下哪些指标的确定依据(　　)。

A. 工资级别　　　　　　　　　　B. 福利标准

C. 出差待遇　　　　　　　　　　D. 行政权限

E. 公司成本

4. 岗位评价的方法包括(　　)。

A. 排序法　　　　　　　　　　　B. 岗位归类法

C. 要素计点法　　　　　　　　　D. 要素比较法

E. 成本比较法

5. 岗位评价的内容包括(　　)。

A. 岗位责任的大小　　　　　　　B. 工作强度

C. 所需任职资格条件　　　　　　D. 岗位规范

E. 工作说明

三、是非题

1. 岗位评价是在岗位分析的基础上,在岗位分析和薪酬制度设计之前的一个必备环节。(　　)

2. 岗位评价以企业劳动者的生产岗位为评价对象。岗位评价的中心是现有人员,而不是客观存在的"事"。(　　)

3. 选择关键评价要素,确定权重,并赋予分值,然后对每个岗位进行评价的岗位评价方法是评分法。(　　)

4. 岗位评价方法中成本相对较低的是排序法。(　　)

5. 首先将每个岗位按所有的评价要素(如岗位责任、劳动强度、环境条件、技能要求等)与其他所有岗位一一对比,其次将每个评价要素的考评结果整理汇总,求得最后的综合考评结果的方法是要素比较法。(　　)

第三节　市场薪酬调查

知识要点

1. 市场薪酬调查的基本概念。
2. 市场薪酬调查的类型。

3. 市场薪酬调查的作用。

4. 市场薪酬调查报告的内容。

一、市场薪酬调查的概念

市场薪酬调查就是采用科学的方法,通过各种途径获取相关企业各岗位的薪酬水平及相关信息,再对所搜集到的信息进行统计和分析的过程。在发达国家,企业都是通过薪酬调查来了解其他企业对各种具体工作的报酬标准。据统计,美国93%的雇主利用薪酬调查来确定薪酬水平,50%以上的企业主认为薪酬调查非常重要。

二、市场薪酬调查的分类

按参与市场薪酬调查的主体,可以将市场薪酬调查大致分为三类:

1.政府薪酬调查

这种方法是由有关政府部门组织实施的,对全国范围内各行各业的薪酬水平做出总体的评估,了解各行业的薪酬现状,从而为社会提供薪酬成本指数和有关薪酬的其他数据,发挥行业宏观指导功能,促进人员的合理流动。

2.企业作为主体的市场薪酬调查

企业根据自身的实际需要,针对性地组织人员对其所在行业内的竞争对手进行全面而细致的调查,为制定自身的薪酬体系提供保障,增强企业在劳动力市场、产品市场上的竞争力。此类调查的针对性很强,有利于满足企业的个性化需要,能够得到最新的薪酬动态和加强对竞争对手的认识程度。

3.专业性薪酬调查

市场上专门从事薪酬调查的咨询公司向企业提供专门的薪酬调查服务,并收取一定的佣金。咨询公司最大的优点在于能为企业做"量身定做"式的薪酬调查,在市场薪酬调查方面积累了大量的经验和数据,能准确地按照企业的要求进行相关的岗位薪酬调查,并对企业薪酬结构的设计提供合理化的建议。再者,作为咨询机构,由于和其他企业不存在利害关系,比较而言,咨询公司更容易从其他公司取得相关的薪酬信息,因而薪酬调查结果也就更具有真实性,更有价值;而且,委托专业机构调查还能够减少人力资源部门的工作量,避免企业之间大量的协调工作,拓宽了信息获取的渠道。不足之处就是要支付一笔昂贵的费用,并且咨询公司的信誉也至关重要,要保证咨询公司不能随意将企业的薪酬水平、政策等机密性资料和调查的结果透露给竞争对手,不能做出任何有损于企业的行为。

三、市场薪酬调查的作用

一般情况下,市场薪酬调查的作用体现在以下几方面:

1.明确企业薪酬水平

市场薪酬调查旨在考察某些行业或地区中的某岗位在其竞争对手中的薪酬水平,即考察该岗位的市场环境。实际上,在某些情况下,薪酬调查可能比企业内部的岗位评定更为有效。例如,当各企业对信息技术人才的需求极大时,该岗位的薪酬水平就更多地取决于市场,而与其平常的岗位评定水平不太相符。而且,薪酬调查还有助于企业了解竞争对手的薪酬变化情况,并针对性地制定与调整企业的薪酬政策,以免在劳动力市场和产品市场的竞争中处于不利地位。

2.确定企业薪酬结构

过去企业注重的是薪酬水平的内部公平性,而忽视了外部竞争性,即某岗位薪酬水平的高低取决于工作的内容,或者是以工作所需的技能的复杂程度为基础。外部薪酬调查的作用主要是为企业总体薪酬水平的确定提供参考,对不同岗位间的薪酬制定无太大的影响。现在,企业更多地利用薪酬调查的结果来判定企业岗位评价的准确性。

3.解决与薪酬相关的人事问题

例如,为什么不少为企业服务多年的员工纷纷离职?为什么很多一贯表现良好的员工最近牢骚不断?如果企业政策没有大的变化,而市场薪酬调查结果显示同类竞争性企业中类似岗位的薪酬要高于本企业,此时企业就要重新确定相关岗位的薪酬,以挽留那些处在关键岗位上的员工,防止因薪酬的相对过低而导致人员的流失。同时,通过市场调查来了解行业中岗位的薪酬变化,可使企业妥善处理劳资关系,避免引发各种劳资纠纷。

4.建立良好的公司形象

员工都是理性而趋利的"经济人",不免存在着"贪念",希望减少工作时间而又不断地、无限制地提高自己的薪酬水平。若企业通过市场薪酬调查,将目前市场上的薪酬水平告诉员工,并向其解释竞争对手的薪酬状况,就会消除员工的不满足感,增加其对企业的信任度,从而提高工作的积极性,使员工凝聚成一个强大的团体,为实现企业的繁荣而互相协作,努力奋斗。同时,还有利于增强企业对人才的吸引力,让员工深切体会到,只有在这里,才能充分施展自己的才华,以在这样的企业里工作而感到自豪,树立企业的良好公众形象。

四、市场薪酬调查报告

市场薪酬调查报告是通过对薪酬调查得到的数据进行汇总、整理、核对,并采用一定的方法对这些数据进行处理和分析,总结而成的报告。

市场薪酬调查报告的内容包括调查对象的基本资料和相关薪酬数据。具体内容可以分为两大部分:一是薪酬调查概述,包括薪酬调查的背景、调查对象的资料、调查开展的具体过程、调查方法、调查样本量的描述、调查的职位(岗位)描述;二是薪酬数据统计资料,包括薪酬数据的汇总表格、结构图、趋势图,主要是通过最低薪酬额度、最高薪酬额度、频率、中位数、均值、众数等数据进行描述。

练习题

一、单项选择题

1.为了保持企业产品的市场竞争力,应进行成本与收益的比较,通过了解(   )的人工成本状况,决定本企业的薪酬水平。

A.统计年鉴 B.国家机关
C.外资企业 D.竞争对手

2. 以下不属于市场薪酬调查作用的是（　　）。
A. 明确企业薪酬水平　　　　　　　B. 确定企业薪酬结构
C. 建立良好的公司形象　　　　　　D. 控制公司成本

3. 需要经常做薪酬调查，成本比较低的岗位评价方法是（　　）。
A. 排序法　　　　　　　　　　　　B. 分值法
C. 因素比较法　　　　　　　　　　D. 计分法

4. 关于薪酬调查，以下说法正确的是（　　）。
A. 薪酬调查一定比企业内部的岗位评定更为有效
B. 外部薪酬调查的作用主要是为企业总体薪酬水平的确定提供参考
C. 外部薪酬调查对不同岗位间的薪酬制定有很大影响
D. 薪酬调查是为了了解竞争对手的薪酬政策

5. 美国劳工统计局每年都要举行三类薪酬方面的调查，这属于（　　）。
A. 公司薪酬调查　　　　　　　　　B. 商业性薪酬调查
C. 政府薪酬调查　　　　　　　　　D. 专业性薪酬调查

二、多项选择题

1. 按参与市场薪酬调查的主体，市场薪酬调查大致可分为以下哪几类？（　　）
A. 政府薪酬调查　　　　　　　　　B. 相似公司薪酬调查
C. 竞争公司薪酬调查　　　　　　　D. 专业性薪酬调查
E. 企业作为主体的市场薪酬调查

2. 一般来说，市场薪酬调查的作用主要包括（　　）。
A. 为涨薪提供依据　　　　　　　　B. 明确企业薪酬水平
C. 解决与薪酬相关的人事问题　　　D. 确定企业薪酬结构
E. 建立公司良好形象

3. 企业薪酬调查时应选择（　　）。
A. 其他行业中有相似岗位或工作的企业
B. 经营策略、信誉、报酬水平和工作环境均合乎一般标准的企业
C. 属于同行业竞争对手的企业
D. 本地区在同一劳动力市场上招聘员工的企业
E. 各种行业或者不同规模的任何企业

4. 市场薪酬调查报告的制作过程中，要对调查得到的数据进行（　　）。
A. 汇总　　　　　　　　　　　　　B. 整理
C. 核对　　　　　　　　　　　　　D. 处理
E. 分析

5. 常用的薪酬调查方式有（　　）。
A. 企业之间相互调查　　　　　　　B. 问卷调查
C. 委托中介机构调查　　　　　　　D. 访谈调查

E. 采集社会公开信息

三、是非题

1. 政府薪酬调查是指由国家劳动、人事、统计等部门进行的薪酬调查。（　　）
2. 薪酬调查是指企业采用科学的方法,通过各种途径,采集有关企业各类人员的工资福利待遇以及支付状况等信息,并进行必要处理的过程。（　　）
3. 从薪酬调查的方法和组织者来看,薪酬调查分为薪酬市场调查和企业员工薪酬满意度调查。（　　）
4. 市场薪酬调查报告的内容包括调查对象的基本资料和相关薪酬数据。（　　）
5. 薪酬调查主要是为了解决外部公平性的问题。（　　）

第四节　员工福利设计

知识要点

1. 员工福利的概念与种类。
2. 社会保险的基本内容。
3. 单项福利计划的内容。

一、员工福利

（一）福利的本质

本质上,福利只是一种补充性报酬,它往往不以货币形式直接支付给员工,而是以服务或实物的形式支付给员工,例如带薪休假、成本价的住房、子女教育津贴等。

（二）福利的种类

福利的形式有多种,包括全员性福利、特殊福利、困难补助。它们在形式上的不同,是源自内容的差异。员工福利通常可以划分为法定福利和企业福利。

1. 法定福利

法定福利包括社会保险和法定假期。社会保险是社会保障制度的最重要组成部分,是国家通过立法强制建立社会保险基金,对与用人单位建立劳动关系的劳动者在丧失劳动能力或失业时给予必要的物质帮助的制度。我国社会保险可以包括养老保险、医疗保险、失业保险、工伤保险以及生育保险。

法定假期主要包括公休假日、法定休假日、带薪年休假、其他假期。

2.企业福利

企业福利是企业在国家法定的基本福利之外,自主建立提供的,为满足职工的基本生活和工作需要,在工资收入之外,向员工本人及其家属提供的一系列福利项目。主要有:企业年金、人寿保险、住房援助、商业医疗保险、心理咨询、继续教育培训、老人儿童照护、交通补助、工作餐服务、外出旅游、健康服务等。

二、福利管理

(一)福利管理的主要内容

福利管理的主要内容包括以下几个方面:确定福利总额、明确实施福利目标、确定福利的支付形式和对象、评价福利措施的实施效果。

(二)福利管理的主要原则

1.合理性原则

所有的福利都意味着企业的投入或支出,因此,福利设置和服务项目应在规定的范围内,力求以最少的费用达到最好的效果。对于效果不明显的福利,应当予以撤销。

2.必要性原则

国家和地方规定的福利条例,企业必须坚决严格执行。此外,企业提供的福利应当最大限度地与员工要求保持一致。

3.计划性原则

福利制度的实施应当建立在福利计划的基础上,福利管理费用总额要符合预算要求。企业向员工提供的所有福利设施和服务均应包括在预算计划中,如员工食堂、工作餐、子女教育津贴、企业为员工办理的各项社会保险、工作服、通信和交通费、医疗费、带薪休假、带薪旅游、带薪培训等。

4.协调性原则

企业在推行福利制度时,必须考虑到与社会保险、社会救济、社会优抚的匹配和协调。已经得到员工满意的福利要求没有必要再次提供,必须充分考虑企业的支付能力和薪酬政策。

三、社会保险的基本内容

我国现行的社会保障体系包括社会保险、社会救济、社会福利、社会优抚安置及国有企业下岗员工基本生活保障和再就业等方面,其中社会保险包括基本养老保险、基本医疗保险、失业保险、工伤保险和生育保险五个项目。

1.基本养老保险

基本养老保险是社会保障制度的重要组成部分,是社会保险五大险种中最重要的险种之一。基本养老保险是国家和社会根据法律法规,为解决劳动者在达到国家规定的解除劳动义务的劳动年龄界限,或因年老丧失劳动能力退出劳动岗位后的基本生活而建立的一种社会保险制度。

我国养老保险体系的构成:基本养老保险、企业年金、员工个人储蓄性养老保险。

2.基本医疗保险

基本医疗保险是当人们生病或受到伤害后,由国家或社会给予的一种物质帮助,即提供医疗服务或经济补偿的一种社会保障制度。基本医疗保险制度通常由国家立法,强制实施,建立基金制度,费用由用人单位和个人共同缴纳,医疗保险费由医疗保险机构支付,以解决劳动者因患病或受伤害带来的医疗风险。

3.失业保险

失业保险是国家通过立法强制实行的,由社会集中建立基金,对非因劳动者个人原因失业而暂时中断生活来源的劳动者提供物质帮助和再就业服务的社会保障制度,具有普遍性、强制性、互济性特点。失业保险所需资金来源主要有失业保险费、财政补贴、基金利息和其他资金。

4.工伤保险

工伤保险是国家为了保障劳动者在工作中遭受事故伤害和患职业病后获得医疗救治、经济补偿和职业康复的权利,分散工伤风险,促进工伤预防的一种社会保障制度。

5.生育保险

生育保险是国家通过立法,对怀孕、分娩女员工给予生活保障和物质帮助的一种社会保障制度。

四、员工福利计划

员工福利计划是指企业为员工提供的薪资以外的各种非工资收入福利的综合计划。

员工福利计划的内容主要包括:

(一)福利对象的界定

福利的获得者,一是所有员工,二是特殊人群。组织究竟以哪些人作为福利获得者,取决于它对福利计划的相对优缺点的评价。具体来讲,可按以下步骤做出评价。首先,估算福利计划的优缺点:当以所有员工作为对象时,福利在吸引、留住和激励员工方面的积极作用,以及所产生的财务成本、管理成本;当以特殊人群作为对象时,福利在吸引、留住和激励员工方面的积极作用、消极作用,以及所产生的财务成本、管理成本、法律成本。然后比较福利计划的相对优缺点。最后根据优点相对大于缺点的福利计划,确定福利对象。

(二)福利的组合形式

1.标准的福利组合

标准的福利组合是指福利项目由组织事先规定,员工不能自由选择的福利组合。标准的福利组合的福利项目是根据战略需要、劳动力市场状况、国家立法规定、组织财务状况和员工的一般需求设定的。它能满足员工的基本需求,并且管理简单。但标准的福利组合不能满足员工多元化的需求。

2.弹性福利计划

弹性福利计划也称作自助式的福利组合,是指员工可以选择福利项目的福利组合。弹性福利计划允许员工在某一规定范围内选择福利项目和数量。这里的规定范围包括总体可用的福利金额和一些必选项目,如法定的社会保险。弹性福利计划的形式有附加福利计划、混合匹配福利计划、核心福利项目计划、基本模块福利计划。

(1)附加福利计划是指将各种补助存入信用卡,员工使用信用卡到指定的商户自行购买商品或福利的福利计划。组织根据员工的任职年限、绩效水平等因素决定向他发放多少金额的信用卡。

(2)混合匹配福利计划是指组织事先规定若干福利类型和项目,员工可根据自己的需要从中选择的福利计划。在该计划中,员工总体可用的福利金额是固定的,但福利类型和数量可自由选择。

(3)核心福利项目计划是指组织提供标准水平的核心福利项目(如健康保险、人寿保险等),员工可在规定范围内根据需要选择其他福利项目,或者增加某一个核心福利项目的福利计划。在这个计划中,员工总体可用的福利金额是固定的,因为组织把核心福利项目的水平降到了标准水平,所以在福利金额中就富裕出一部分资金,可以用于购买其他福利或提高某一个核心福利项目的水平。

(4)基本模块福利计划是指允许员工选择不同水平的福利组合(基本模块)的计划。基本模块指由若干种类的福利项目组成的福利组合。每个基本模块的福利构成相同,但福利水平不同。基本模块福利计划的最大优点是管理简单,缺点是容易做出错误选择。

(三)福利项目的决定

一般来讲,组织在决定选择福利项目时,要同时考虑内部和外部两个方面的因素。组织要从组织战略、组织文化和员工需求出发来设计福利项目。例如,当组织处于成长期,面临资金不足、风险较大等问题时,组织应该选择一些能够降低固定成本、与组织利润直接相关的福利项目,以便树立员工的创业精神,降低组织的财务负担。当组织发展逐渐稳定、实力不断增强时,为了稳定员工和提高员工的忠诚度,组织应该提供一些无限制的、优厚的福利项目。如果组织希望建立一种大家庭似的组织文化,就应该增加福利项目和提高福利水平。

另外,由于员工的年龄、性别、家庭、收入水平等情况不同,他们对工资和福利的需求也不同。年龄大的员工比年龄小的员工更偏好养老保险、医疗保险等福利,年轻员工则可能对这些福利兴趣不大,相反更喜欢高工资、奖金以及带薪休假等福利。如果组织能够根据员工的不同需求制定出他们所需要的福利制度,就不仅可以提高员工的满意度、降低缺勤率和人员流失率,还可以降低福利费用。

组织在设计福利项目时,应该收集外部信息,了解竞争对手的福利情况。很多管理咨询公司、民间团体以及政府部门都提供企业福利信息。常见的福利信息有福利范围、福利成本以及受惠员工的比例等。常见的比较指标包括福利费用总成本、平均员工福利成本、福利成本在总薪酬中所占的百分比等,要充分考虑劳动力市场的标准、政府法规和工会要求。

(四)福利资金的筹集方式

福利资金的筹集方式有三个:一是组织自己筹集福利资金;二是组织和员工共同承担福利费用;三是员工承担某些福利的全部费用。

练习题

一、单项选择题

1. 以下不属于员工福利的是( )。
   A. 带薪休假　　　　　　　　B. 成本价的住房
   C. 子女教育津贴　　　　　　D. 绩效工资

2. ( )是企业在国家法定的基本福利之外,自主建立提供的,为满足职工的基本生活和工作需要,在工资收入之外,向员工本人及其家属提供的一系列福利项目。
   A. 法定福利　　　　　　　　B. 企业福利
   C. 奖金　　　　　　　　　　D. 减免房租

3. 奖励不包括( )。
   A. 红利　　　B. 带薪年假　　　C. 佣金　　　D. 利润分享

4. 一套良好的福利计划应当能够最大限度地满足员工的不同需求,同时也能根据企业的具体情况适时做出调整,这是福利计划应具有的( )。
   A. 经济性　　　B. 灵活性　　　C. 亲和性　　　D. 竞争性

5. 不属于失业保险特点的是( )。
   A. 普遍性　　　B. 强制性　　　C. 互济性　　　D. 灵活性

二、多项选择题

1. 福利的形式有多种,包括( )。
   A. 全员性福利　　　B. 特殊福利　　　C. 困难补助
   D. 法定福利　　　　E. 集体福利

2. 福利资金的筹集方式包括( )。
   A. 组织自己筹集福利资金　　　　B. 财政补贴
   C. 组织和员工共同承担福利费用　D. 员工承担某些福利的全部费用
   E. 员工承担所有福利费用

3. 福利管理的主要原则包括( )。
   A. 合理性原则　　　B. 必要性原则　　　C. 计划性原则
   D. 协调性原则　　　E. 针对性原则

4. 法定假期主要包括( )。
   A. 公休假日　　　B. 法定休假日　　　C. 带薪年休假　　　D. 其他假期

5. 福利管理的主要内容包括( )。
   A. 确定福利薪酬　　　　　　B. 明确实施福利的目标
   C. 确定福利对象　　　　　　D. 确定福利的支付形式
   E. 福利制度与绩效考评结合

三、是非题

1. 标准福利计划可以让员工自由选择不同的组合,但不能自行构建福利组合。( )

2. 员工福利计划是指企业为员工提供的薪资以外的各种非工资收入福利的综合计划。(   )

3. 基本医疗保险制度通常由国家立法,强制实施,建立基金制度,费用由用人单位和个人共同缴纳,医疗保险费由医疗保险机构支付。(   )

4. 我国养老保险体系的构成:基本养老保险、企业年金、工资储蓄养老保险。(   )

5. 工伤保险是国家为了保障劳动者在工作中遭受事故伤害和患职业病后获得医疗救治、经济补偿和职业康复的权利,分散工伤风险,促进工伤预防的一种社会保障制度。(   )

第六章
劳动关系管理

第一节 企业劳动关系信息沟通

> **知识要点**
>
> 1. 劳动关系的概念。
> 2. 劳动法律关系的概念。
> 3. 企业内部沟通形式。
> 4. 标准信息载体。

一、劳动关系

(一)劳动关系的概念

劳动关系是指用人单位与劳动者之间,依法确立的劳动过程中的权利义务关系。用人单位是指中华人民共和国境内的企业、个体经济组织、民办非企业单位等组织,同时也包括国家机关、事业单位、社会团体与劳动者建立劳动关系的。劳动者是指达到法定年龄,具有劳动能力,以从事某种社会劳动获得收入为主要生活来源,依据法律或合同的规定,在用人单位的管理下从事劳动并获取劳动报酬的自然人。

(二)劳动关系的特征

(1)劳动关系是社会劳动过程中发生的关系。劳动者提供劳动能力,包括体力劳动能力和智力劳动能力,劳动使用者提供劳动过程所需要的劳动条件和工作条件,双方在直接的劳动过程中发生劳动关系。

(2)劳动关系的主体双方,一方是劳动者,另一方是劳动使用者(或用人单位)。劳动关系主体双方,各自具有独立的经济利益,劳动者提供劳动能力,要求获得相应的报酬和工作条件;经营者为获得经济利益,将要求降低人工成本。

(3)劳动关系双方在维护各自经济利益的过程中,双方的地位是平等的。

(4)劳动关系主体双方存在管理和被管理关系,即劳动关系建立后,劳动者依法服从经营者的管理,遵守规章、制度。这种双方之间的隶属关系是劳动关系的特点。

二、劳动法律关系

1.劳动法律关系的概念

劳动法律关系是指劳动者与用人单位依据劳动法律规范,在实现社会劳动过程中形成的权利义务关系。劳动法律关系的主体一方是自然人,包括本国公民、外国人(外国公民和无国籍人);另一方是用人单位,包括在中国有法人资格的企业、事业单位、国家机关、社会团体、个体经济组织等。

2.劳动关系与劳动法律关系的区别

(1)性质不同。劳动关系属于经济基础范畴,而劳动法律关系属于上层建筑范畴。

(2)产生前提不同。劳动关系是在劳动过程中产生的,以劳动者提供劳动力(即劳动)为前提;而劳动法律关系则是劳动关系为劳动法律规范所调整而形成的,以劳动法律规范的存在为前提。

(3)内容不同。劳动关系的内容是劳动;而劳动法律关系的内容则是法定或依法约定的权利与义务,双方必须依法享受权利并承担义务。

(4)范围不同。劳动关系比劳动法律关系范围更广泛。

三、职工代表大会制度

(一)职工代表大会制度的性质

职工代表大会制度是公有制企业中职工实行民主管理的基本形式,是职工通过民主选举,组成职工代表大会,在企业内部行使民主管理权利的一种制度。

职工代表大会依法享有审议企业重大决策,监督行政领导和维护职工合法权益的权利。通过职工代表大会这一制度实现对企业的民主管理,是职工对企业管理的参与,而不是对企业管理的替代。在劳动关系的运行中,职工作为被管理者,通过民主参与,使职工的意志渗透到企业管理的行为与过程之中,从而实现劳动者的意志与管理者的意志的协调,进而保证劳动关系的稳定与协调。

职工代表大会的职权主要有审议建议权、审议通过权、审议决定权、评议监督权、推荐选举权。

(二)职工参与企业的民主管理的形式

职工参与企业的民主管理的形式主要有:

(1)组织参与,职工通过组织一定的代表性机构参与企业管理,如职工代表大会制度。

(2)岗位参与,职工通过在本岗位的工作和自治实现对管理的参与,如质量管理小组、班组自我管理、各类岗位责任制。

(3)个人参与,职工通过其个人的行为参与企业管理,如各类合理化建议、技术创新等。

四、平等协商制度

(一)平等协商的概念

职工代表大会或职工大会制度与平等协商制度是企业民主管理制度的两种基本形式。平等协商是劳动关系双方就企业生产经营与职工利益的事务平等商讨、沟通,以实现双方的相互理解和合作,并在可能的条件下达成一定协议的活动。平等协商与集体协商的区别主要体现在:

(1)主体不同,平等协商的职工代表经职工选举产生,集体协商的工会代表由工会选派,只有在没有成立工会组织的企业才由职工推举产生。

(2)目的不同,平等协商的目的在于实现双方的沟通,并不以达成一定的协议为目的;而集体协商则在于订立集体合同,规定企业的一般劳动条件。

(3)程序不同,平等协商的程序、时间、形式比较自由,可以议而不决等;而集体协商有严格的法律程序,其周期与订立、变更集体合同的周期相适应。

(4)内容不同,平等协商的内容广泛,可以是企业生产经营的所有事项或当事人愿意协商的事项;而集体协商的内容一般为法律规定的事项。

(5)法律效力不同,平等协商表现为知情、质询与咨询,协商的结果由当事人自觉履行;集体协商表现为劳动关系双方对劳动条件的决定或决策过程,所达成的集体合同受国家法律保护。

(6)法律依据不同,平等协商属于职工民主管理制度中的职工民主参与管理的形式;而集体协商的法律依据是劳动法中的集体合同制度等。但是,平等协商与集体合同仍有密切的联系,主要表现在平等协商往往成为订立集体合同而进行集体协商的准备阶段。

(二)平等协商的形式

1.民主对话

民主对话是由工会组织和职工代表与企业法定代表人或企业高级管理人员就双方关切的问题相互提问和解答、交换意见、相互理解,并形成一定协议的平等协商形式。与此相类似的还有民主接待日:由企业高级管理人员采用值班方式,按规定时间定期接待工会组织和职工代表,听取意见、建议和要求,并及时解决或答复的活动。

2.民主质询

民主质询是由工会组织和职工代表就企业的生产经营、技术管理、劳动报酬、工作时间和休息休假、保险福利、劳动安全卫生、女职工和未成年职工特殊保护、职业技能培训、劳动合同管理、奖惩、裁员等事项中存在的问题,向企业行政机构或高级管理人员提出问题,要求其做出说明或答复的平等协商形式。此类会议一般由企业行政机构或高级管理人员主持并做出说明或答复。

3.民主咨询

民主咨询是指工会组织和职工代表就企业的生产经营、技术管理、劳动报酬、工作时间和休息休假、保险福利、劳动安全卫生、女职工和未成年职工特殊保护、职业技能培训、劳动合同管理、奖惩、裁员等事项中出现的矛盾或存在的问题,由企业有关职能机构做出解释、提供资料,供工会组织和职工代表与企业行政机构或高级管理人员讨论,研究解决措施的平等协商形式。

五、信息沟通制度

根据管理沟通的要素和过程,结合企业管理沟通实践,管理沟通具有多种形式。按照信息的传递方向,可分为纵向沟通、平行沟通和跨部门沟通。按照沟通渠道,可分为正式沟通和非正式沟通。按照沟通表现形式,可分为口头沟通、书面沟通、电子媒介沟通和非语言沟通。建立有效的信息沟通制度,在于保障正式信息沟通渠道的通畅和效率,利用非正式沟通渠道的信息并进行引导。

建立标准信息载体的主要方式是:制定标准劳动管理表单、汇总报表、正式通报、例会制度。劳动管理表单是由企业劳动管理制度规定、有固定传输渠道、按照规定程序填写的统一的表格,如统计表、台账、工资单、员工卡片等。

六、员工满意度调查

企业进行员工满意度调查可以对公司管理进行全面审核,保证企业工作效率和最佳经济效益,减少和纠正低生产率、高损耗率、高人员流动率等紧迫问题。员工满意度调查可分别对以下五个方面进行全面评估或针对某个专项进行详尽考核。

(1)薪酬。薪酬是决定员工工作满意度的重要因素,它不仅能满足员工生活和工作的基本需求,而且还是公司对员工所做贡献的尊重。

(2)工作。工作本身的内容在决定员工的工作满意度中也起着很重要的作用,其中影响满意度的两个最重要的方面是工作的多样化和职业培训。

(3)晋升。工作中的晋升机会对工作满意度有一定程度的影响,它会带来管理权力、工作内容和薪酬方面的变化。

(4)管理。员工满意度调查在管理方面,一是考察公司是否做到了以员工为中心,管理者与员工的关系是否和谐;二是考察公司的民主管理机制,也就是说员工参与和影响决策的程度如何。

(5)环境。好的工作条件和工作环境,如温度、湿度、通风、光线、噪声、清洁状况以及员工使用的工具和设施,极大地影响着员工的满意度。

练习题

一、单项选择题

1.( )是劳动者与劳动力使用者之间因就业或雇用而产生的关系。

A.法律关系　　　　B.权利义务　　　　C.劳动关系　　　　D.法律规范

2.( )是指劳动者与用人单位依据劳动法律规范,在实现社会劳动过程中形成的权利义务关系。

A.劳动合同关系　　　　　　　　B.劳动契约关系

C.劳动法律关系　　　　　　　　D.劳动合作关系

3.( )是公有制企业中职工实行民主管理的基本形式,是职工通过民主选举,组成职工代表大会,在企业内部行使民主管理权利的一种制度。

A.职工民主管理制度　　　　　　B.股东大会制度

C. 工会 D. 职工代表大会制度

4.(　　)是由工会组织和职工代表与企业法定代表人或企业高级管理人员就双方关切的问题相互提问和解答、交换意见、相互理解,并形成一定协议的平等协商形式。

A. 民主质询 B. 民主咨询

C. 民主对话 D. 民主投票

5. 按照信息的传递方向,管理沟通不包括(　　)。

A. 纵向沟通 B. 平行沟通

C. 跨部门沟通 D. 越级沟通

二、多项选择题

1. 劳动关系的特征包括(　　)。

A. 劳动关系是社会劳动过程中发生的关系

B. 劳动关系的主体双方,一方是劳动者,另一方是劳动使用者(或用人单位)

C. 劳动关系双方在维护各自经济利益的过程中,双方的地位是平等的

D. 劳动关系主体双方存在管理和被管理关系,即劳动关系建立后,劳动者依法服从经营者的管理,遵守规章、制度。这种双方之间的隶属关系是劳动关系的特点

E. 劳动关系以劳动法律规范的存在为前提

2. 企业实施员工满意度调查的目的包括(　　)。

A. 增强企业凝聚力

B. 诊断公司潜在的问题

C. 找出本阶段出现的主要问题的原因

D. 评估组织变化和企业政策对员工的影响

E. 促进公司各部门之间的沟通和交流

3. 职工代表大会的职权主要有(　　)。

A. 审议建议权 B. 审议通过权

C. 审议决定权 D. 评议监督权

E. 推荐选举权

4. 以下关于劳动法律关系的说法正确的是(　　)。

A. 劳动法律关系不是强制性法律

B. 劳动法律关系是单务关系

C. 劳动法律关系具有国家强制性

D. 劳动法律关系是双务关系

E. 劳动法律关系的内容是权利和义务

5. 员工满意度调查可分别对以下(　　)方面进行全面评估或针对某个专项进行详尽考核。

A. 薪酬 B. 工作

C. 晋升 D. 管理

E. 环境

三、是非题

1. 劳动关系属于经济基础范畴,而劳动法律关系属于上层建筑范畴。(　　)
2. 劳动关系与劳动分工有直接关系。(　　)
3. 职工代表大会或职工大会制度与股东代表大会制度是企业民主管理制度的两种基本形式。(　　)
4. 劳动关系只能是雇主与雇员之间的关系而不可能是劳动者因集体劳动而产生的相互之间的分工协作关系。(　　)
5. 劳动关系反映的是劳动给付和工资的交换关系。(　　)

第二节　劳动标准的制定与实施

知识要点

1. 劳动标准的概念与结构。
2. 工作时间、延长工作时间与最低工资标准的概念与内容。
3. 企业内部劳动规则的概念与内容。

一、劳动标准的概念与结构

(一) 劳动标准的概念

劳动标准通常是指相应主体决定或批准并发布的对劳动过程和劳动关系领域内重复性事物、概念、行为所做的统一规定,作为共同遵守的准则和依据。在劳动关系的视角下,劳动标准有广义和狭义之分。狭义的劳动标准是指对劳动领域内规律性出现的事物或行为进行规范,以定量的形式(如数据)做出的统一规定,诸如最低工资、劳动者每日最长工作时间以及平均每周最长工作时间等。广义的劳动标准除了包括狭义的劳动标准以外,还包括那些劳动领域的定性规范以及更宽泛的描述性规定,覆盖更广阔的劳动领域内容。

(二) 劳动标准的结构

按照劳动标准的对象可分为劳动关系、工作条件、劳动报酬、劳动安全卫生、社会保险等标准。

按照劳动标准的适用层次划分:国家劳动标准、行业劳动标准、地方劳动标准、企业劳动标准。

按照劳动标准的功能划分:基础类劳动标准,如劳动标准术语、符号、代码、图形等;管理类劳动标准,如劳动管理程序标准、劳动管理方法标准、劳动统计标准等;工作类劳动标准,如工作时间标准、劳动定额定员标准、劳动统计计量标准、最低工资标准等；技术类劳动标准，如劳动安全标准、劳动卫生标准等。除此之外，还有其他劳动标准。

二、工作时间、延长工作时间与最低工资标准

（一）工作时间

工作时间又称为劳动时间，是指法律规定劳动者在一昼夜或一周内从事劳动的时间，即劳动者每天的工作时数或每周的工作时数。

1. 标准工作时间制度

标准工作时间是由国家法律制度规定，在正常情况下劳动者从事工作或劳动的时间。根据《中华人民共和国劳动法》（以下简称《劳动法》）和配套法规规章的规定，我国目前实行的标准工作时间是职工每日工作 8 小时，每周工作 40 小时。其中，特别规定在特殊情况下劳动者的工作时间应少于标准工作时间，如从事矿山井下、高温、有毒有害、特别繁重或过度紧张等作业的劳动者，从事夜班工作的劳动者，哺乳期内的女性员工。此外，法律也对延长工作时间做出了规定，比如针对不同工时制度延长工作时间的计算方法，延长工作时间的一般情况和特殊情况以及延长工作时间的补偿问题。

2. 计件工作时间制度

计件工作时间是以劳动者完成一定劳动定额为标准的工作时间，是标准工作时间的转化形式。

3. 不定时工作制

不定时工作制是指无固定工作时数限制的工时制度，适用于工作性质和职责范围不受固定时间限制的劳动者。根据相关规定，如企业中的高级管理人员、外勤人员、部分值班人员，从事交通运输的工作人员，以及其他因生产特点、工作特殊需要或职责范围的关系，适合实行不定时工作制的职工可以实行该种工时制度。

4. 综合计算工时工作制

综合计算工时工作制是指以一定时间为周期，集中安排并综合计算工作时间和休息时间的工时制度，即分别以周、月、季、年为周期综合计算工作时间，但其平均日工作时间和平均周工作时间应与法定标准工作时间基本相同。根据相关规定，可以实行综合计算工时工作制的包括：交通、铁路、邮电、水运、航空、渔业等行业中因工作性质特殊，需要连续作业的职工；地质及资源勘探、建筑、制盐、制糖、旅游等受季节和自然条件限制的行业的部分职工；亦工亦农或由于受能源、原材料供应等条件限制难以均衡生产的乡镇企业的职工等。另外，对于那些在市场竞争中，由于外界因素影响，生产任务不均衡的企业的部分职工也可以参照综合计算工时工作制的办法实施。

（二）延长工作时间

延长工作时间是超过标准工作时间长度的工作时间。劳动者在法定节假日、公休日工作的称为加班，超过日标准工作时间以外延长工作时间的称为加点。

法律规定，允许延长工作时间的情形有以下几种：

(1) 发生自然灾害、事故或者因其他原因，威胁劳动者生命健康和财产安全，需要紧急处理的。

(2)生产设备、交通运输线路、公共设施发生故障,影响生产和公众利益,必须及时抢修的。

(3)法律、行政法规规定的其他情形。

①法定节假日、公休日内生产不能间断的。

②必须利用法定节假日、公休日的停产期间进行设备检修、保养的。

③完成国防紧急生产任务或其他关系到重大社会公共利益需要的紧急生产任务,商业、供销企业在旺季完成收购、运输、加工农副产品的紧急任务等。

上述情形出现时,延长工作时间不受限制措施的约束。

(三)最低工资标准

最低工资,是指劳动者在法定工作时间或依法签订的劳动合同约定的工作时间内提供了正常劳动的前提下,用人单位依法应支付的最低劳动报酬。

最低工资标准的确定和调整采用"三方性"原则,即在国务院劳动行政主管部门的指导下,由省、自治区、直辖市人民政府劳动行政主管部门会同同级工会、企业家协会研究拟订,并将拟订的方案报送人力资源和社会保障部。方案内容包括最低工资确定和调整的依据、适用范围、拟订标准和说明。

确定最低工资标准一般考虑城镇居民生活费用支出、职工个人缴纳社会保险费、住房公积金、职工平均工资、失业率、经济发展水平等因素。最低工资标准每两年至少调整一次。

三、企业内部劳动规则

(一)概念和特点

企业内部劳动规则是用人单位依据国家劳动法律,结合用人单位的实际,在本单位实施的,为协调劳动关系,并使之稳定运行,合理组织劳动,进行劳动管理而制定的办法、规定的总称。用人单位制定并实施劳动规则是其行使经营管理权和用工权的主要方式,发挥着用人单位内部强制性规范的功能。

企业内部劳动规则是企业规章制度的组成部分,是企业劳动关系调节的重要形式,具有以下特点:

(1)制定主体的特定性。用人单位内部劳动规则以用人单位为制定的主体,以用人单位公开、正式的行政文件为表现形式,只在本单位范围内适用。

(2)企业和劳动者共同的行为规范。用人单位内部劳动规则所调整的行为是作为劳动过程组成部分的用工行为和劳动行为,既约束全体劳动者,又约束企业行政各职能部门和企业的各组成部分。

(3)企业经营权与职工民主管理权相结合的产物。制定用人单位内部劳动规则必须保证企业职工的参与。企业职工既有权参与相关制度的制定,又有权对制度的实施进行监督。

(二)主要内容

1.劳动合同管理制度

劳动合同管理制度应包括以下方面:劳动合同订立的协商制度;劳动合同申请、鉴证制度;劳动合同履行的原则；员工招收录用条件、招工简章、劳动合同草案、有关专项协议草案审批权限的确定；员工招收录用计划的审批、执行权限的划分；试用期考察办法；员工档案的管理办法；应聘人员相关材料保存办法；劳动合同自检制度；劳动合同执行过程中纠纷处理的程序规定；劳动合同续订、变更、解除事项的审批办法；集体合同草案的拟订、协商程序；解除、终止劳动合同人员的档案移交办法、程序；劳动合同管理制度修改、废止的程序等。

2.劳动纪律

其主要内容为：

(1)时间管理规则：企业对全体员工的作息时间、考勤办法、请假程序和办法等方面的规定。

(2)组织规则：企业对各直线部门、职能部门或各组成部分及各类层级权责结构之间的指挥、服从、接受监督、保守商业秘密等方面的规定。

(3)岗位规则：劳动任务、岗位职责、操作规程、职业道德等。

(4)生产协作规则：流水线式生产和实行工序分工的企业，对员工在工种、工序、岗位之间的隶属关系、协作、配合关系等方面，进行了合理的设计，并制定了相应的规则，员工如不遵守，将会引起生产秩序的混乱，严重时可导致生产或经营瘫痪。

(5)品行、道德规则：不同的企业根据自己的行业特点和企业文化要求，对员工在语言、着装、用餐、化妆、接待客人礼节等方面都有具体而严格的规定，并要求员工必须遵守。

(6)安全生产规则：按操作规程，实行安全生产，确保员工的生命安全和企业的财产安全，是每个生产型企业在生产管理方面的头等大事，企业一般都以严明的劳动纪律来予以落实执行。

3.劳动定员定额规则

劳动定员定额规则主要包括编制定员规则和劳动定额规则。

4.劳动岗位规范制定规则

劳动岗位规范包括岗位名称、岗位职责、生产技术规定、上岗标准等。

企业内部规则，除以上主要方面外，还应包括劳动安全卫生制度、工资制度、福利制度、考核制度、奖惩制度、培训制度等，这些制度都与协调劳动关系有着直接的联系，并且反映着劳动关系的实质内容。

练习题

一、单项选择题

1.( )是由国家法律制度规定，在正常情况下劳动者从事工作或劳动的时间。

A. 标准工作时间　　　　　　B. 正常工作时间

C. 计件工作时间　　　　　　D. 日常工作时间

2.( )是指劳动者在法定工作时间或依法签订的劳动合同约定的工作时间内提供了正常劳动的前提下，用人单位依法应支付的最低劳动报酬。

A. 标准工资　　　　　　　　B. 基准工资

C. 最低工资　　　　　　　　D. 岗位工资

3. 劳动纪律不包括( )。

A. 时间管理规则   B. 岗位规则

C. 劳动强度规则   D. 组织规则

4. 以下关于用人单位内部劳动规则的说法错误的是( )。

A. 以正式文件的形式公布   B. 用人单位可不考虑职工的意见

C. 内容不合法的不具有法律效力   D. 其制定程序是先职工参与后正式公布

5. 不属于企业内部劳动规则特点的是( )。

A. 制定主体的特定性

B. 企业和劳动者共同的行为规范

C. 企业经营权与职工民主管理权相结合的产物

D. 由国家行政机关制定发布

二、多项选择题

1. 法律规定,允许延长工作时间的情形有( )。

A. 发生自然灾害、事故或者因其他原因,威胁劳动者生命健康和财产安全,需要紧急处理的

B. 生产设备、交通运输线路、公共设施发生故障,影响生产和公众利益,必须及时抢修的

C. 生产需要

D. 行政命令

E. 法律、行政法规规定的其他情形

2. 劳动纪律的内容可以包括( )。

A. 时间管理规则   B. 组织规则

C. 岗位规则   D. 生产协作规则

E. 安全生产规则

3. 按照劳动标准的对象,劳动标准的横向结构可以划分为( )。

A. 劳动关系   B. 工作条件

C. 劳动报酬   D. 劳动安全卫生

E. 社会保险

4. 劳动法规定,确定和调整最低工资标准应考虑的因素有( )。

A. 就业状况

B. 劳动生产率

C. 社会平均工资水平

D. 地区之间经济发展水平的差异

E. 劳动者本人及平均赡养人口的最低生活费用

5. 最低工资标准的确定和调整采用"三方性"原则,其"三方"是( )。

A. 省、自治区、直辖市人民政府劳动行政主管部门

B. 同级工会

C. 企业家协会

D. 省、自治区、直辖市人民政府

三、是非题

1. 延长工作时间是指超过定额长度的工作时间。（　　）
2. 标准工作时间是指由国家法律制度规定，在正常情况下劳动者从事工作或劳动的时间。（　　）
3. 企业内部劳动规则是企业规章制度的组成部分，是企业劳动关系调节的重要形式。（　　）
4. 用人单位内部劳动规则包括劳动合同管理制度、劳动定员定额规则、劳动安全卫生制度和劳动岗位规范制定规则。（　　）
5. 劳动纪律的内容包括职业培训。（　　）

第三节　集体合同管理

知识要点

1. 集体合同的概念、特点、作用。
2. 集体合同的形式、期限和内容。

一、集体合同概述

（一）概念与特征

集体合同实际上是一种特殊的劳动合同，又称团体协约、集体协议或劳资合约，是指工会或者职工推举的职工代表代表职工与用人单位依照法律法规的规定，就劳动报酬、工作条件、工作时间、休息休假、劳动安全卫生、社会保险福利等事项，在平等协商的基础上进行协商谈判所缔结的书面协议。

集体合同首先具有一般合同的共同特征，即平等主体基于平等、自愿协商而订立的规范双方权利和义务的协议。除此之外，集体合同还具有其自身特征：

1. 集体合同的主体

集体合同的主体一方是劳动者团体（即代表职工的工会或职工代表），另一方是用人单位或其团体。劳动合同的当事人为单个劳动者和用人单位。

2. 集体合同的目的

订立劳动合同的主要目的是确立劳动关系。订立集体合同的主要目的是为确立劳动关系设定具体标准，即在其效力范围内规范劳动关系。

3. 集体合同的内容

劳动合同以单个劳动者的权利和义务为内容,一般包括劳动关系的各个方面;集体合同以集体劳动关系中全体劳动者的共同权利和义务为内容,可能涉及劳动关系的各个方面,也可能只涉及劳动关系的某个方面,如工资合同等。

4. 集体合同的形式

集体合同是要式合同,必须是书面协议,需要报送劳动行政部门登记、审查、备案方为有效。劳动行政部门自收到集体合同文本之日起15日未提出异议的,集体合同即行生效。劳动合同既可以是书面形式,也可以是口头形式。要式合同是指法律要求必须具备一定的形式和手续的合同。

5. 集体合同的效力

《中华人民共和国劳动合同法》(以下简称《劳动合同法》)第五十四条规定:依法订立的集体合同对用人单位和劳动者具有约束力。行业性、区域性集体合同对当地本行业、本区域的用人单位和劳动者具有约束力。因此,集体合同对签订合同的单个用人单位或用人单位团体所代表的全体用人单位以及工会所代表的全体劳动者,都有法律效力。劳动合同对单个的用人单位和劳动者有法律效力。

集体合同的效力一般高于劳动合同的效力。《劳动合同法》第五十五条规定:集体合同中劳动报酬和劳动条件等标准不得低于当地人民政府规定的最低标准;用人单位与劳动者订立的劳动合同中劳动报酬和劳动条件等标准不得低于集体合同规定的标准。

(二)集体合同的作用

集体合同的作用主要有以下几点:

一是有利于协调劳动关系。通过集体合同,在劳动主体和用工主体之间建立相互依存、相互合作的关系。

二是有利于加强企业的民主管理。集体合同条款的民主协商、签订和履行合同都体现了劳动者参与民主管理的原则。

三是有利于维护职工合法权益。通过工会组织,将分散的员工意见形成统一的意志,通过集体协商与企业经营者沟通,可以有效防止企业侵犯劳动者的合法权益。

四是有利于弥补劳动法律法规的不足。集体合同可以具体规范劳动关系,对劳动立法的某些不完备起到补充作用,可以强化操作性。通过集体合同约定,密切结合企业经营的实际情况,可以提高劳动者利益的保障水平。

(三)集体合同订立的原则

(1)遵守国家法律、法规和政策的原则。订立集体合同,必须遵守国家的法律、法规和方针政策,在合同的内容、形式、订立程序方面都要符合国家法律、法规的规定。

(2)坚持平等自愿、协商一致的原则。只有这样,集体合同才能既得到国家法律的保护,也得到双方当事人的切实履行。

(3)结合实际原则。订立集体合同必须结合本单位的实际情况,兼顾国家、企业、职工个人三方利益。只有这样,才能制订出切实可行的集体合同。

二、集体合同订立的形式和期限

(一)集体合同的形式

根据《集体合同规定》,集体合同为法定要式合同,应当以书面形式订立,口头形式的集体合同不具有法律效力。集体合同的形式可以分为主件和附件。主件是综合性集体合同,其内容涵盖劳动关系的各个方面。附件是专项集体合同,是就劳动关系的某一特定方面的事项签订的专项协议。

现阶段,我国法定集体合同的附件主要是工资协议。《工资集体协商试行办法》规定,企业依法开展工资集体协商,签订工资协议,已订立集体合同的,工资协议作为集体合同的附件,并与集体合同具有同等效力。

(二)集体合同的期限

集体合同均为定期集体合同,我国劳动立法规定集体合同的期限为1~3年。企业订立集体合同可以在1~3年中确定适合本企业的集体合同期限。在集体合同的期限内,双方可以根据集体合同的履行情况对集体合同进行修订。

三、集体合同的内容

通常情况下,集体合同一般包括:

(1)劳动条件标准部分:包括劳动报酬、工作时间和休息休假、保险福利、劳动安全卫生、女职工和未成年工特殊保护、职业技能培训、劳动合同管理、奖惩、裁员等多项条款。

上述条款同时也可以作为劳动合同内容的基础,指导劳动合同的协商与订立,或直接作为劳动合同的内容。劳动条件标准条款在集体合同内容的构成中处于核心地位,在集体合同的有效期内具有法律效力。上述标准不得低于法律法规规定的最低标准。

(2)一般性规定:包括集体合同的有效期限、条款解释、变更、解除和终止等。

(3)其他规定:包括集体合同的监督、检查、争议处理、违约责任等。

练习题

一、单项选择题

1. 下列关于集体合同和劳动合同的表述,不正确的是( )。
A. 劳动合同中高于集体合同标准的部分无效
B. 劳动合同中低于集体合同标准的部分无效
C. 集体合同的效力包括效力范围和效力形式
D. 效力范围包括对人的效力和对时间的效力

2. 集体合同的劳动条件标准部分,不包括( )。
A. 劳动报酬　　　　　　　　　B. 工作时间和休息休假
C. 保险福利　　　　　　　　　D. 违约责任

3. 在没有成立工会组织的企业中,集体合同由( )与企业签订。
A. 职工代表　　　　　　　　　　B. 企业人事部门
C. 企业法人　　　　　　　　　　D. 职工所在部门负责人

4. 集体合同由( )代表职工与企业签订。
A. 工会组织　　　　　　　　　　B. 企业人事部门
C. 企业法人　　　　　　　　　　D. 职工所在部门负责人

5. 集体合同是用人单位与本单位职工根据法律的规定,就劳动报酬、工作时间、休息休假等事项,通过集体协商签订的( )。
A. 临时协议　　　　　　　　　　B. 口头协议
C. 网络协议　　　　　　　　　　D. 书面协议

二、多项选择题

1. 集体合同的特征包括( )。
A. 合法性　　　　　　　　　　　B. 主体平等性
C. 意思表示一致性　　　　　　　D. 法律约束性
E. 定期的书面合同

2. 集体合同的劳动条件标准部分包括( )等。
A. 劳动安全卫生　　　　　　　　B. 女职工和未成年工特殊保护
C. 职业技能培训　　　　　　　　D. 劳动合同管理

3. 集体合同的作用主要有( )。
A. 有利于协调劳动关系　　　　　B. 有利于加强企业的民主管理
C. 有利于维护职工合法权益　　　D. 有利于弥补劳动法律法规的不足

4. 集体合同订立的原则有( )。
A. 遵守国家法律、法规和政策的原则
B. 坚持平等自愿、协商一致的原则
C. 结合实际原则
D. 不采取过激行为

5. 劳动合同管理制度的内容包括( )。
A. 试用期考察办法　　　　　　　B. 企业内部劳动规则
C. 集体合同草案的拟订、协商程序　D. 劳动定员定额规则
E. 劳动合同管理制度修改、废止的程序

三、是非题

1. 集体合同与劳动合同的主体、内容、功能和法律效力不同,集体合同的法律效力高于劳动合同。( )

2. 集体合同与劳动合同的区别在于意义不同。( )

3. 集体合同与一般协议的相同特点有合法性、主体平等性和法律约束性。( )

4. 根据《集体合同规定》，集体合同为法定要式合同，应当以书面形式订立，口头形式的集体合同不具有法律效力。（　　）

5. 我国立法规定集体合同的期限为 3～5 年。（　　）

第四节　劳动争议协商与调解

知识要点

1. 劳动争议的概念与分类。
2. 劳动争议产生的原因。
3. 劳动争议处理原则。
4. 劳动争议协商的概念与特征。
5. 劳动争议调解委员会的职责。
6. 劳动争议调解的特点与原则。

一、劳动争议的概念与分类

（一）概念

劳动争议，又称劳资争议、劳资纠纷、劳动纠纷等，是指劳动者（或其工会组织）与用人单位（或雇主团体）之间围绕劳动权利、义务及相关利益所发生的争议。劳动争议实质上是劳动关系当事人之间利益矛盾、利益冲突的体现。

（二）劳动争议分类

(1) 以劳动争议的当事人来区分，可以分为个人争议、集体争议与团体争议。

个人争议，又称个别争议，是指劳动者个人与用人单位发生的劳动争议，其特点是：

①个人争议是关于单个劳动关系的争议，不是关于一类劳动关系或团体劳动关系的争议；

②劳动者一方当事人未达到集体争议的法定人数，我国规定的当事人仅限于一到两人；

③争议处理须由劳动者本人参加，不得由他人代表参加（当事人为两人时，彼此不得互为代表）；

④争议的处理适用普通程序，不适用特别程序。

集体争议，又称多人争议，是指多个劳动者（我国规定为 3 人以上）基于共同理由与用人单位发生的劳动争议。发生劳动争议的劳动者一方在10人以上,并有共同请求的,可以推荐代表参加调解、仲裁或者诉讼活动。

团体争议,也称集体合同争议,是工会与用人单位(或雇主团体)之间因集体合同而发生的劳动争议。在我国,团体争议与集体争议的区别包括以下几点。

①集体争议是关于同一类劳动关系的争议;团体争议是关于集体合同(或集体劳动关系)的争议。

②集体争议的当事人一方为3人以上的劳动者,另一方为用人单位;团体争议当事人一方为工会组织,另一方为用人单位(或雇主团体)。

③集体争议的各个当事人应当具有与用人单位发生劳动争议的共同理由(且仅限于部分劳动者的具体利益);团体争议则以全体职工的整体利益为争议标的。

④集体争议的劳动者一方当事人在10人以上的,应推举代表参加劳动争议处理程序,被推举的代表在争议处理过程中仅代表涉及争议的部分劳动者的利益和意志;团体争议中工会的法定代表人是工会主席,在争议处理过程中,其行为涉及工会所代表的全体劳动者利益,对全体劳动者具有法律意义。

(2)以劳动争议标的的性质来区分,可以分为权利争议和利益争议。权利争议是实现既定权利的争议,即当事人因实现劳动法律、集体合同和劳动合同所规定的权利和义务所发生的争议。利益争议是确定权利的争议,即当事人主张有待确定的权利和义务所发生的争议。

权利争议具有可诉性,一般按照协商、调解、仲裁、诉讼程序处理;利益争议具有不可诉性,一般只能通过协商和调解来解决,不适用诉讼程序。

(3)如果按照当事人的国籍不同,可以分为国内劳动争议与涉外劳动争议。国内劳动争议是指我国的用人单位与具有我国国籍的劳动者之间发生的劳动争议;涉外劳动争议是指具有涉外因素的劳动争议,包括我国在国(境)外设立的机构与我国派往该机构工作人员之间发生的劳动争议、外商投资企业的用人单位与劳动者之间发生的劳动争议。

二、劳动争议纠纷原因

劳动争议纠纷案件的出现,是由多种原因共同造成,其中最主要的原因有以下几种:

1.立法层面上的原因

随着我国《劳动合同法》以及《中华人民共和国劳动合同法实施条例》的颁发,劳动者的合法权益得到了更加周全的保护,而《中华人民共和国劳动争议调解仲裁法》(以下简称《劳动争议调解仲裁法》)实施以后,劳动者解决劳资纠纷的方式变得更为经济和便捷,劳动者在劳动争议案件中的相对弱势地位得到了明显的改变,其运用法律武器来维护自身合法权益的意识和能力均得到了明显的提高。另一方面,一些企业仍然受到传统的经营管理模式影响,其管理机制难以适应现行的法律。随着劳动者与企业之间利益格局的不断变化,双方的矛盾日渐激烈,导致劳动争议纠纷的发生不断上升。

2.企业自身的原因

从企业层面上来看,目前很多企业自身的管理模式与《劳动法》《劳动合同法》的规范化要求还存在很大的差距。客观上来看,企业在利益的驱动下进行各种经营管理产生的缺漏是导致劳动争议案件频频发生的主要原因。一些企业以追求自身利益最大化为目的,忽视了对劳动者权益的保护。除此以外,还有部分企业由于存在外来务工人员多、劳动者流动性大等特点,企业在主观意识上缺乏规范用工的动力,最终导致不签订劳动合同、不缴纳社会保险等劳动争议案件的发生。

3.劳动者自身的原因

经济利益的驱动、诉讼成本的降低,对于劳动者维护自身合法权益起到了积极的推动作用,也在个别情况下使双方矛盾更加尖锐。

三、劳动争议处理原则

《劳动争议调解仲裁法》第三条的规定:"解决劳动争议,应当根据事实,遵循合法、公正、及时、着重调解的原则,依法保护当事人的合法权益。"据此,我国劳动争议处理应当遵循如下四项原则。

1.合法原则

合法原则要求劳动争议处理机构依照职权,在查清事实的基础上,正确运用法律进行处理。这一原则是以事实为依据、以法律为准绳的基本原则在劳动争议处理中的具体运用。

2.公正原则

公正原则要求劳动争议处理机构在处理劳动争议时,应当站在公正的立场上,保证双方当事人处于平等的法律地位,坚持法律面前人人平等的司法原则,不允许任何人享有超越法律的特权。同时需要指出的是,由于劳动关系中用人单位与劳动者存在事实上的不平等关系,所以在劳动争议处理的程序性规定中也体现了对劳动者的倾斜保护,如举证责任的特殊规定、先予执行制度的设立等,都是具体体现。这些规定恰恰通过形式上的倾斜保护实现了争议双方实质对抗上的公平,体现了公正原则。

3.及时原则

及时原则是指劳动争议处理机构受理劳动争议案件后,应当在法律、法规规定的时限内处理结案,不能拖延。首先,劳动争议一旦发生,当事人应及时向用人单位调解委员会申请调解,或者向劳动争议仲裁委员会申请仲裁。其次,争议处理机构受理案件后,要严格依照法律规定的期限办案,不得超期办案。最后,裁决生效后义务方应及时履行其义务,如未按时履行,权利方应及时申请执行。

4.调解原则

调解作为解决劳动争议的基本手段,贯穿于劳动争议处理的全过程。但调解必须坚持自愿原则,不能强制调解。当事人是否自愿申请调解,调解组织、仲裁机构和人民法院的调解是否能够促使双方达成调解协议,所有这些都应当完全出于当事人的自愿。

四、劳动争议协商

《劳动争议调解仲裁法》规定,发生劳动争议后,劳动者和用人单位可以通过协商加以解决。协商是处理劳动争议的简易程序。

劳动争议协商,是指劳动者和用人单位因实现劳动权利、履行劳动义务而发生争议后,双方当事人就解决争议、化解矛盾、协调劳动关系共同进行商谈,以便达成和解协议的行为。经协商所达成的和解协议是当事人的共同意志,双方应当认真履行。

劳动争议协商具有以下特征:一是协商须当事人双方完全自愿;二是协商须建立在相互信任和尊重的基础上;三是协商程序简便、快捷。《劳动争议调解仲裁法》对协商没有严格的程序性规定。发生劳动争议后协商与否,由当事人双方决定。自愿协商解决的,当事人双方可以即时协调商谈,使争议在较短时间内得到解决。

协商主要适用于比较简单的劳动争议。集体合同争议处理,协商是法定必经程序。

五、劳动争议调解

(一)劳动争议调解的概念与特征

劳动争议调解是指在基层劳动争议调解组织的主持下,劳动争议的双方当事人自愿以协商的方式,互谅互让地达成解决劳动争议的协议。在我国的劳动争议处理机制中,调解是一种普遍适用的重要形式。

劳动争议调解在我国基本上是指民间调解,与由行政机关主持下的行政调解相比具有以下特点:

第一,调解的机构是社会民间组织,而不是国家机关;

第二,调解的进行具有相对较大的自由,一般不受固定的程序和形式的限制约束,法律、法规、政策甚至社会道德规范、社会习俗等都可以成为调解的依据;

第三,调解所形成的最终结果——调解书具有契约的性质,当事人不能随意地反悔或者撤销,但是调解书不具备强制执行的效力。

(二)企业劳动争议调解委员会职责

企业劳动争议调解委员会职责是:
(1)宣传劳动保障法律、法规和政策;
(2)对本企业发生的劳动争议进行调解;
(3)监督和解协议、调解协议的履行;
(4)聘任、解聘和管理调解员;
(5)参与协调履行劳动合同、集体合同以及执行企业劳动规章制度等方面出现的问题;
(6)参与研究涉及劳动者切身利益的重大方案;
(7)协助企业建立劳动争议预防预警机制。

(三)劳动争议调解的原则

劳动争议调解委员会在调解时应当遵守以下原则:

1.自愿原则

自愿原则是指调解委员会在受理争议、调解争议、达成协议、履行协议的整个过程中,必须尊重双方当事人的意愿,采用民主说服教育方式,不得压服、强迫。自愿原则是劳动争议调解的前提和

基础,包括紧密相连、缺一不可的四个方面的内容:

一是自愿申请调解。劳动争议发生后,只有在双方当事人都同意接受企业劳动争议调解委员会调解时,调解委员会才予以调解,这是调解开始的前提条件。

二是调解过程民主。调解劳动争议过程中,调解主持人员要作风民主,耐心听取双方当事人的意见,以宣传法律政策。当事人有选择调解的权利,也有选择不调解的权利,强行调解是违法的、无效的。

三是自愿达成协议。调解协议只能在双方当事人自愿的基础上达成,调解协议所明确的是非界限,责任承担,双方的权利、义务关系,履行的期限和方法,都必须出于双方当事人的自愿同意,不可勉强。

四是自愿履行协议。调解协议的履行应当由双方当事人自觉进行,调解委员会可以通过检查督促,动员双方如期履行。

2. 合法原则

合法原则是指劳动争议调解委员会在调解劳动争议案件时,必须遵守国家的宪法、法律、行政法规、地方法规、规章以及国家的政策,并以此作为调解时的依据。合法原则具体要求:一是主体合法,即要求劳动争议调解的主体资格必须合乎法律规定;二是程序合法,即要求劳动争议调解的程序必须合乎法律规定;三是调解协议内容合法,就是说不得有违反法律、侵害他人或社会公共利益或国家利益的情形。

3. 公正原则

公正原则是指劳动争议调解委员会在调解劳动争议案件时,其立场和态度要做到公正无私,不偏不倚。

4. 及时原则

劳动争议调解是处理劳动争议案件的有效形式,但并非必经程序。它的一个重要优势就是高效简便,处理及时。

练习题

一、单项选择题

1. 以劳动争议的( )来区分,可以分为个人争议、集体争议与团体争议。

A. 当事人 B. 标的性质

C. 当事人的国籍 D. 特点

2. ( )也称集体合同争议,是工会与用人单位(或雇主团体)之间因集体合同而发生的劳动争议。

A. 集体争议 B. 团体争议

C. 个人争议 D. 个别争议

3. 劳动争议调解委员会由职工代表、用人单位代表、工会代表三方组成,体现了其具有( )特点。

A. 平等性　　　　　　　　　　　　B. 群众性

C. 自治性　　　　　　　　　　　　D. 非强制性

4. (　　)是指劳动者和用人单位因实现劳动权利、履行劳动义务而发生争议后，双方当事人就解决争议、化解矛盾、协调劳动关系共同进行商谈，以便达成和解协议的行为。

A. 劳动争议协商　　　　　　　　　B. 劳动争议调解

C. 劳动争议仲裁　　　　　　　　　D. 劳动争议诉讼

5. 在处理劳动争议时，如果没有准确适用的法律条款，(　　)可以直接适用。

A. 劳动法的首要原则　　　　　　　B. 劳动法律规范

C. 劳动法的基本原则　　　　　　　D. 劳动纪律制度

二、多项选择题

1. 劳动争议协商的特征是(　　)。

A. 协商须当事人双方完全自愿　　　B. 协商须建立在相互信任和尊重的基础上

C. 协商程序简便、快捷　　　　　　D. 协商结果不受重视

2. 劳动争议处理原则是(　　)。

A. 合法原则　　　　　　　　　　　B. 公正原则

C. 及时原则　　　　　　　　　　　D. 调解原则

3. 劳动争议纠纷案件的出现，是由多种原因共同造成，主要的原因是(　　)。

A. 立法层面上的原因　　　　　　　B. 企业自身的原因

C. 劳动者自身的原因　　　　　　　D. 调解组织的原因

4. 自愿原则是劳动争议调解的前提和基础，其紧密相连、缺一不可的几个方面的内容是(　　)。

A. 自愿申请调解　　　　　　　　　B. 调解过程民主

C. 自愿达成协议　　　　　　　　　D. 自愿履行协议

5. 劳动争议处理制度中的调解是劳动关系当事人的一种自我管理形式。其处理原则包括(　　)。

A. 合法原则　　　　　　　　　　　B. 公正原则

C. 及时原则　　　　　　　　　　　D. 非强制性原则

E. 调解原则

三、是非题

1. 发生劳动争议，劳动者可以与用人单位协商，也可以请工会或者第三方共同与用人单位协商，达成和解协议。(　　)

2. 工会要参与做好劳动争议的预防工作。(　　)

3. 劳动争议处理的途径有协商、调解、仲裁、诉讼。(　　)

4. 企业劳动争议调解委员会不参与研究涉及劳动者切身利益的重大方案。(　　)

5. 集体争议，又称多人争议，是指多个劳动者(我国规定为5人以上)基于共同理由与用人单位发生的劳动争议。(　　)

第五节　劳动安全卫生保护管理

知识要点

1. 劳动安全技术规程、劳动卫生规程与劳动安全卫生管理制度。
2. 劳动安全卫生标准的内容与分类。
3. 劳动安全卫生防护用品管理台账内容。
4. 工伤事故分类。
5. 工伤认定与劳动能力鉴定。
6. 工伤保险待遇及监督管理。

一、劳动安全技术规程

（一）含义

劳动安全技术规程是指国家为了保护劳动者在劳动过程中的安全，防止伤亡事故发生所采取的各种安全技术保护措施的规章制度，包括工厂安全技术规程、矿山安全技术规程和建筑安装工程安全技术规程等。

（二）内容

1. 建筑物和通道的安全

根据国家设计标准，工厂厂房的建筑设计要符合标准。各厂矿的通道按设计标准有宽度的要求。在照明设备、轨道交叉处必须有警告标志、信号装置或落杆，与地面平行的坑池要设围栏或盖板等。

2. 机器设备的安全

机器设备的安全装置是安全技术规程中的重要内容。为预防工人在生产操作过程中的伤亡事故，安全技术规程要求有防护装置、保险装置、信号装置及危险牌示和识别标志等。

3. 电气设备的安全

电气设备是各个生产部门所普遍采用的设备。为了预防工人在生产中的触电事故，防止电气设备所引起的火灾事故，安全技术规程要求电气设备要有可熔保险器和自动开关，带电设备要设安全遮栏和警告标志，行灯的电压不能超过36伏特，在金属容器内或者潮湿处所不能超过12伏特。产生大量蒸汽、气体、粉尘的工作场所，要使用密闭式电气设备。有爆炸危险的气体或者粉尘的工作场所，要使用防爆型电气设备。电气设备的开关要指定专人管理。

4.动力锅炉和气瓶的安全

为了防止锅炉和气瓶的爆炸事故,要求工业锅炉必须有安全阀、压力表和水位表,并且使其保持准确、有效。各种气瓶在存放和使用的时候,必须距离明火10米以上,并且避免在阳光下暴晒;搬运时不能碰撞。

5.建筑工程的安全

在大规模的基本建设工作中,为了保障建筑工人的安全和健康,要求各施工单位严格执行《建筑安装工程安全技术规程》。这个规程对施工的一般要求做了规定。如对于从事高空作业的职工,必须进行身体检查,不能使患有高血压、心脏病、癫痫病的人和其他不适合高空作业的人从事高空作业;对施工现场的各种条件也做出了规定,如施工现场应该合乎安全卫生的要求等。

6.矿山安全

建立、健全矿山安全生产责任制,即矿山各级领导、职能部门、有关工程技术人员和生产工人在劳动过程中,对安全生产层层负责,把安全责任制落实到每个人头上。建立、健全矿山安全管理机构,包括矿山安全机构、矿山救护队和劳动保护研究机构等。加强安全教育和技术培训。此外,在机电、运输、矿山建筑设计、职工健康管理等方面,安全技术规程还有详细规定。

二、劳动卫生规程

在生产过程中,劳动者不可避免地要接触到某些有毒有害物质,如粉尘、噪声和强光等,导致人体不同程度地受损。我国劳动卫生规程为保护劳动者健康,规定如下基本要求:

1.防止有毒物质危害

凡散发有害健康的蒸气、气体的设备应加以密闭,必要时应安装通风、净化装置;有毒物品和危险物品应分别储存在专设处所,并严格管理;对有毒或有传染性危险的废料,应在卫生机关的指导下进行处理;对接触有毒有害气体或液体的职工应提供有关防护用品等。

2.防止粉尘危害

凡是有粉尘作业的用人单位,要努力实现生产设备的机械化、密闭化和自动化,设置吸尘、滤尘和通风设备,矿山采用湿式凿岩和机械通风;对接触粉尘的工人发给防尘口罩、防尘工作服和保健食品,并定期进行健康检查等。

3.防止噪声和强光危害

对产生强烈噪声的生产,应尽可能在设有消声设备的工作房中进行,并实行强噪声和低噪声分开作业。在有噪声、强光等场所操作的工人,应供给护耳器、防护眼镜等;要用低噪声的设备和工艺代替强噪声的设备和工艺,从声源上根治噪声危害。

4.防暑降温和防冻取暖

为了保护劳动者的身体健康,防止劳动场所温度过高或过低对劳动者健康造成损害,相关规定如下:

(1)室内工作地点的温度经常高于35摄氏度的时候,应该采取降温措施;低于5摄氏度的时候,应该设置取暖设备;

(2)采用技术措施疏散热源和合理布置防寒装置;

(3) 采取保健措施，进行健康检查，组织巡回医疗和防治观察，供应符合卫生要求的饮料；

(4) 提供防暑防冻劳动保护用品等。

5. 保证工作场所的通风和照明

工作场所和通道的光线应当充足，局部照明的光度应当符合操作要求，通道应该有足够的照明，窗户要经常擦拭，启闭装置应该灵活，人工照明设施应保持清洁完好；温度、湿度和风速要求不严格的工作场所应保证自然通风；有瓦斯和其他有毒有害气体聚集的工作场所，必须采用机械通风；通风设施应当达到规定的标准，通风系统的管理和使用必须有专人负责，并应定期检修和清扫，遇有损坏应立即修理或更换。

6. 个人防护用品和保健

为了保护劳动者的安全与健康，应当按照劳动条件发给工人防护用品。为增强从事有害健康作业的职工抵抗职业性中毒的能力，应满足其特殊营养需要，免费发给保健食品。对高温作业的职工，应免费提供盐汽水等清凉饮料。另外，用人单位应根据需要，设置浴室、厕所、更衣室、休息室、妇女卫生室等生产辅助设施，并经常保持设施完好和清洁卫生。

7. 职业病防治及处理

职业病是用人单位的劳动者在职业活动中，因接触粉尘、放射性物质和其他有毒、有害物质等因素而引起的疾病。

三、劳动安全卫生管理制度

（一）安全生产责任制

安全生产责任制的主要内容是：企业单位的各级领导人员在管理生产的同时，必须负责管理安全工作，认真贯彻执行国家有关劳动安全卫生的法规和制度；企业单位内部的各有关专职机构，都应该在各自业务范围内，对实现安全生产的要求负责；劳动保护专职机构（专职人员）要在企业行政和工程技术的主要负责人的直接领导下，做好具体的安全生产工作；所有职工必须自觉遵守劳动安全卫生管理制度，不得违章冒险作业，并有权拒绝服从各级领导人员的违章指挥和有权制止其他人员的违章作业。

（二）编制安全技术措施计划管理制度

企业编制安全技术措施计划，应依据有关劳动安全卫生的法律和法规，结合本企业的实际情况，分清项目的缓急轻重，解决急需解决的问题，并力求少花钱，多办事，效果好。要明确规定各项计划措施的完成期限和负责人。

（三）安全生产教育制度

企业新工人上岗前必须进行厂级、车间级、班组级三级安全教育。三级安全教育时间不少于40学时。其中，厂级安全教育包括劳动安全卫生法律法规、通用安全技术、劳动卫生和安全文化的基本知识、本企业劳动安全卫生规章制度及状况、劳动纪律和有关事故案例等项内容；车间级安全教育包括本车间劳动安全卫生状况和规章制度、主要危险危害因素及安全事项、预防工伤事故和职业病的主要措施、典型事故案例及事故应急处理措施等项内容；班组级安全教育包括遵章守纪、岗位安全操作规程、岗位间工作衔接配合的安全卫生事项、典型事故案例、劳动防护用品（用具）的性能及正确使用方法等项内容。企业新招工人按规定通过三级安全教育并经考核合格后方可上岗。

从事特种作业的人员（如电气、起重、锅炉、受压容器、焊接、车辆驾驶、爆破等特殊工种的工人）必须经过专门的安全知识与安全操作技能培训，并经过考核，取得特种作业资格，方可上岗工作。

企业采用新技术、新设备、新工艺、新材料，必须对工人进行新操作办法或新工作岗位的安全教育。

企业必须建立安全活动日和采取经常性的检查，对职工进行经常性的安全教育。企业职工调整工作岗位或离岗一年以上重新上岗，必须进行相应的车间级或班组级安全教育。

（四）安全生产检查制度

安全卫生检查一般由安全卫生监察机构派监察员随时到企、事业等单位进行检查，及时纠正、处理违反劳动安全卫生法律、法规行为。同时，企业要对内部的安全卫生进行经常性的检查。厂、车间、班组和各职能部门要经常不断地进行安全检查，发现问题及时解决。企业的上级主管部门也应组织定期检查。除此之外，专业技术人员应经常对其专业性问题进行检查，如电气安全、锅炉和压力容器、防火防爆、防暑降温等。

（五）劳动安全卫生监察制度

劳动安全卫生监察制度包括三方面内容：第一，国家安全监察制度，即国家有关机关依法监督检查企业事业单位及其主管部门执行劳动安全卫生法律、法规情况并纠正和惩处违法行为的制度；第二，专业劳动安全监察制度，即厂矿企业等单位的各级主管部门对其所属单位贯彻实施劳动安全卫生法规情况进行监督检查的制度，它属于内部监督的性质；第三，群众劳动安全监察制度，即各级工会组织对厂矿企业贯彻实施劳动安全卫生法规进行监督检查的制度，它属于社会监督的性质。

除上述外，劳动安全卫生监察制度还包括劳动保护监察员资格的认定、劳动保护监察机构的职权及对安全监察机构及监察人员执行职务的奖惩规定。

（六）伤亡事故报告和处理制度

国务院于1991年3月1日颁布了《企业职工伤亡事故报告和处理规定》，并自当年5月1日起施行。该规定适用于我国境内的一切企业，国家机关、事业单位、人民团体发生的伤亡事故参照执行。

首先，进行伤亡事故报告。发生伤亡事故时，负伤者或者事故现场有关人员应当立即直接或者逐级报告企业负责人。

之后，进行伤亡事故的调查。对于轻伤、重伤事故，由企业负责人或其指定人员组织生产、技术、安全等有关人员以及工会成员组成事故调查组，进行调查。

最后，进行伤亡事故的处理。事故调查结束后，发生事故的企业及其主管部门根据事故调查组提出的处理意见和防范措施建议，对有关责任者视不同情况做出处理。

四、劳动安全卫生标准的内容和分类

（一）内容

劳动安全卫生标准是劳动标准的重要组成部分，是为消除、限制或预防生产劳动过程中的危险和有害因素，保护劳动者在劳动过程中的安全与健康，避免事故、伤亡和设备财产损坏，防止作业场所的职业危害，保证经济社会发展而制定的技术标准。

我国劳动安全卫生标准分为国家标准、行业标准、地方标准、团体标准和企业标准五级。

根据法律规定，国家标准分为强制性标准、推荐性标准，行业标准、地方标准和团体标准是推荐性标准。保障人体健康，人身、财产安全的标准为强制性标准，其他标准是推荐性标准。劳动安全卫生标准具有下列特点：

一是劳动安全卫生标准具有刚性的法律强制性。劳动法明确规定：用人单位必须建立健全的劳动安全卫生制度，严格执行国家劳动安全卫生规程和标准。

二是劳动安全卫生标准具有较强的综合性。劳动安全卫生标准是在技术、科学、经济和管理等实践活动的基础上，按照严格的程序制定、发布。标准的内容涉及多种学科和专业领域，与所有生产过程有密切的内在联系，涉及劳动过程中的生产工艺、生产工具、生产设备、专用装置、用具，工作场所环境条件，劳动防护用品等的安全卫生要求，具有较强的综合性。

（二）分类

按照具体功能划分，劳动安全卫生标准可分为以下类别：劳动安全卫生基础标准、劳动安全卫生管理标准、劳动安全工程标准、职业卫生标准、劳动防护用品标准等。

五、劳动安全卫生防护用品管理台账

劳动安全卫生防护用品管理台账具体可分为：

(1) 劳动安全卫生防护设施和安全卫生防护器具管理台账。

(2) 一般防护用品发放台账，包括工作服、工作帽、工作鞋、防暑降温用品等的发放记录。

(3) 特殊防护用品发放台账，包括防尘、防毒、耐酸碱、耐油、绝缘、防水、防高温、防噪声、防冲击、真空作业用品等的发放记录。

(4) 防护用品购置台账。

(5) 防护用品修理、检验、检测台账。

六、工伤事故分类

工伤又称职业伤害、工作伤害，是指劳动者在从事职业活动或者与职业责任有关的活动时遭受的事故伤害和职业病伤害。

伤亡事故依不同的标准可做不同的分类：

(1) 依导致伤害原因的不同可分为因工伤亡事故和非因工伤亡事故。

(2) 依造成伤害程度和伤亡人数可分为轻伤事故、重伤事故、死亡事故、重大死亡事故、特大死亡事故。轻伤事故,是指职工负伤后休息一个工作日以上,构不成重伤的事故。重伤事故,是指经医生诊断成为伤残或者可能成为伤残的;伤势严重,需要进行较大手术才能挽救的;人体要害部位严重灼伤、烫伤或非要害部位灼伤、烫伤面积占全身面积1/3以上的;严重骨折和严重脑震荡的;眼部受伤较重有失明可能的;大拇指轧断一节,其他任何一指轧断两节或任何两指各轧断一节;脚趾轧断三只以上或局部肌腱受伤严重引起机能障碍有残废可能的;内部损伤、出血或伤及腹膜的,等等。死亡事故,是指一次死亡1~2人的事故。重大死亡事故,是指一次死亡3~9人的事故。特大死亡事故,是指一次死亡10人以上的事故。

(3)按事故类别可分为物体打击伤害事故、车辆伤害事故、机械伤害事故、起重伤害事故、触电、淹溺、灼烫、火灾、高处坠落、坍塌、冒顶、片帮、透水、放炮、火药爆炸、瓦斯爆炸、锅炉爆炸、受压容器爆炸、其他爆炸事故等。

七、工伤认定

(1)职工有下列情形之一的,应当认定为工伤:

①在工作时间和工作场所内,因工作原因受到事故伤害的。

②工作时间前后在工作场所内,从事与工作有关的预备性或者收尾性工作受到事故伤害的。

③在工作时间和工作场所内,因履行工作职责受到暴力等意外伤害的。

④患职业病的。

⑤因工外出期间,由于工作原因受到伤害或者发生事故下落不明的。

⑥在上下班途中,受到非本人主要责任的交通事故或者城市轨道交通、客运轮渡、火车事故伤害的。

⑦法律、行政法规规定应当认定为工伤的其他情形。

(2)职工有下列情形之一的,视同工伤:

①在工作时间和工作岗位,突发疾病死亡或者在48小时之内经抢救无效死亡的。

②在抢险救灾等维护国家利益、公共利益活动中受到伤害的。

③职工原在军队服役,因战、因公负伤致残,已取得革命伤残军人证,到用人单位后旧伤复发的。

职工有前款第①项、第②项情形的,按照《工伤保险条例》的有关规定享受工伤保险待遇;职工有前款第③项情形的,按照《工伤保险条例》的有关规定享受除一次性伤残补助金以外的工伤保险待遇。

(3)职工虽然受到伤害或死亡,但是有下列情形之一的,不得认定为工伤或者视同工伤:

①故意犯罪的;

②醉酒或者吸毒的;

③自残或者自杀的。

八、劳动能力鉴定

职工发生工伤,经治疗伤情相对稳定后存在残疾、影响劳动能力的,应当进行劳动能力鉴定。

劳动能力鉴定是指劳动功能障碍程度和生活自理障碍程度的等级鉴定。

劳动功能障碍分为十个伤残等级，最重的为一级，最轻的为十级。生活自理障碍分为三个等级，即生活完全不能自理、生活大部分不能自理和生活部分不能自理。劳动能力鉴定标准由国务院社会保险行政部门会同国务院卫生行政部门等部门制定。

劳动能力鉴定由用人单位、工伤职工或者其近亲属向设区的市级劳动能力鉴定委员会提出申请，并提供工伤认定决定和职工工伤医疗的有关资料。劳动能力鉴定委员会由社会保险行政部门、卫生行政部门、工会组织、经办机构代表以及用人单位代表组成。劳动能力鉴定委员会建立医疗卫生专家库。

自劳动能力鉴定结论作出之日起1年后，工伤职工或其近亲属、所在单位或经办机构认为伤残情况发生变化的，可以申请劳动能力复查鉴定。

九、工伤保险待遇

我国工伤保险待遇具体来看，包括以下几个方面。

（一）工伤医疗待遇

职工因工作遭受事故伤害或者患职业病而进行治疗，享受工伤医疗待遇。职工治疗工伤或者职业病应当在签订服务协议的医疗机构就医，情况紧急时可以先到就近的医疗机构急救。治疗工伤所需费用符合工伤保险诊疗项目目录、工伤保险药品目录、工伤保险住院服务标准的，从工伤保险基金支付。工伤职工治疗非工伤引发的疾病时，不享受工伤医疗待遇，而是按照基本医疗保险办法处理。

医疗期间的生活护理费待遇按照《工伤保险条例》的相关规定，职工因工作遭受事故伤害或者患职业病需要暂停工作接受工伤医疗的，在停工留薪期内，原工资福利待遇不变，由所在单位按月支付。生活护理费的金额需经劳动能力鉴定委员会确认。

（二）伤残抚恤待遇

按照《工伤保险条例》的相关规定，不同的伤残等级享受不同的伤残抚恤待遇。伤残抚恤待遇主要包括一次性伤残补助金和按月发放的伤残津贴，对于不同的伤残等级，一次性伤残补助金和按月发放的伤残津贴各有不同，如表6-1所示。

表6-1 伤残抚恤待遇

伤残等级	一次性伤残补助金	伤残津贴（按月支付）
一级	本人工资×27个月	本人工资×90%
二级	本人工资×25个月	本人工资×85%
三级	本人工资×23个月	本人工资×80%
四级	本人工资×21个月	本人工资×75%
五级	本人工资×18个月	本人工资×70%

续表

伤残等级	一次性伤残补助金	伤残津贴（按月支付）
六级	本人工资×16个月	本人工资×60%
七级	本人工资×13个月	
八级	本人工资×11个月	
九级	本人工资×9个月	
十级	本人工资×7个月	

另外，在劳动关系及相关待遇上，不同的伤残等级也要区别对待。

(1)职工因工致残被鉴定为一级至四级伤残程度的，保留劳动关系，退出工作岗位，并享受下述待遇：当工伤职工达到退休年龄并办理退休手续后，停发伤残津贴，按照国家有关规定享受基本养老保险待遇。基本养老保险待遇低于伤残津贴的，由工伤保险基金补足差额。

(2)职工因工致残被鉴定为五级、六级伤残程度的，经其本人提出，可以与用人单位解除或者终止劳动关系，由工伤保险基金支付一次性工伤医疗补助金，由用人单位支付一次性伤残就业补助金。

(3)职工因工致残被鉴定为七级至十级伤残的，若劳动、聘用合同期满终止，或者其本人提出解除劳动、聘用合同，则由工伤保险基金支付一次性工伤医疗补助金，由用人单位支付一次性伤残就业补助金。

（三）康复待遇

康复待遇是指工伤职工因日常生活或者就业需要，经劳动能力鉴定委员会确认，可以安装假肢、矫形器、假眼、假牙和配置轮椅等辅助器具，所需费用按照国家规定的标准从工伤保险基金中支付。

（四）死亡（失踪）待遇

职工因工死亡，其近亲属按照下列规定从工伤保险基金中领取丧葬补助金、供养亲属抚恤金和一次性工亡补助金：

(1)丧葬补助金为6个月的统筹地区上年度职工月平均工资。

(2)供养亲属抚恤金按照职工本人工资的一定比例发给由因工死亡职工生前提供主要生活来源、无劳动能力的亲属。标准为配偶每月40%，其他亲属每人每月30%，孤寡老人或者孤儿每人每月在上述标准的基础上增加10%。核定的各供养亲属的抚恤金之和不应高于因工死亡职工生前的工资。供养亲属的具体范围由国务院社会保险行政部门规定。

(3)一次性工亡补助金标准为上一年度全国城镇居民人均可支配收入的20倍。

另外，职工因工外出期间发生事故或者在抢险救灾中下落不明的，从事故发生当月起3个月内照发工资，从第4个月起停发工资，由工伤保险基金向其供养亲属按月支付供养亲属抚恤金。生活有困难的，可以预支一次性工亡补助金的50%。

十、工伤保险监督管理

（一）工伤保险基金监督

对工伤保险基金的监督分为以下几种：

1. 行政监督

行政监督是工伤保险监督机制的主导环节。行政监督包括社会保险行政部门、财政部门对工伤保险基金收支、管理的监督和社会保险行政部门对签订服务协议的医疗机构、辅助器具机构等服务机构履行服务协议情况的监督。

2. 审计监督

审计监督是工伤保险监督机制的独立环节。工伤保险基金收支、管理情况必须接受审计部门的监督检查。审计部门要定期或者不定期对基金收支、管理情况，包括基金会计凭证和账簿报表进行审计，发现问题及时处理。

3. 社会监督

社会监督是工伤保险监督机制的重要环节。《工伤保险条例》明确规定：任何组织和个人对有关工伤保险的违法行为，有权举报。社会保险行政部门对举报应当及时调查，按照规定处理，并为举报人保密。用人单位的工会组织依法维护工伤职工的合法权益，依法对本单位的工伤保险工作实行民主监督。社会保险行政部门、社会保险经办机构应当听取工伤职工、医疗机构、辅助器具配置机构以及社会各界对改进工伤保险工作的意见。

挪用工伤保险基金的情形及应承担的法律责任：《工伤保险条例》第十二条规定，工伤保险基金只能用于条例规定的工伤保险待遇、劳动能力鉴定、工伤预防的宣传、培训等费用，以及法律、法规规定的用于工伤保险的其他费用的支付。第五十六条规定：单位或者个人违反条例第十二条规定挪用工伤保险基金，构成犯罪的，应依法追究刑事责任；尚不构成犯罪的，依法给予行政处分或者纪律处分。该条规定构成犯罪的，主要涉及挪用公款罪。

（二）工伤保险费的征缴和支付情况的监督

社会保险行政部门对缴费单位向当地社会保险经办机构办理社会保险登记、变更登记、注销登记的情况，申报缴费的情况，缴纳社会保险费的情况，代扣代缴个人缴费的情况，缴费单位向职工公布本单位缴费的情况及法律法规规定的其他情况进行监督。社会保险行政部门执行监督检查时，可以到缴费单位了解其执行工伤保险法律法规的情况；要求缴费单位提供与缴纳工伤保险费有关的用人情况、工资表、财务报表等资料，询问有关人员，对缴费单位不能立即提供有关参加工伤保险情况和资料的，下达劳动保障部门监督检查询问书。可以记录、录音、录像、照相和复制缴费单位与缴纳工伤保险费有关的资料。社会保险行政部门工作人员执行监督检查公务必须依法履行职责，秉公执法，不得利用职务之便谋取私利；应当出示执行公务证件；保守在监督检查过程中知悉的缴费单位的商业秘密；为举报人保密。社会保险行政部门对于违法行为可以给予警告、罚款等行政处罚。

（三）违反《工伤保险条例》行为的责任形式

对于违反《工伤保险条例》的行为，条例主要规定了行政责任和刑事责任两种责任形式。

《工伤保险条例》规定以下行为尚不构成犯罪的，依法给予相应的行政处分和纪律处分：一是单位和个人违反条例规定挪用工伤保险基金的。二是社会保险行政部门工作人员无正当理由不受理工伤认定申请，或者弄虚作假，将不符合工伤条件的人员认定为工伤职工的；未妥善保管申请工伤认定的证据材料，致使有关证据灭失的；收受当事人财物的。三是经办机构未按规定保存用人单位缴费和职工享受工伤保险待遇情况记录的，不按规定核定工伤保险待遇的，收受当事人财物的，由社会保险行政部门责令改正，对直接负责的主管人员和其他责任人员依法给予纪律处分。条例规定的构成犯罪、应依法追究刑事责任的行为，可能涉及的罪名有滥用职权罪、玩忽职守罪、徇私舞弊罪、贪污罪、受贿罪、挪用公款罪、诈骗罪等。

练习题

一、单项选择题

1.（　　）是指国家为了保护劳动者在劳动过程中的安全，防止伤亡事故发生所采取的各种安全技术保护措施的规章制度。

A. 劳动安全技术规程　　　　　　B. 工厂安全技术规程

C. 矿山安全技术规程　　　　　　D. 建筑安装工程安全技术规程

2.（　　）是指造成10人以上30人以下死亡，或者50人以上100人以下重伤（包括急性工业中毒）或者5000万元以上1亿元以下直接经济损失的工伤事故。

A. 重大事故　　B. 较大事故　　C. 特别重大事故　　D. 一般事故

3.（　　）包括防尘、防毒、耐酸碱、耐油、绝缘、防水、防高温、防噪声、防冲击、真空作业用品等的发放记录。

A. 一般防护用品发放台账

B. 防护用品购置台账

C. 特殊防护用品发放台账

D. 劳动安全卫生防护设施和安全卫生防护器具管理台账

4. 非劳动者本人原因造成用人单位停工、停业的，在一个工资支付周期内，用人单位（　　）支付劳动者工资。

A. 无须　　　　　　　　　　　　B. 应当按照约定

C. 应当酌情　　　　　　　　　　D. 应当按照提供正常劳动

5. 职工因工致残退出生产岗位，二级伤残应按月支付伤残津贴为本人工资的（　　）。

A.75%　　　　B.80%　　　　C.85%　　　　D.95%

二、多项选择题

1. 工伤又称职业伤害、工作伤害，是指劳动者在从事职业活动或者与职业责任有关的活动时遭受的（　　）。

A. 事故伤害　　　　B. 职业病伤害　　　　C. 人身伤害　　　　D. 各种伤害

2. 伤亡事故依造成伤害程度和伤亡人数可分为(　　)。

A. 轻伤事故　　　　B. 重伤事故　　　　C. 死亡事故

D. 重大死亡事故　　E. 特大死亡事故

3. 在(　　)情况下,劳动者视同工伤。

A. 突发疾病死亡

B. 在抢险救灾中受到伤害

C. 在维护国家利益、公共利益中受到伤害

D. 突发疾病在48小时之内经抢救无效死亡

E. 已取得革命伤残军人证的劳动者到用人单位后旧伤复发

4. 工伤保险基金的监督分为以下几种(　　)。

A. 行政监督　　　　　　　　B. 审计监督

C. 社会监督　　　　　　　　D. 员工监督

5. 劳动者应当被认定为工伤的情况包括(　　)。

A. 患职业病

B. 受到机动车事故伤害

C. 外出期间受到伤害

D. 在工作时间和工作场所内,因工作原因受到事故伤害

E. 在工作时间和工作场所内,因履行工作职责受到暴力伤害

三、是非题

1. 疗工伤所需费用符合工伤保险诊疗项目目录、工伤保险药品目录、工伤保险住院服务标准的,从工伤保险基金支付。(　　)

2. 工伤医疗费用属于劳动保护费用。(　　)

3. 职工因工致残退出生产岗位,二级伤残应按月支付伤残津贴为本人工资的85%。(　　)

4. 劳动能力鉴定是指劳动功能障碍程度和生活自理障碍程度的等级鉴定。(　　)

5. 职工因工致残退出生产、工作岗位,三级伤残应支付的一次性伤残补助金为24个月的本人工资。(　　)

下篇 技能训练

第七章
人力资源规划技能

技能一　人力资源规划信息采集与处理

一、技能要求

通过学习,能够采集企业人力资源规划的信息,通过相应的方法能整理、汇总和分析企业人力资源规划数据。

二、技能训练

(一)人力资源规划信息收集的步骤

(1)确定收集信息的目的。确定人力资源信息收集是为人力资源规划服务的,人力资源规划的的需要决定了收集信息的数量、精准度以及其他相关要求。

(2)确定收集信息的对象。不同的对象收集的范围会有所不同,企业技术人员的信息资料以生产和研发部门为主要调查部门。

(3)确定信息收集的内容。人力资源信息收集的目的不同,所调查的内容也不尽相同。

(4)确定收集信息的计划。根据人力资源规划的进展,制订信息收集的实施计划。主要包括组织计划和进度计划,组织计划确保工作顺利开展,进度计划从时间上保障调查工作正常展开。

(二)人力资源规划信息收集的方法

人力资源信息收集的方法主要有普查法、重点调查法、典型调查法和抽样调查法。

(三)人力资源规划信息分析的过程

人力资源信息分析的过程一般分为五个阶段:
第一阶段为初审阶段。初审阶段主要是对信息的正确性进行核查。

第二阶段为分类汇总阶段。通过分类统计,对人力资源信息进行相关的分类、汇总和计算。

第三阶段为审核审查阶段。对已分类整理好的信息进行相关要求的审核,确保信息的真实性和有效性。

第四阶段为分析处理阶段。人力资源部门需要对信息进行分析和提炼,通过精练的文字、直观的图表,简明扼要地描述相关的信息。

第五阶段为汇总阶段。通过综合分析,通过各种技术手段,将人力资源信息进行规范化处理,以形成各种可用于进行规划的相关数据。

(四)人力资源信息分析的方法

人力资源信息的分析方法一般分为定量分析和定性分析。所谓定量分析是指通过统计分组,将大量的原始人力资源信息进行分组归类,根据数量的多少,被统计的人力资源信息的性质和特征就会显现出来。所谓定性分析主要是将人力资源信息按不同属性、不同类别进行归纳,得出相应的结论,通过分析和总结,进一步了解和把握企业整体的人力资源现状,以及未来企业发展的人力资源相关要求。

技能二　企业组织结构调查

一、技能要求

通过学习,能够运用相关调查方法进行组织结构调查,采集相关信息,绘制企业组织结构图。

二、技能训练

(一)开展企业组织结构调查

企业组织结构调查需掌握的资料包括:

(1)部门说明书,包括部门职能概述、部门工作职责、部门权限、与其他部门之间的关系、部门内部分工,以及各个岗位设置要求、岗位职务等级序列和工作岗位劳动定员标准。

(2)工作岗位说明书,包括企业各类岗位的工作名称、职能、权限、责任、薪金、级别、和其他岗位之间的关系等。

(3)组织结构图,描述企业各层次职能和业务部门分工与协作关系、管理和被管理关系、责权利关系等。

(4)业务流程图,包括业务程序、业务岗位、信息传递、岗位责任制等。

常用的调查方法有会议调查法、问卷调查法、日志调查法、个别调查法等。

（二）绘制组织结构图

(1) 具体流程：明确各级机构的职能；列出各机构管理的业务内容；将相似的工作进行分类；将已分类的工作分配给下一层次，并按业务性质划分出执行命令的实际工作部门和参谋机构。

(2) 绘制方法：其一，框图一般要画四层，从中心层计算，其上画一层，其下画两层，用框图表示。中心层框图最大，上层稍小，以下两层逐渐缩小。其二，功能、职责、权限相同的机构（岗位或职务）的框图大小应一致，并列在同一水平线上。其三，表示接受命令指挥系统的线，从上一层垂下来与下层框图中间或两端横向引出线相接。其高低位置，表示所处的级别。其四，命令指挥系统用实线，彼此有协作服务关系的用虚线。其五，具有参谋作用的机构、岗位的框图，用横线与上一层垂线相连，并画在左、右上方。

技能三 工作岗位分析

一、技能要求

通过学习，能够运用常用方法进行工作岗位分析，撰写工作岗位说明书。

二、技能训练

（一）工作岗位分析步骤

(1) 明确工作岗位分析的目的和任务。工作分析主要是为撰写工作岗位说明书做准备的，所以首先应该明确目的、分析范围和工作内容。

(2) 收集工作相关的信息资料。信息资料包括企业的组织架构、业务流程、工作内容以及匹配岗位应有的技能和素质。

(3) 工作现场的调查。了解员工使用的工具、设备、工作条件和相关职责，以及岗位所规定的各项工作任务。

(4) 信息资料的分析。由专业人士通过系统的方法对工作岗位进行全面的分析，列出适合工作岗位的各项要求和相关条件，例如，与工作相关的工作经历、性格特征或工作环境。

(5) 工作说明书的撰写。编制工作说明书，阐述工作描述和工作规范。

(6) 定期进行修改。

（二）工作岗位分析基本方法

在进行工作岗位分析时，常用的方法包括观察法、问卷调查法、访谈法、关键事件法、交叉反馈法、工作日志法等。

（三）工作说明书的编写要求

(1) 编写对象是工作岗位本身。

(2) 编写内容具体细致,能详尽准确地描述与工作有关的情况。

(3) 工作职责描述应简单明了。

(4) 工作说明书能适应企业发展需求。

技能四　劳动定额定员管理

一、技能要求

通过学习,能够换算工时定额和产量定额,核算单件工时定额,运用相应方法进行劳动定额统计分析与修订,制定修订各类工作岗位人员劳动定员。

二、技能训练

（一）换算工时定额与产量定额

工时定额和产量定额是劳动定额的两种基本表现形式,在数值上互成倒数关系。工时定额越低,产量定额越高;反之则反。

$$T=\frac{1}{Q} \text{ 或 } Q=\frac{1}{T}$$

式中:Q——代表产量定额;

T——代表工时定额。

（二）用统计分析法制定劳动定额

1. 简单平均法

以过去的定额实耗工时为基础,求得平均值,再求出平均先进的数值,在定量分析的基础上,加以定性分析,进行适当的调整。处理数据时,有三种方法:

一是先求得平均值,再将平均值与先进值相加,再除以项数而得。

二是先求得平均值,取两个最先进的数值和一个最后进的数值,与平均数相加,除以相对应的项数。

三是用实际产量和实耗工时数,求得单位产品实耗工时平均数,再求先进合理工作定额。

2. 加权平均法

在一组生产同一产品的工作中,选取少数几人,估得或测得工时定额,然后分析这几个人的代表性,即"权数",乘以定额,再加以平均,即可求得该产品的定额。

3.百分数法

从完成定额的百分数和完成人数,求得完成百分率,再从定性分析的角度,确定压缩率,求得新定额。

(三)核算单件工时定额

不同的生产类型,定额时间的构成以及单件工时定额的核算方法也不同。

(1)在大量工作条件下,工作地专业化程度高,产量大,其准备与结束时间分摊到每件产品上数值很小,单件工时定额计算公式是:

$$T_d = T_z \cdot (1 + K_{zk} + K_{gxk})$$

式中:T_d——单件工时定额;

T_z——作业时间;

K_{zk}——作业宽放时间与作业时间的百分比;

K_{gxk}——个人需要与休息宽放时间与作业时间的百分比。

(2)在成批生产条件下要耗费一次准备与结束时间,即:

$$T_d = T_z \cdot (1 + K_{zk} + K_{gxk})$$

$$T_p = T_d \cdot N_p + T_{zj}$$

式中:T_p——成批零件的工时定额;

N_p——零件加工批量(件);

T_{zj}——准备与结束时间。

进行财务核算时,还应将准备与结束时间分摊到单件工时定额中去,其公式是:

$$T_{dh} = T_d + \frac{T_{zj}}{N_p}$$

式中:T_{dh}——单件核算用工时定额。

(3)在单件生产条件下,准备与结束时间应全部计入单件工时定额中,其公式是:

$$T_d = T_z \cdot (1 + K_{zk} + K_{gxk}) + T_{zj}$$

(四)劳动定额统计分析与修订

1.产品实耗工时统计的方法

以各种原始记录为根据的产品实耗工时统计,包括生产工人工时记录单(卡)和产品工时记录单(卡)两种。可分别采用四种方法来汇总产品实耗工时。

一是按产品零件逐道工序汇总产品的实耗工时。由车间统计员定期地根据原始记录(生产工时记录单、工票等)登记台账,制表上报厂部,厂部定额统计员再根据各车间上报的报表(日报、周报、旬报或月报)或工时统计台账,按产品分车间(或工种)汇总。本办法主要适用于生产比较稳定、产品品种少、生产周期短的企业。

二是按产品投入批量统计汇总实耗工时。各车间按期、按产品批量（一般分工种汇总）分别向厂部报送实耗工时和完成定额工时，厂部凭此登记台账，而车间在填报报表时是凭原始记录直接汇总。该方法主要适用于生产周期较短、投入批量不大的企业。

三是按照重点产品、重点零部件和主要工序统计汇总实耗工时。在产品中选出重点产品，或从众多的零部件、加工工序中，选出重点零部件、关键性工序作为统计的对象，分别按照一定的顺序汇总实耗工时。这种方法适用于生产周期长、产品结构和工艺加工过程比较复杂的企业。

四是按照生产单位和生产者个人统计汇总实耗工时。按照生产单位如车间、工段、作业组（班）或生产者个人，分别统计出每月（季）的实耗工时，然后再根据原始记录按产品归类分组，最后得到产品实耗工时的资料。

为减少工作量，节约时间，具体核算时，可采用倒算的方法，求得本单位或个人加工某产品时的实耗工时。其计算公式是：

实耗工时 = 制度工时 − 缺勤工时 − 停工工时 − 非生产工时 + 停工被利用工时 + 加班加点工时

这种方法适用于生产稳定、大批量生产的企业。

以现场测定为基础的产品实耗工时统计，对生产工人加工产品的实耗工时，以及整个工作班、工作时间消耗进行直接观察，采用工作日写实、测时和瞬间观察法。

2. 劳动定额修订的步骤

一是宣传发动，了解各类人员的思想动态，拟订修订工作宣传提纲。

二是成立专班，吸收计划、财务、技术等部门人员、老员工和管理层人员参加。

三是调查摸底，分析定额完成情况和当前存在的问题。

四是确定调整幅度。通常以压缩率、计划定额完成系数来确定修改定额的控制数。

五是集体讨论，汇总上报修改意见。

六是相关部门统一审议并平衡汇总后报厂长（总经理）批准。

（五）制定修订各类工作岗位人员劳动定员

制定修订各类工作岗位人员劳动定员主要方法有：

1. 零基定员法

它是以零为起点按岗位的实际工作负荷量确定定员人数的方法。

具体步骤：一是按月核定各岗位工作量；二是核定各岗位工作量负荷系数；三是通过岗位分析和岗位评定建立各类岗位工作量负荷系数标准；四是初步核定定员人数。

在核定这些岗位的工作任务量时，应采用工时抽样、工作日写实等方法，坚持较长时期的连续观察以掌握其实际情况。在采用本法时，还应当在制定岗位业务范围和标准工作程序的基础上，提出岗位计量考核标准，实现以量（工作量）定岗、以岗定人、人尽其责、提高工效的目标。

2. 概率推断定员法

依据概率论和数理统计的方法，在掌握一定数量的统计数据资料的前提下，先核算出劳动定员定额，再运用经济评价的方法，对增加或减少人员可能带来的经济损失做出预测，从而使劳动定员定额更具合理性和可行性。

技能五　编制与审核人力资源费用预算

一、技能要求

通过学习,能够编制企业人工成本与人力资源管理费用预算,能核算企业人力资源管理费用,审核人力资源费用预算,控制人力资源费用支出。

二、技能训练

(一) 编制人工成本预算的程序

工资项目的预算程序:

(1) 从工资费用预算、结算结果的发展趋势进行预测。分析上一年度和本年度的工资费用预算、结算情况,分析其规律,预测下一年度工资费用的变化趋势。

(2) 从公司的生产经营发展趋势进行预测。分析上一年度和本年度工资费用的发展趋势和生产经营情况,预测下一年度工资费用的发展趋势和企业生产经营情况,预测下一年度的工资变化发展趋势,在以上分析的基础上,按工资总额的项目进行测算、汇总。

(3) 结合最低工资标准、消费者物价指数和工资指导线,以及企业高层领导对下一年度工资调整的意向,对比分析并调整预算方案。

(4) 对比分析以上预算方案,形成最终工资预算方案。

社会保险费与其他项目的预算程序:

首先,分析检查和对照国家相关规定,考察对涉及员工权益的项目有无增加和减少,标准有无提高或降低。

其次,掌握本地区相关部门公布的相关员工上年度工资水平的数据资料。

最后,掌握企业中上一年度工资及社会保险等方面的相关统计数据和资料。

(二) 编制人力资源管理费用预算的程序

(1) 分析人力资源管理各方面的活动及过程,确定费用项目。

(2) 根据企业实际情况,依上年度预算与结算情况提出本年度预算,实行总量控制,项目间调剂使用。

(三) 核算人力资源管理费用

(1) 分析人力资源管理费用项目,建立成本核算账目。

(2) 确定具体项目的核算方法,包括核算单位、核算形式和计算方法。

（四）审核人力资源费用预算的基本程序

审核人工成本预算的基本程序：

(1) 在审核下一年度的人工成本预算时，要检查项目是否齐全，尤其是子项目，必须保证项目齐全完整，注意国家有关政策的变化，是否涉及人员费用项目的增加或废止。特别是应当密切注意企业在调整人力资源某种政策时，可能会涉及人员费用的增减问题，在审核费用预算时应使其得到充分体现，以获得资金上的支持。

(2) 在审核费用预算时，应当关注国家有关规定和发放标准的新变化，特别是那些涉及员工利益的资金管理、社会保险等重要项目，以保证在人力资源费用预算中得以体现。

审核人力资源管理费用的预算程序和以上相同。

（五）控制人力资源费用支出的程序

(1) 制定控制标准。制定符合规定和切合企业实际的人工成本和管理费用标准，并论证科学性、合理性。

(2) 人力资源费用支出的实施。将控制标准落实到各个项目，在发生实际费用时查看是否在既定的标准内完成目标。

(3) 差异的处理。分析差异原因，找出出现差异的项目，调整并消除差异。

第八章
招聘与配置技能

技能一　选择人员招募方法

一、技能要求

通过学习,了解招聘渠道的选择方法与步骤,可以选择并使用内部招聘与外部招聘。

二、技能训练

(一)内部招募的主要方法

1.推荐法

推荐法可用于内部招聘,也可用于外部招聘。它是由本企业员工根据企业的需要推荐其熟悉的合适人员,供用人部门和人力资源部门进行选择和考核。在企业内部最常见的推荐法是主管推荐。

2.布告法

一般来说,布告法经常用于非管理层人员的招聘,特别适合于普通职员的招聘。布告法的优点在于让企业更为广泛的人员了解到此类信息,为企业员工职业生涯的发展提供了更多的机会,可以使员工脱离原本不满意的工作环境,也促使主管更加有效地管理员工,以防本部门员工的流失。它的缺点在于这种方法花费的时间较长,可能导致岗位较长时期的空缺,影响企业的正常运营。员工也可能由于盲目地变换工作而丧失原有的工作机会。

3.档案法

值得注意的是,我们强调的"档案",应该是建立在新的人力资源管理思想指导下的人员信息系统,该档案中应该对每一位员工的特长、工作方式、职业生涯规划有所记录。在现代档案管理基础上,利用这些信息帮助人力资源管理部门获得有关岗位应聘者的情况,发现那些具备了相应资格但由于种种原因没有申请的合格应聘者,通过企业内的人员信息查找,在企业与员工达成一致意见的前提下,选择合适的员工来担任空缺或新增的岗位。

(二)外部招募的方法

1.广告招募

有人力资源需求的单位,在报纸、杂志、电台、电视上刊登广告,或用张贴街头告示的办法,就可以使大量求职者了解其职位空缺的信息,从而得到大量的人力资源外部供给信息反馈。

2.就业服务机构

企业委托就业服务机构招募员工具有介绍速度较快、费用较低的优势。这种方法一般只适用于招募初中级人才或急需的员工。

3.校园招募

通过校园招聘,用人单位往往能够达到进行公共关系宣传和扩大自身影响的良好效果,能达到"百里挑一"地精选外聘人员的作用,还能对未来员工进行企业文化的渗透,从多方面产生人力资源管理的功效。

4.猎头公司

猎头公司作为高级人才招聘公司的俗称,是指专门替用人单位搜寻和推荐高层管理人才和专业人才的公司。这种招募方法针对性强,成功率较高,往往比企业自己招聘的质量好,且招聘过程较隐秘、不事声张,聘用的人能马上上岗,有时能因此而战胜竞争对手。但是,这种方法招聘过程较长,各方需反复接洽谈判;招聘费用昂贵,一般须按年薪的一定比例支付猎头费用,且策划难度较高,有时会影响内部员工的工作积极性。

5.人才招聘会

企业参加定期或不定期举办的人才交流会、人才市场,可以在招聘会现场与求职者直接接触,可信程度较高,现场就可确定初选意向,费用较低。但招聘会上往往应聘者众多,洽谈环境差,挑选面受限制。这种方法只适用于招聘初中级人才或急需的人员。

6.网络招聘

网络招聘是近年来随着计算机通信技术的发展和劳动力市场发展的需要而产生的招聘、求职方式。由于这种方法信息传播范围广、速度快、成本低,供需双方选择余地大,且不受时间、地域的限制,因而被广泛采用。

技能二 甄选应聘人员

一、技能要求

通过学习,掌握如何进行笔试、筛选简历和申请表,筛选应聘人员。

二、技能训练

（一）笔试

1. 笔试的准备

(1) 有容纳两倍于参加笔试人数的考试场地。

(2) 准备比参与人数多20%的试卷。

(3) 准备足够的稿纸、计算器、签字笔。

(4) 准备临时存放电子设备的容器。

(5) 准备影片播放器与公司宣传片、考试视频等。

2. 笔试的过程

(1) 正式开始前的等待时间，播放企业宣传片。

(2) 正式开始前5分钟，关掉宣传片，人力资源部宣读考试规则，求职者将电子设备主动放入存放区。

(3) 待求职者全部坐定后，人力资源部助理开始发放试卷与书写、计算工具，以及稿纸。

(4) 就试题与作答规则，给求职者3~5分钟提问的时间，人力资源部现场作答。

(5) 考试过程中，人力资源部助理负责各种突发事件的处理。迟到15分钟以内者，启用备用考场。迟到15分钟以上者，取消考试资格。

(6) 有播放视频的考题，人力资源部助理提前提醒求职者，然后播放视频。

(7) 到结束的时间时，人力资源部助理提醒停笔，告知后续安排，包括通知时间以及后续考核方式。

(8) 求职者取回存放的电子设备，人力资源部助理在笔试间门口送求职者离开。

3. 笔试结束后的评卷与筛选流程

(1) 人力资源部助理将试卷密封存放，移交给招聘负责人。

(2) 招聘负责人安排集中阅卷的时间。

(3) 出题者、职位上级、人力资源部招聘专家在固定的时间、固定的地点集中阅卷。

(4) 出题者批改客观题，职位上级复核客观题评卷，并对主观题做出分析，人力资源部招聘专家对主观题做出分析，人力资源部助理按总分进行排序，单独存放主观题评判意见不一致的资料。

(5) 评估者对评估意见不一致的资料进行讨论，最后达成评估共识。

(6) 对得分异常者(客观题与主观题的得分高低差异较大者)进行讨论，判断是否给予其其他方式评估的机会。

(7) 对主、客观题得分都接近的求职者，策划补充评估方式。

(8) 对所有评估结果、评估补充等意见达成共识。

（二）筛选简历

(1) 许多雇主对求职者的第一印象来自其递交的简历。因此，审查简历应该认真考虑下列可能的"简历欺骗"指标：夸大的教育证件(学习成绩、学历、学位)；遗漏、不一致的就业期间，或窜改的就业日期；列出的时间存在中断(求职者在哪里)；夸大的技能和经历；自称自我雇佣；自称做过咨询员;自称曾经在一家现已停业的公司工作;工作历史有倒退迹象(如职责或薪酬等级下滑);使用限定词,如"参与""帮助""上大学";使用模糊回答,如列出过去雇主所在的城市,而不是公司完整的地址。

(2)筛选简历的方法。

①人工筛选法。人工筛选简历是招聘工作人员的重要工作之一,也是进行招聘活动的重要前提。人工筛选法仍是目前大多数企业采取的主要筛选方法。

一是看简历外观。看简历是否清晰、排版是否美观、语言是否简明。

二是匹配硬件指标。针对岗位设定必备的硬件指标,并以此作为筛选简历的硬性标准。

三是寻找关键字。抓住简历中的关键字,尤其是与岗位内容相关的工作业绩、工作结果等信息。

四是看起止时间。注意简历中各项经历的起止时间有无重叠、空白或矛盾之处,从而辨别信息真伪。

五是看岗位匹配度。关注简历中展现的应聘者的综合素质和能力,辨别其与岗位的匹配度。

②机器筛选法。这种操作方式通过某种软件或网站操作后台预先设置简历过滤系统,通过设定相应的硬件标准,如重要的个人信息(如性别、年龄等)、学历、工作经验、证书等为接收简历的先决条件,事先将明显不符合公司用人要求的简历剔除出去,大大减少了招聘人员的工作量。

(三)筛选申请表的方法

对申请表的初审及评价是招聘录用系统的重要组成部分。初审的目的是迅速地从应聘者信息库中排除明显不合格者,以挑选出符合招聘条件、有希望被聘用的应聘者。

(1)判断应聘者的态度。在筛选申请表时,首先要筛选出那些填写不完整和字迹难以辨认的材料。为不认真的应聘者安排面试纯粹是在浪费时间,可以将其淘汰掉。

(2)关注与职业相关的问题。在审查申请表时,要评估个人材料的可信度,要注意应聘者以往经历中所任职务、技能、知识与应聘岗位之间的联系,以及不同信息是否有矛盾之处。在筛选时要注意分析其离职的原因、求职的动机,对那些频繁离职的人员要加以关注。

(3)将可疑之处作为面试的重点提问内容。不论是简历还是申请表,很多材料都会或多或少地存在虚假的内容。在筛选材料时,应该用铅笔标明这些疑点,在面试时作为一项重点考察的内容加以询问。为了提高应聘材料的可信度,必要时应检验应聘者的各类证明身份及能力的证件。认真审阅申请表,将那些明显不适合这个岗位的人挑出来。

技能三 组织人员面试

一、技能要求

通过学习,掌握面试的实施阶段、具体实施步骤及面试场地的准备,能组织应聘人员面试。

二、技能训练

(一)面试的实施阶段

一般来说,面试实施主要包括以下阶段:

1. 建立关系阶段

在面试正式开始前,首先要感谢求职者应聘及前来面试,同时可与应聘者谈论一些与工作无关的话题,如天气、交通等,营造出一种轻松、自然的氛围,减少应聘者的紧张感。在这个阶段,面试官还可以向应聘者介绍一下公司的基本情况和招聘岗位的情况,如公司规模、公司的业务范围、公司的经营目标、岗位职责和内容、工作条件等,使应聘者对应聘单位及应聘岗位有一个深入的了解。这个阶段占整个面试的2%左右。

2. 导入阶段

面试开始时,面试官需要对应聘者的基本情况进行大致了解,围绕应聘者的简历进行提问,如"请你介绍一下你的工作经历""请你介绍一下你在管理方面的主要工作经验"等。这样设计的目的是减轻应聘者的紧张感。在这一阶段,面试官一般提问一些应聘者有所准备的、比较熟悉的题目。此外,在这一阶段,面试官还要核实和验证应聘者在简历或申请表中提供的信息以及对简历或申请表中一些含糊不清和遗漏的信息进行澄清、补充。这个阶段一般占整个面试的8%左右。

3. 核心阶段

这个阶段主要是对应聘者的素质、能力进行评估和预测,问题也是围绕岗位的任职要求提出的,以此判断应聘者是否符合特定岗位的要求。一般来说,这个阶段占整个面试的80%左右,而且60%以上的问题都是针对岗位胜任特征来设计的。所提的问题主要是一些行为化或情景化的问题。例如,请你介绍一个由你策划的成功的营销案例,在这个项目中,你具体承担了哪些工作?采取了什么措施?结果怎样?应聘者也有可能不愿意将自己的真实情况完全呈现,因此面试官要通过精心设计的问题和提问技巧,去了解应聘者能力、素质的真实情况。这一阶段不仅是对应聘者的考验,也是对面试官的挑战。

4. 确认阶段

这一阶段主要是面试官对核心阶段所获得的信息进行进一步确认,以便更全面、客观地考察应聘者的素质水平。在这个阶段,通常采用开放式提问方式,如"你刚才提到工作中经常做一些协调性工作,你能举例说明你做过哪些协调性工作吗?""刚才我们讨论了具体的案例,你能概括一下安排新员工培训工作的程序吗?"这个阶段在整个面试中占5%左右。

5. 结束阶段

所有的信息了解后,就进入到了面试的最后一个阶段。在结束阶段,面试官检查是否遗漏了某个方面的能力特点,可以加以追问。在这个阶段也可以给应聘者一个提问的机会,问他有什么想了解的问题。值得注意的是,不管录用与否,都应该诚实礼貌地结束面试并告知应聘者不久将会得到面试结果的信息反馈,不要在面试后立刻给予应聘者答复。这个阶段在整个面试中一般占5%左右。

(二)面试的具体操作实施步骤

(1)对进入面试的应聘者讲解本次面试的整体计划安排、注意事项、考场纪律。

(2) 以抽签的方式确定应聘者的面试顺序,并依次登记考号、姓名。面试顺序往往由应聘者本人在面试开始前抽签决定,以确保面试的公正性和公平性。

(3) 面试开始,工作人员带领考生依次进入考场,并通知下一位应聘者做准备。

(4) 每次面试1人,面试的程序为:首先由主面试官宣读面试指导语,然后由主面试官或其他面试官按事先的分工依据面试题本请应聘者按要求回答有关问题。各位面试官独立在评分表上按不同的要素给应聘者打分。

(5) 向每个应聘者提出的问题一般以6至7个为宜,每个应聘者的面试时间通常控制在30分钟左右。

(6) 面试结束,主面试官宣布应聘者退席。工作人员负责收集每位面试官手中的面试评分表并交给记分员,记分员在监督员的监督下统计面试成绩,并填入应聘者结构化面试成绩汇总表。

(7) 记分员、监督员、主面试官依次在应聘者结构化面试成绩汇总表上签字,结构化面试结束。

面试评分表如表8-1所示。

表8-1 面试评分表

序号		姓名		性别	
毕业学校		专业		学历	
应聘岗位				应聘时间	
考评项目	权重	考核内容	分值	考核得分	
仪容仪表	10%	穿着打扮	5		
		气质	5		
知识技能与工作经验	40%	专业知识	10		
		专业技能	10		
		相关知识	10		
		实际工作经验	10		
个人能力	40%	语言表达能力	10		
		解决问题能力	10		
		应变能力	10		
		创新能力	10		
工作态度	10%	工作主动性	5		
		工作责任感	5		
合计	100%		100		
面试评价	考核得分	90~100分____ 80~89分____ 70~79分____ 60~69分____ 60分以下____			
录用决定		予以录用____ 有待进一步考核____ 不予考虑____			

（三）面试场地的准备

面试场地的选择和设计也是面试前的一项重要工作。一般来说，面试场地的选择要注意以下三点：

(1) 面试地点所在环境必须无干扰、安静。
(2) 场地面积应适中，一般以 30～40 平方米为宜。
(3) 温度、采光要适宜。

技能四　评估人员招聘工作

一、技能要求

通过学习，了解招聘成本以及招聘成本效益评估，掌握各种招聘评估指标的统计分析方法。

二、技能训练

招聘成本效益评估是鉴定招聘效率的重要指标，是对招聘中的费用进行调查、核实，并对照预算进行评价的过程，通过成本与效益核算能够使招聘人员清楚地知道费用的支出情况，区分哪些是应支出项目，哪些是不应支出项目。

（一）招聘成本

(1) 招募成本，其计算公式为：

$$招募成本 = 直接劳务费 + 直接业务费 + 间接管理费 + 预付费用$$

(2) 选拔成本，计算公式为：

$$选拔成本 = 面谈费用 + 测试费用 + 集体评核费用$$

(3) 录用成本，计算公式为：

$$录用成本 = 录取手续费 + 调动补偿费 + 搬迁费 + 旅途补助费$$

(4) 安置成本，计算公式为：

$$安置成本 = 各种行政管理费用 + 必要装备费 + 安置人员时间损失成本$$

（二）招聘成本效益评估

具体计算方法是：

$$总成本效用 = 录用人数 / 招聘总成本$$

$$招聘成本效用 = 应聘人数 / 招聘期间费用$$

$$选拔成本效用 = 被选中人数 / 选拔期间费用$$

人员录用效用 = 正式录用人数 / 录用期间费用

招聘收益成本比 = 所有新员工为组织创造的总价值 / 招聘总成本

（三）人员录用数量评估

人员录用数量评估主要从录用比、招聘完成比和应聘比三个方面进行。

录用比 = （录用人数 / 应聘人数）× 100%

招聘完成比 = （录用人数 / 计划招聘人数）× 100%

当招聘完成比大于等于100%时，则说明在数量上完成或超额完成了招聘任务。

应聘比 = （应聘人数 / 计划招聘人数）× 100%

应聘比说明招募的效果，该比例越大，则招聘信息发布的效果越好。

为了提高对人员录用的质量的评价，可以采用以下统计指标。

录用合格比 = （已录用胜任岗位人数 / 实际录用总人数）× 100%

该指标大小反映了人员招聘有效性以及准确性。

录用基础比 = （原有人员胜任岗位人数 / 原有人员总数）× 100%

（四）招聘活动过程评估

企业人员招聘的过程主要由招募、甄选、录用三个基本环节组成。

1.招募环节评估

招募环节评估是对招聘广告、招聘申请表、招聘渠道的吸引力的评估。

(1)绝对指标：招募渠道的吸引力。

网上招聘的效果就是点击该招聘网页的数量、其中请求应聘人员的数量、符合职位要求的应聘者的数量。报纸杂志的效果就是所收有效简历的数量、有效电话咨询的数量等。

(2)相对指标：招募渠道的有效性。

招募渠道收益成本比 = 某招募渠道吸引的人数 / 为其付出的总费用 × 100%

2.甄选环节评估

甄选环节评估是对甄选方法的质量评估。企业最常用的甄选方法有面试、无领导小组讨论等，对这些甄选方法有效性的评估，可以通过计算甄选方法的信度和效度指标来进行。

3.录用环节评估

(1)录用人员的质量：对能力、潜力、素质等进行的各种测试与考核的延续；根据招聘的要求或工作分析中得出的结论，对录用人员进行等级排列来确定其质量。

(2)职位填补的及时性：招聘部门的反应是否迅速，能否在接到用人要求后短时间内找到符合要求的候选人。

(3)用人单位或部门对招聘工作的满意度：包括对新录用员工的数量、质量是否满意；对招聘过程是否满意，是否按照用人单位或部门的要求招募到合适的人选；是否及时和用人单位或部门密切联系，共同招募和筛选候选人。

第九章
培训项目设计与实施技能

技能一　培训需求分析

一、技能要求

通过学习,掌握培训需求调查分析的具体流程,能按程序开展员工培训调查,分析员工培训需求。

二、技能训练

(一) 培训需求调查分析前期准备

培训需求调查分析前期准备工作主要是:通过收集资料、分析资料了解企业的现状和明确企业战略定位;收集员工基本情况,建立资料库;确保企业上下层级之间信息沟通和交流顺畅。

(1) 收集企业的信息,主要是两方面的工作:首先,了解企业目前处于发展的哪一时期,企业目前的经营状况如何,在人员方面主要需要什么类型的人才,也可以了解企业是否出现人员流失、工作事故等情况,员工的绩效表现如何,是否出现绩效下降等状况;其次,明确企业的战略目标、未来的定位和企业发展方向,从而分析企业发展对员工的要求,从企业的发展推出企业对员工培训工作的需求。

(2) 收集员工基本情况,建立资料库。培训部门要分部门分岗位收集每一位员工的基本情况,包括员工的岗位技能掌握情况、学历情况和进修情况、员工的素质、员工从入职以来接受培训的情况、员工岗位变动情况。另外,培训部门还可以通过访谈等方式了解员工的职业规划、职业定位等,从各方面充分了解员工的基本情况,进而为员工建立培训档案,为培训需求分析做好充分准备。

(3) 畅通信息渠道,确保企业上下层级之间信息沟通和交流顺畅。一方面,企业必须从机制上保证培训部门和各个部门之间的往来畅通无阻,包括信息的交流、培训部门展开调查时各部门之间的配合和协作。另一方面，培训部门必须主动与各部门主管保持良好的合作关系，才能够了解企业生产经营活动、部门人员配置，使培训活动更能满足部门、员工的发展需要。

（二）员工培训需求调查，整理分析，形成分析报告

(1)征求企业、部门、个人培训需求和愿望。培训部门向企业领导层征求培训意见，然后向各个部门发出培训部门初拟的行动计划，并请各部门结合岗位提出意见，表达各个岗位培训的需求。

(2)调查员工的培训需求。培训人员通过问卷调查、访谈、工作分析等各种方法，找出企业、部门、个人的理想需求和现实需求之间的差距，收集各个部门、各个岗位、员工的各个方面的需求信息。

首先分析组织需求，可以从组织目标角度分析目前员工的知识和能力能否满足需求，从组织资源、人员变动情况、组织结构分析组织内部环境，同时分析组织外部环境的变迁，结合组织内外部环境变化发展需要，分析员工需要掌握哪些新的技能、知识、素质。

其次从岗位的角度分析，主要通过分析岗位需完成的任务和需达到的标准，从任务导向出发，分析员工现有行为、知识、技能、态度是否达标，是否需要进一步改善。

最后从员工个人发展分析，分析员工现在所取得的业绩是否已经达到员工个人的最大效用，现有的岗位是否与员工个人的职业生涯发展规划相符合，个人的职业道路发展方向与企业的组织战略发展方向是否契合，如果需要调整就需要接受培训。

(3)培训部门根据调查结果审核、汇总各个岗位员工的培训需求意愿。

(4)归类与整理员工培训需求。

①将收集来的员工培训需求信息和数据在最短的时间内进行初步归类、整理。培训部门根据收集到的一手调查结果，结合部门提出的意见，进一步把握企业的整体发展方向，结合企业发展、岗位需求、个人发展的重要程度和迫切程度重新排列员工的培训需求，整理出各个等级、各个岗位的员工培训需求清单。

②对员工培训需求信息进一步分析，并统计和小结。结合收集的员工培训需求信息和各种调查数据，按照某种归类方式将不同的员工的培训需求进行归类，归类可以根据员工所在的部门、员工的岗位类别、员工的岗位序列或薪酬等级、职称等级等任何一种分类方法进行。通过分类后，整理出需要接受培训的员工的名单，以及需要哪些方面的培训。

(5)撰写员工培训需求调查报告。

对所有收集到的信息进行系统的归类、分析、整理和小结后，就要根据分析的结果撰写员工培训需求调查报告。撰写培训需求调查报告不仅仅是根据调查和收集的信息进行现状的描述，最关键的部分是要基于调查的数据和信息，找到员工需要接受培训的原因，分析员工接受培训要达到的目标，员工需要接受的培训方向，需要什么程度的培训，现有的培训系统是否能满足员工的培训需求，是否需要组织、部门、个人提供哪些方面的资源或其他支持，在此基础上，针对不同性质和层次的员工和管理者制定出科学、有针对性的培训对策。培训需求调查报告经过管理层和培训对象的反复确认后将成为员工培训计划项目。

技能二 培训项目设计

一、技能要求

通过学习,能按照培训项目设计各步骤的主要内容和具体要求,完成员工培训项目设计。

二、技能训练

培训项目设计的主要步骤:

1.明确员工培训目的

企业开展员工培训以实现企业战略与经营目标为目的,分析企业在一定时期内的培训需求,并不断根据企业生产经营的变化调整培训计划,以服务于企业发展的需要。

2.培训需求分析

做好培训需求调查与分析,从组织层面、工作层面、个人层面进行综合,形成培训需求调查报告,依此提出有针对性的解决问题的培训方案。

3.界定培训目标

具体要求:一是培训的目标应解决员工培训要达到什么样标准的问题,即员工通过培训后了解什么、能够干什么、有哪些改变等。二是培训目标应具体化、数量化、指标化和标准化。在设定培训的目标时,要用最清晰的、标准的、有指导性的语句。对合格、熟练、优秀一类的词语必须加以量化。三是培训的目标要能有效地指导培训者和受训者。

4.制订培训项目计划和培训方案

培训项目计划来源于培训需求,一个培训项目通常只能承担某一特定的培训需求。培训项目目标应明确受训者在接受培训后应掌握的知识、技能和组织所期望的业绩。培训方案是对某一个或少数几个培训需求要点的操作性细化方案。

制订培训计划和培训方案包括:明确方案涉及的培训项目;评估现有的培训资源,包括人员、资金、师资等;确定培训重点项目,确定培训工作重点;确定培训所需的课程开发、师资培养等,确定培训计划和预算。

培训方案的基本内容为:

(1)培训目的:说明员工为什么要进行培训。

(2)培训目标:员工通过培训应达到什么样的标准(将培训目的具体化、数量化、指标化和标准化)。

(3)受训人员和内容:明确培训谁、培训什么。

(4)培训范围:包括四个培训层次,即个人、基层、部门、企业。

(5)培训规模:培训规模受人数、场地、培训性质、工具及费用等的影响。

(6)培训时间:时间安排受培训范围、对象、内容、方式、费用及其他与培训有关的因素影响。

(7)培训地点:学员接受培训的所在地区和培训场所。

(8)培训费用:即培训成本,指企业在员工培训过程中所发生的一切费用,包括直接培训成本(在组织实施过程中培训者与受训人员的一切费用总和)和间接培训成本(在组织实施过程之外企业所支付的一切费用总和)。

(9)培训方法:包括讲授法、视听技术法、讨论法、案例研究、角色扮演、网络培训、自学等方法。

(10)培训师:应根据培训目的和要求,充分、全面地考虑培训师的选拔和任用问题。还应注意培训学习的顺序。在每项工作中都有很多的技能需要学习,如何去确定科学的学习次序则显得愈加重要。通常排序依赖于对需求分析、任务说明的结果的检查和分析。这些结果能够显示出培训项目各任务之间在层次和程序上的联系。这些都是培训排序的基本依据。基于这些联系,再考虑其他一些因素(如费用、后勤等),排序就能完成。

5.培训项目计划和方案的沟通和确认

培训计划、方案要获得与培训相关的部门、管理者和员工的支持,以便落实培训计划。

技能三 设计培训课程

一、技能要求

通过学习,了解培训课程设计的主要流程,熟悉对培训课程目标和培训环境的分析,完成课程设计的基础性工作。

二、技能训练

(一)课程目标分析

(1)受训人员分析,是指通过采访受训人员、现场观察等方法来了解培训前受训人员的知识、技能和能力水平的过程,分析结果汇总在受训人员分析报告内。

(2)任务分析,是指分析受训人员所在岗位或目标岗位对就职人员的知识、技能和能力水平的要求的过程,分析结果汇总在任务分析报告中。

(3)课程目标分析,课程目标是指在培训课程结束后,希望受训人员通过课程学习能达到的知识、技能和能力水平。其具体分析步骤如下:①培训目标的确定;②对培训目标进行划分,区分主要目标和次要目标,区别对待两者;③对培训目标的各分目标进行可行性分析,根据企业培训资源状况,对那些不可行的目标做适当的调整,确立课程的目标;④对课程目标进行层次分析,即明确各个课程目标的内在联系,安排其实施次序。

(二) 培训环境分析

培训环境分析是指对开展培训的环境进行分析。它影响课程内容的设计和教学方法的选择。培训环境分析具体包括以下几点。

(1) 实际环境分析。实际环境包括培训的地点和培训设施,如教室、休息室、电视、空调、洗手间、餐饮设施及娱乐服务等。

(2) 限制条件分析。主要分析课程进度安排、教学设施、成本、器材等的局限性,以确保培训所必需的资源随时可支配使用。

(3) 引进与整合。主要说明将课程引进并整合到现有培训课程中的步骤和方法。

(4) 器材与媒体的可用性。主要说明课程开发与交付所必需的器材和媒体。

(5) 先决条件。说明受训人员在授课前所必备的许可证、资格证书、结业课程或经验等,其中包括审查先决条件的方法及不满足先决条件会产生的后果等。

(三) 构建培训课程框架

起草培训课程的提纲,形成培训课程的框架,然后按照这个框架,把每个部分、每个小节的要点一一列出来,逐级逐层组成培训课程的目录体系。应对课程的实施有所安排,包括授课模式和策略、教学组织、课程内容的选择。

(四) 充实培训课程内容

课程内容可包括理论知识、相关案例、测试题、游戏和课外阅读资料。不要求培训课程内容面面俱到,但是务必重点突出。可辅以必要的表格、流程、图形、模型等简便工具,让受训员工系统化地进行学习和领会。

(五) 形成培训课程教材

正式的培训课程教材包括序言、主体部分和总结。序言就是开场,目的在于充分调动受训员工的学习兴趣和参与热情,同时简单概括培训课程的设计目的和培训要求。总结部分则对整个课程的内容进行总结,帮助学员更全面地回顾和复习培训课程。主体部分一是要把有关知识分门别类、系统化、成体系地介绍清楚,二是要有助于受训员工将学习成果转化为改进工作的能力。

技能四 培训方法选择

一、技能要求

通过学习,能够针对不同培训目标、培训内容选择并应用不同的培训方法。

二、技能训练

（一）培训方法的适用性分析

(1) 根据培训目标选择培训方法，如表 9-1 所示。

表 9-1 培训目标与培训方法的对应关系

培训目标	培训方法	原因
更新知识	课堂讲授法 视听法 网络培训法 自我培训	知识性培训涵盖内容较多，且理论性强，讲授培训法能体现其逻辑关联性，对于一些概念性内容、专业术语性内容，需要通过培训师的讲授以便于受训者理解；视听法能够增加直观的感受，便于深刻理解；网络培训法和自我培训则可以作为补充
培养能力	角色扮演法 案例分析法 研讨法 模拟训练法 虚拟仿真法	技能培训要求员工掌握实际操作能力，如销售技能、生产技能等，受训者经过角色扮演、模拟训练和虚拟仿真法的反复练习，能将技能运用自如；以培养企业中级以上经营管理人员的经营决策能力为培训目标时，则应选择案例分析法、研讨法或头脑风暴法，来开阔思维，增强解决实际问题的能力
改变态度	角色扮演法 管理游戏法	态度培训如采用课堂讲授会使受训者感到空洞，角色扮演能体现员工的态度；采用游戏式培训可以使受训者通过共同参与游戏活动，在轻松愉快的游戏中得到启发

(2) 根据不同的培训课程内容选择培训方法，如表 9-2 所示。

表 9-2 不同的培训课程内容下培训方法的选择

序号	培训课程内容	适合的培训方法
1	领导艺术	研讨法、案例分析法、头脑风暴、专题讲座法等
2	战略决策	案例分析法、研讨法、课堂讲授法等
3	企业管理	讲授法、专题讲座法、案例分析法、研讨法等
4	产品知识	讲授法、专题讲座法、研讨法、演示法、自我培训等
5	营销知识	讲授法、专题讲座法、研讨法、自我培训等
6	财会知识	讲授法、专题讲座法、模拟训练法、自我培训等
7	生产管理	讲授法、专题讲座法、网络培训法、案例分析法等
8	资本运作	讲授法、专题讲座法、案例分析法等
9	礼节礼貌	讲授法、角色扮演法等
10	品牌管理	讲授法、专题讲座法、案例分析法等
11	管理技能	角色扮演法、管理游戏法、自我培训等
12	销售技能	角色扮演法、头脑风暴、虚拟仿真法等
13	服务技能	角色扮演法、视听法等
14	人际沟通技能	角色扮演法、管理游戏法、虚拟仿真法等
15	创新技能	头脑风暴等
16	商务谈判技能	角色扮演法、研讨法等
17	团队精神	管理游戏法、拓展训练等
18	服务心态	管理游戏法、拓展训练等

(3) 根据受训者成熟度选择培训方法，如表 9-3 所示。

表 9-3 根据受训者成熟度选择培训方法

成熟度区间	受训者行为特点	宜采用的培训方法
双高区间	自信心强、自主和自控能力较强,比较喜欢宽松的管理方式和更多的自由发挥空间	研讨法、案例分析法、网络培训法和自学等
双低区间	缺乏能力又不愿意承担责任,需要得到具体且明确的教导和指导	讲授法、专题讲座法、在职培训等
高低区间	有学习能力但缺乏学习意愿,应加强沟通,调动其学习的积极性	案例分析法、角色扮演法和管理游戏法等
低高区间	缺乏学习能力,应提供支持和帮助,一方面选择合适的培训方法,另一方面帮助其掌握学习方法	讲授法、角色扮演法、工作指导法、师徒制等

(4)根据受训者职位层次选择培训方法,如表 9-4 所示。

表 9-4 根据受训者职位层次选择培训方法

职位层次	工作性质	宜采用的培训方法
基层人员	负责一线具体操作,其工作性质要求其接受的培训内容具体且实用性强	角色扮演法、工作指导法、师徒制、工作轮换、管理游戏法、模拟训练法等
基层管理者	在一线负责管理工作,其工作性质要求其接受如何与一线工作人员和上层管理者进行有效沟通的培训	讲授法、专题讲座法、案例分析法等
高层管理者	负责组织的计划、控制、决策和领导工作,其工作性质要求其接受新观念和新理念、制定战略和应对环境变化等的培训	讲授法、专题讲座法、研讨法,以及激发创新思维的拓展训练法等

(二)培训方法选择

培训方法选择应考虑以下几点要求。

(1)保证培训方法的选择要有针对性,即针对具体的工作任务来选择。

(2)保证培训方法与培训目的、课程目标相适应。

(3)保证选用的培训方法与受训者群体特征相适应。分析受训者群体特征可使用以下参数。

①学员构成。在目标参数条件既定的情况下,学员构成这一参数通过学员的职务特征、技术心理成熟度和学员个性特征三个方面来影响培训方式的选择。

②工作可离度。如果学员工作可离度低,进行集中培训会影响其业务的开展,宜选用不脱产的培训方式。当学员工作可离度高时,企业可以根据其他条件对培训方式进行选择。

③工作压力。当企业中员工的工作压力很大,内外部竞争激烈时,即使企业不组织集中正式培训,员工也会为了提高自己的竞争实力而去自学,此时适合采用控制力较弱的学习方式。当企业中员工的工作压力较小时,由于其控制力弱,员工的学习惰性往往会导致培训的失败,因而,此时适合正式的培训,如目前企业在制度中对员工的职业资格、素质标准做出硬性规定,通过对员工施加制度压力的方式来促进企业内学习风气的养成。

(4)培训方式方法要与企业的培训文化相适应。

(5)培训方法的选择还取决于培训的资源与可能性(设备、费用、场地、时间等)。

技能五　培训实施与保障

一、技能要求

通过学习,掌握培训实施各阶段的工作要求,能完成员工培训的前期工作、培训实施期间的组织保障和服务工作。

二、技能训练

(一)培训前期阶段工作要求

(1)检查培训后勤保障:内训,应提前3天再次与部门领导、讲师确认培训场地(大小、通风、安全、空调等)符合要求,且不与其他培训冲突;核实桌椅、黑板或投影仪、话筒音响;落实主席台或主讲台、横幅、桌签的摆放。外训,应再次确认培训时间及场地要求,提前一天实地考察和试用设备,以确保场地符合培训要求。

(2)联络培训讲师并浏览课件:与培训讲师确定具体时间、教学地点;听取讲师对场地、设备等的要求并适时调整;审查课件大纲、PPT等教学内容;传达企业和受训者对培训课程的期望和建议。

(3)确认并通知受训人员:核实参训人员;提前1天以上公告经审核批准的培训通知(包括内容:培训时间、地点、内容、讲师、培训纪律和要求、应带工具或资料、培训考核等)。

(4)备齐培训所需资料:购买教材;印制培训资料;准备活动器材;培训指南、课程表或日程安排;签到表;考勤表;学员评价表;培训须知等。

(5)落实培训期间的交通食宿:外训讲师的车辆接送和食宿安排;内训讲师、受训者的食宿和交通安排。

(6)培训费用预算:包括场地租用费、交通费、讲师课时费、资料费、伙食费、住宿费及其他费用。

(二)培训开始阶段工作要求

培训开始时,培训管理者应在引导培训讲师进场地,准备茶水,安排受训人员签到,发放培训资料后,按以下流程开展工作。

一是培训主题及课程介绍。由培训主持人对培训主题进行介绍(一般包括本次培训的意义、缘由、本次培训目标和对受训人员的期望),对课程的设计、主要内容和重要性进行介绍。

二是日程安排介绍。主持人对培训整个日程做出介绍,对培训涉及的问题做出说明。

三是培训讲师介绍。主要介绍讲师的职称职务、主要工作经历(尤其是与培训项目和课程相关的阅历)、相关研究成果、重要荣誉等。

四是培训注意事项介绍。主要介绍考勤要求,食宿、交通等安排及培训期间的作息安排,培训纪律等。

(三)培训开展阶段工作要求

(1)协助培训讲师开展培训活动。培训管理者在开展培训活动期间应观察讲师表现、受训人员的反应,及时与讲师沟通、协调;处理培训过程中的意外情况;做好培训课堂的拍摄、录音录像工作;协助控制培训、休息时间;协助控制课堂纪律;处理设备故障等。

(2)培训课程的自我管理。一是以受训人员的现实需求展开培训;二是注重运用多种培训方法;三是组织培训过程中的讨论分享;四是耐心解惑答疑。

(四)培训收尾阶段工作要求

一是对培训课程进行归纳总结。二是对培训活动进行回顾和展望。三是对培训讲师表达谢意。四是与培训讲师进行交流分享,听取其对培训和受训人员的意见建议。

(五)培训后期阶段工作要求

一是对受训者进行考核。培训结束后,培训管理者应及时通过笔试、现场检查、实际操作等方式对受训人员进行考核,以检验培训成效。二是对考核合格者制作并颁发证书,以作为年度考核、晋升晋级的证明。三是对全部培训资料整理归档。四是以问卷调查、访谈等方式了解受训人员培训前后在知识、技能、态度、价值观等方面的变化。五是撰写培训小结,全面回顾培训过程,找出问题,分析原因,归纳经验与教训。

技能六 编制培训经费预算方案

一、技能要求

通过学习,了解培训成本信息的具体内容,能结合培训成本核算的项目编制培训经费预算方案。

二、技能训练

(一)培训成本信息采集

编制培训经费预算方案前,应采集以下与员工培训有关的信息:

(1)收集需要参加企业外部培训员工的数据资料,即采集所有需要参加外部培训的员工可能发生的费用资料,如学费、资料费以及参观考察、交通食宿等费用。

(2)收集企业及其各个下属部门在企业内部组织培训可能发生的各项费用资料,包括企业拟举办的各种类型的培训班在培训场地、聘请培训讲师、购买教材等方面的费用资料。

(3)收集企业培训所需要新建场地设施,新增设备、器材、器具的购置等方面的费用资料。

这些数据资料主要涉及以下两大类费用:

(1)有形资本费用。如培训场地的租赁费,设备、器材的购置或租赁费用,资料的购买或印刷费用,外请培训讲师的聘用费用,培训组织人员和内聘教学人员在组织培训过程中的工资、奖金、补贴等，受训者在接受培训期间的工资、奖金、补贴等。

（2）无形资本费用。如培训组织人员、内聘教学人员和受训者因从事培训工作，未能参加企业的生产活动而造成的损失；应当用于租赁或购置场地、设备、器材，购置或印刷教材及外聘培训讲师的费用，由于管理不善可能造成的损失等。

（二）核算员工培训成本的方法

一般来说，我国现行会计制度要求采用会计方法核算企业培训成本，按一定的成本科目进行统计计算。主要包括：

(1) 培训项目开发或购买成本。
(2) 培训讲师的课时费、交通费、伙食费支出。
(3) 设施、设备等使用成本。
(4) 培训材料包括学习资料、教材、学习用品、教学耗材等成本支出。
(5) 受训者交通、住宿等方面的成本。
(6) 教学辅助人员、管理人员的工资。
(7) 受训者培训期间的工资、因参加培训而损失的生产率或受训者接受培训时代替其工作的临时工的成本。

（三）培训经费预算方案的编制

编制培训经费预算方案时，应明确项目开发方式、培训时间、培训地点、参训人员数量、培训讲师及数量和条件、培训方式、食宿要求及交通方式、培训材料、管理人员等要素，对不同培训方案的总成本及构成进行对比分析，以便做出正确的决策。

在编制预算时，相关人员在全面掌握企业以及各下属部门的培训计划信息后，通过分析比较，对企业培训计划及其费用预算进行必要的筛选、调整和平衡，再交部门主管及企业高层审批，审批后的费用预算，按标准严格执行。

技能七　实施培训有效性评估

一、技能要求

通过学习，了解培训有效性评估的具体要求，能按具体流程实施培训有效性评估。

二、技能训练

（一）培训有效性评估的具体要求

1. 评估时机的选择

由于采用的评估方法、评估重点和评估对象各有不同，所以在实施各个层面的评估时，须安排合理的时间和选择适宜的时机。

反应层面的评估一般在培训中和培训结束后进行。采用交谈和随堂观察方法时,宜在培训过程中进行。发放"培训评估表"、召开座谈会则宜在培训结束后进行。

学习层面的评估通常在培训中或培训结束时进行。一般来说,人们更倾向于在培训结束时通过笔试、口试和操作测验等方式,对学员的知识、技能和态度的领悟和掌握情况进行测评。但如果培训期较长,则应在培训过程中适当地进行阶段性测评,以便及时了解学员的学习情况。

行为层面的评估通常宜在培训结束三个月后进行,而结果层面的评估一般宜在培训结束半年或一年后进行。

2.评估层面的选择

首先,所有课程都可以进行反应层面的评估。要使学员掌握课程中所讲的某些特殊知识或运用某一具体技术可以进行学习层面的评估。行为层面的评估适用于工作表现,特别是客户对实际效果期望很高的课程。

要使与工作相关的培训做得好,需要对一部分培训课程进行行为评估甚至结果评估。培训管理者将必然从单纯统计培训时数和感到满意的学员人数,转向对培训效果的评估。这种压力促使培训者不得不进行更深层次的三级和四级评估。

3.评估方法的选择

选择评估方法时需考虑的因素有参训者、培训课程、用户需求和客观条件的制约因素。

一是参训者因素。在选择评估方法时,应考虑到参训者的特点,如原有的教育水平、年龄和工作经历等。在培训开始前可对他们的知识和技能水平进行测试,对他们的教育水平和经验进行"摸底",可以把这种通过"摸底"获得的测评成绩与培训后获得的测评成绩进行比较,从而可以考察出学员参加培训前后的变化情况。对年龄较长者、实战经验比较丰富的学员应采用面试和操作性的测评方式。

二是培训课程因素。选择评估方式时,还应该根据所开设的培训课程来考虑,涉及技能课程方面和语言沟通方面的评估,以采用操作测验和口试等评估方式为宜。

此外,如果要对行为层面进行评估,选择客户服务、组织形象、时间管理之类的培训课程较为适宜。如果要对结果层面进行评估,选择一些性质稳定的培训课程,如安全管理、质量管理等课程较为适宜。

三是用户需求因素。评估人员在选择评估方法时应与培训决策人或高层管理人员进行磋商。首先,应就有关目标、标准或指标进行确认。其次,应就评估时间、方法、人力的投入和费用与用户进行磋商和设定。最后,形成书面的约定文件,以便取得用户的理解、合作和保证评估活动的顺利开展。只有看准了培训决策人或高层管理人员的兴趣和需求所在,并与他们进行磋商,达成一致意见和看法,才能够产生对他们有用的信息。

四是客观条件的制约因素。培训评估的四个层面所消耗的资源、资金和时间由低到高,行为层面和结果层面的评估虽然对组织的意义是最重要的,但消耗的费用、时间和执行难度也是最大的。此外,即使一些组织有条件进行深层次的评估,但由于缺乏必要的评估技能和经验,也难以完成深层次的评估。

4.评估的全面性

评估的全面性主要是指自评和他评。在对学员做评估总结前,先让学员进行一下自评,有利于评估者对学员有一个更深入和更全面的了解,评估结果会真实贴切,更令人信服。

他评是指学员的培训师、外部顾客、内部同事和学员的直属主管对学员进行的评估。其中真正对学员产生主要影响的则是学员的直属主管。组织是否支持学员参加培训,是否将培训评估结果与学员的奖惩制度进行挂钩,是否能保证学员将所有学到的知识和技能运用到工作中,这都取决于学员的直属主管是否能正确地领会组织的培训意图、培训政策和培训制度。他评加上自评会使培训评估更加全面合理。如果有可能的话,在培训期间或培训结束后,学员之间的评价也会给学员带来意想不到的效果。

(二)培训有效性评估流程

(1)明确培训评估目的,即决策者和培训管理者向评估者表达的评估意图。

(2)制订培训评估方案,主要做好评估方法的选择、评估方案设计和评估工具选择。

(3)培训评估信息的收集、整理与分析。

(4)撰写培训评估报告,一般包括培训背景说明和培训概况、培训评估过程说明、培训评估信息的总结与分析、培训结果与培训目标的比较、相关建议等。

培训效果评估样表如表9-5所示。

表9-5 培训效果评估样表

课程名称		任课讲师				
受训人员姓名		部门				
受训人员职务		联系方式				
课程满意度调查	请用√标出你对每个项目的评价	非常满意	满意	一般	较差	
关于课程	课程目标的明确性					
	内容编排的合理性					
	课程的趣味性					
	课程的互动性					
关于讲师	理解课程内容					
	把握课程进度					
	语言表达能力					
	关注学员反应					
	鼓励学员参与					
	激发学员兴趣					
	回答学员提问					
关于服务	时间安排的合理性					
	现场服务的及时性					
	辅助工具的有效性					
本次培训中对自己帮助最大的内容						
课程或讲师应当改进之处						
其他建议						

技能八　起草员工培训制度

一、技能要求

通过学习,了解员工培训主要制度的架构和主要条款内容,能起草员工培训制度。

二、技能训练

(一)起草培训服务制度

培训服务制度条款:员工正式参加培训前,根据个人和组织需要向培训管理部门或部门经理提出的申请;在培训申请被批准后要履行的培训服务协议签订手续;培训服务协议签订后方可参加培训。

培训服务协议条款:参加培训的申请人;参加培训的项目和目的;参加培训的时间、地点、费用和形式等;参加培训后要达到的技术或能力水平;参加培训后要在企业服务的时间和岗位;参加培训后出现违约的补偿;部门经理人员的意见;参加人员与培训批准人的有效法律签署。

(二)起草入职培训制度

包括条款内容:培训的意义和目的;需要参加的人员界定;特殊情况不能参加入职培训的解决措施;入职培训的主要责任者(部门经理还是培训组织者);入职培训的基本要求标准(内容、时间、考核等);入职培训的方法。

(三)起草培训激励制度

包含条款内容:完善的岗位任职资格要求;公平、公正、客观的业绩考核标准;公平竞争的晋升规定;以能力和业绩为导向的分配原则。

(四)起草培训考核评估制度

包含条款内容:考核评估的对象;考核评估的执行组织(培训管理者或部门经理);考核的标准区分;考核的主要方式;考核的评分标准;考核结果的签署确认;考核结果的备案;考核结果的证明(发放证书等);考核结果的使用。

(五)起草培训奖惩制度

包括条款内容:制定的目的;制度的执行组织和程序;奖惩对象说明;奖惩标准;奖惩的执行方式和方法。

(六)起草培训风险管理制度

主要包含条款内容:

(1)企业根据《劳动法》与员工建立相对稳定的劳动关系；

(2)根据具体的培训活动情况考虑与受训者签订培训合同，从而明确双方的权利义务，明确企业和受训者各自负担的成本、受训者的服务期限、保密协议和违约补偿等相关事项；

(3)根据"利益获得原则"，即谁投资谁受益，投资与受益成正比关系，考虑培训成本的分摊与补偿。

技能九 职业生涯规划与管理

一、技能要求

通过学习，了解采集员工职业生涯规划信息的相关内容、途径和方法，能按步骤开展员工个人职业生涯规划和组织职业生涯管理。

二、技能训练

（一）采集员工职业生涯规划信息

需要采集的信息主要有两个方面：

(1)有关企业发展的信息。一是企业整体发展战略规划的目标任务信息。二是企业在人力资源方面各种具体政策、制度信息。

(2)有关员工发展的信息。主要包括：员工基本情况、员工工作胜任情况、员工个人发展愿望和未来规划、员工职业类属、人事面谈资料、员工综合评价资料。

（二）采集员工职业生涯规划信息的途径和方法

采集员工职业生涯规划信息的途径包括：通过员工人事档案查阅信息；通过考核方法获取业绩信息；通过各种评价方法获取综合信息。

通过员工的自我评价收集信息的方法有：写自传、志向和兴趣调查、价值观调查、工作日记、重要人物面谈、描写生活方式等。

通过组织的各种评价获得信息的方式有：人事考核、人格测试、情景模拟、职业能力倾向测验。

（三）员工个人职业生涯规划的步骤

1.自我评估

自我评估是充分地认识自我，对自己做出全面的分析，主要包括对个人的需求、能力、兴趣、性格等的分析，以确定什么样的职业比较适合自己和自己已具备哪些能力。

2.环境分析

在制定员工个人的职业生涯规划时，也要分析环境的特点以及环境的变化，这些环境主要包括个人所处的社会环境、职业所处的行业环境、职业所处的组织环境。通过对社会大环境进行分析，可以了解所在国家或地区的经济、法制建设的发展方向，结合本人的具体情况，帮助我们寻求和评估有哪些长期的发展机会；通过对职业所处的行业环境进行分析，可以帮助我们确定职业和职业的发展目标；通过对组织环境进行分析，可以评估组织内有哪些短期的发展机会。

对组织与社会环境的分析是对自己所处的环境的分析，确定自己是否适应组织和社会环境的变化以及怎样来调整自己以适应组织和社会的需要。短期的职业规划比较注重组织环境的分析，长期的职业规划则更多地注重社会和行业环境的分析。

3.目标确定

首先要根据个人的专业、性格、气质和价值观以及社会的发展趋势确定自己的人生目标和长期目标，然后再把人生目标和长期目标进行分化，根据个人的经历以及所处的组织、行业和社会环境制定相应的中期和短期目标。员工职业生涯目标的确定要注意以下几个基本要点：

一是符合社会与组织的需求。有需求才有市场，才有位置。

二是适合自身的特点。不同的员工往往有着不同的特点。这种特点就是自身的性格、兴趣、特长、价值观等。而这些特点往往也就是你的优势，因此若能将目标建立在个人优势的基础上，就能左右逢源，处于主动有利的地位。

三是高低恰到好处。一个人追求的目标越高，越能调动其积极性，其才能就发展得越快，对社会也就越有益。

四是幅度不宜过宽。最好选择窄一点的领域，并把全部身心力量投进去，这样更容易获得成功。

五是注意长期目标和短期目标相结合。

六是目标要明确具体。同一时期的目标不要太多，目标越简明、越具体，就越容易实现，越能促进个人的发展。

七是注意职业目标与家庭目标以及个人生活和健康目标的协调与结合。要想在事业上取得成功，家庭与健康是基础和保证。

4.制订行动方案

在确定了职业生涯目标后，就要制订相应的行动方案来实现它们，把目标转化成具体的方案和措施。这一过程中比较重要的是职业生涯发展路线的选择。确定职业生涯路线后，行动是关键环节，主要包括工作、训练、教育等方面的措施。

5.评估与反馈

在人生的发展阶段，社会环境的巨大变化和一些不确定因素的存在，会使我们原来制定的职业生涯目标和规划有所偏差，这时需要对原来的职业生涯目标与规划进行评估和做出适当的调整，以更好地符合自身和社会发展的需要。修订内容包括职业的选择、职业生涯路线的选择、职业目标、行动计划和措施等。

（四）组织职业生涯管理步骤

组织职业生涯管理一般经过四个步骤来完成：

第一步：对员工进行分析评价和定位，主要包括开展员工自我评价、组织对员工的评估和环境分析三项工作。

员工自我评价重点是分析自身条件,特别是自己的性格、兴趣、特长与需求。

组织对员工的评估可以通过三种渠道:一是利用招聘筛选时获得的信息进行评估,包括能力测试、兴趣爱好、受教育情况及工作经历等;二是利用当前的工作情况进行评估,包括绩效评估结果、晋升记录、提薪及参加培训情况等;三是利用员工个人评估的结果进行评估。

环境分析主要是通过对组织环境、社会环境、经济环境等问题的分析与探讨,弄清环境对职业发展的作用、影响及要求。

第二步:员工职业目标设定。组织应当根据自身既定的经营方针和发展战略,预测并做出对未来可能存在的职位以及职位所需技能类型的规划,并对每一职位进行工作分析。员工可依此来确定自己的职业目标或职业规划。同时,组织还应鼓励员工思考探索不同的职业发展道路和前景。

第三步:制定行动规划。组织应指导和帮助员工制定采取行动、实现目标的步骤和时间表,确定并提供员工实现其职业生涯目标所需的资源,为员工提供包括职业培训、研讨、信息交流、职位晋升等职业发展的机会。

第四步:职业生涯管理的反馈与修正。在员工工作一段时间后,组织应有意识地回顾其工作表现、工作绩效,检验员工的职业定位与职业方向,纠正偏差,增加员工实现职业目标的可能性。

第十章
绩效管理应用技能

技能一　收集绩效信息

一、技能要求

通过训练,能够通过不同收集方法,收集绩效信息。

二、技能训练

要进行全面、准确的绩效考核,必须收集到足够的有关工作的信息。有很多途径可以获取这些信息,常用的有问卷调查法、观察法、资料分析法、面谈法、参与法和实验法等。

(一)问卷调查法

问卷调查法通过在岗人员填写工作信息调查表来获取有关的工作信息。主要有两种,即一般工作分析问卷法和指定工作分析问卷法,前者适合于各种工作,问卷内容具有普遍性;而后者只适合于一种指定的工作,问卷内容具有特定性,一张问卷只适合于一种工作。

(二)观察法

其操作原则有:

(1)所观察的工作应相对静止,即在一段时间内,工作内容、工作程序、对工作人员的要求不会发生明显的变化。

(2)适用于以大量标准化的、周期短的体力活动为主的工作。

(3)要注意工作行为样本的代表性,因为有时候,有些行为在观察过程中未表现出来。

(4)观察人员要尽可能不引起被观察者的注意,至少不应干扰被观察者的工作。

(5)不适用于以智力活动为主的工作。

(6)观察前要有详细的观察提纲和行为标准。

观察法不适用于以智力活动为主的工作和处理紧急情况的间歇性工作,而且不易得到有关任职者要求的信息。

（三）资料分析法

这是指利用企业现有的一些书面材料获取工作信息的方法。材料包括现有岗位规范或责任制文书、员工关键事件的记录、工作日记等。

通过岗位规范说明或相关责任制文书，可以获得很多工作分析的信息，避免不少重复劳动，应该充分加以利用。在收集信息时，要审慎分析这些书面材料的时效性、适用性以及客观性。

关键事件记录是要求工作执行者对其在一定期间内（一般为半年到一年）能观察到、并对工作的有效性或无效性造成显著影响（如成功与失败、盈利与亏损、高效与低产等）的事件所做的记录。对关键事件进行收集分析，类似个案研究中心的案例收集。从关键事件记录中可以获取的信息有：导致该事件发生的背景、原因，员工有效的或多余的行为，关键行为的后果以及员工控制上述后果的能力等。

工作日记是由员工按照规定格式和要求，定期汇总的工作记录。认真记录的工作日记可提供大量信息，如员工实际工作内容、责任、权限、人际关系、工作负荷、工作效率等。

资料分析法是一种间接分析方法，对第二手资料进行分析时，需要耗费大量的时间从中甄别主观性因素和无效信息，然后进行分类汇总，以获取有用的信息。

（四）面谈法

采用面谈法时，应使面谈者的总体构成具有代表性，并注意选择参加座谈的工作执行人员。在应用面谈法时，一般是以标准的格式记录，目的是使问题和回答限制在与工作直接有关的范围内，而且标准格式也便于比较不同员工的反应。在面谈过程中，工作分析人员应该只是被动地接收信息，而不能流露出对工作的评价、建议或者任何主观判断色彩，否则会产生误导，使员工夸大自己的职责，或招致员工对组织的不满等。

面谈法不适合作为工作分析信息收集的唯一方法，而应该与其他方法结合使用。

（五）参与法

参与法可以克服一些有经验的员工并不总是很了解自己完成任务的方式等缺点。工作分析人员通过实践掌握第一手资料，可以补充了解一些观察不到的内容。其缺点也很明显：对于现代企业中的很多高度专业化的工作，工作分析人员往往不易参与其中；同时，这种方法适用于短期内可以掌握的工作，对那些需要大量训练方能胜任的工作或危险的工作不适用。

（六）实验法

根据实验地点的不同，实验法可以分为实验室实验法和现场实验法两种。企业中常用的是现场实验法。

(1) 采用实验法应遵循以下 5 条原则：一是尽可能获得被试者的配合；二是严格控制各种变量；三是实验设计要严密；四是变量变化要符合工作实际情况；五是不能对被试者造成伤害。

(2) 实验法的具体操作举例：装卸工装卸车上货物，一般是 4 个人合作，30 分钟可以装满一辆 10 吨的货车。采用实验法时，将合作的人数作为自变量，装货所用的时间为因变量。先由 2 个人合作，再由3个人合作,最后由5个人合作,任务都是装满一辆10吨的货车,记录各用了多长时间,比较哪一个组合效率最高。

上述获取工作分析信息的方法,在应用时,可以根据具体的情况,选择一种或几种方法结合使用。无论采用哪种方法,目的是使收集到的工作信息真实可靠、准确完备。

技能二　设计绩效指标与标准

一、技能要求

学习了解绩效考核指标是一个多维系统,各项指标对考核结果的影响程度取决于该指标在整体考核中的相对重要性,权重就是对各个指标重要程度的定量分配。

二、技能训练

(一)常用绩效指标类型

绩效是个多维概念,因此绩效指标也可根据不同的维度视角分为不同类型。常用的绩效指标类型有结果导向型指标和行为导向型指标,简称结果指标和行为指标。

1.结果指标

尽管组织可以使用多种指标对绩效进行衡量,但衡量工作产出结果的指标不外乎以下四类:质量、数量、成本和时间,如表10-1所示。

表10-1　结果指标

指标类型	常用具体指标名称
质量指标	合格率、次品率、返工率、返修率、出错率、准确率、顾客投诉次数、顾客保留数量、顾客引荐数量等
数量指标	产量、销售量、价格、利润、市场占有率、接待顾客数量等
成本指标	总成本、单件产品成本、人工成本、采购成本、经营成本、招聘成本等
时间指标	生产周期、交货时间、付款时间、研发周期、排除故障时间等

2.行为指标

工作结果是工作绩效,但两者并不等同。在评价绩效时,行为和能力指标不能被忽视,而且日益受到关注。早在科学管理时代,泰勒就采用动作研究的方法,通过规范体力劳动者的工作行为达到提高劳动效率的目的。今时今日,不光是生产和业务岗位人员的行为直接影响其工作结果的实现,管理人员的行为同样与组织绩效紧密相关,而且其工作结果模糊、难以计量,因此其行为界定更为重要。C. Yukl 在对管理活动进行具体界定的基础上，提出了管理岗位的特定行为要求，如表 10-2 所示。

表 10-2 管理岗位行为要求

职能活动	简要说明
计划和组织	决定长期目标和战略，按优先顺序分配资源；决定如何配置人员以有效完成任务；决定怎样促进合作，提高产量和所属部门的效率
解决问题	明确与工作相关的问题，及时、系统地分析问题并找出办法解决问题，特别是采取果断措施解决重要问题和危机
明确角色和目标	分配任务，对如何完成任务进行指导，有效沟通，清楚了解工作职责、任务目标、完成期限和预期绩效
提供信息	向有关方面发布关于决策、计划和活动的信息，并向其提供书面资料和文件，对技术信息的要求做出回应
监督	收集关于工作活动和影响工作的外部环境信息，检查工作的质量和进度，评估个人和组织部门的绩效，进行趋势分析，预测外部事件
激励	运用感情和逻辑的影响技巧调动员工的积极性，对任务目标做出承诺，遵从合作、协助、支持的要求，树立行为榜样
协商	做出改变前要与相关人员进行商讨，鼓励提出改进的建议，鼓励参与决策，在决策中采用他人的思想和建议
授权	允许下属在开展工作、处理问题和做出重要决策时，分担一定的责任，并拥有相当的权力
支持	要以友好的方式行事，做事考虑周到，耐心并乐于助人，当有人不安或焦虑时表现出同情和支持，善于倾听别人的抱怨，关心他人利益
开发和指导	提供指导和有帮助的职业建议，帮助个人获取技能，取得专业进步和实现职业发展
管理冲突和团队建设	建设性地解决冲突，鼓励合作和团队工作，认同工作部门
联络	非正式的社交，与拥有信息并能提供支持的人建立联系，通过定期沟通保持联系，包括拜访、打电话、通信及参加会议和社会活动
认可与赞赏	对有效绩效、重大成就和特殊贡献进行表扬和认可，对某人的贡献和特别努力表示欣赏
奖励	对有效绩效、显著成就和突出能力提供或建议给予奖励，如加薪、提升

组织在通过对员工的观察确定其工作行为的同时，还要对员工有效实施行为和实现结果所需的能力素质指标加以界定和衡量，以求更加准确地评价其绩效水平。

3.指标顺序与权重

由于环境因素对工作绩效有很大影响，因此在绩效评价中需要将结果与过程相结合，针对指标体系就是要将结果与行为过程指标按照一定比例实现动态平衡。比例的确定主要取决于绩效管理的目标、工作性质与要求。具体设计和确定考核指标体系时，需要同时确定每个指标的权重，或者标出优先顺序。结果指标和行为指标一般构成绩效评价的一级指标，而每个一级指标又由若干个子指标构成,我们称为二级指标。不同级别和不同内容的指标反映不同的评价侧重点和作用。让员工参与和了解指标体系的设计和内容,对于其合理安排自己的时间与精力、争取达到更高的绩效水平十分必要。

确定指标权重的方法有定性方法和定量方法两类,常用的定性方法有专家意见法和德尔菲法,定量方法主要是层次分析法。层次分析法是20世纪70年代由美国宾夕法尼亚大学沃顿商学院的Thomas Saaty博士研究提出的一种在决策过程中确定指标优先顺序的定量方法。这种方法将决策者的经验判断加以量化,将绩效指标分解为多级指标体系,在同一层级上根据事先确定的相对重要性等级进行矩阵式的两两比较,然后计算每项指标的权重。

(二)绩效标准的衡量

绩效标准的衡量一般采取量化和非量化两种方式。一般来说,绩效考核指标要尽量量化或可操作化,对一些无法操作的行为指标,要找出关键特征行为以及等级评定,以实现量化处理。

1.描述性指标标准

描述性指标标准可以是针对某一特定要素的,也可以是针对整体职责的,一般采用五级程度划分:优秀、良好、中等、合格、不合格。之后对每个等级赋予分值,分值之间可以是等距的,也可以是不等距的。相对来说,等距划分比较容易操作和理解。各个等级的区分应该采用不同的标准描述,否则只依赖管理者对等级程度的自我理解,评分就会过于主观而无法统一。

2.量化指标标准

量化指标是最能够精确描述状态的考核指标,目前被广泛使用在生产、营销、成本、质量等管理领域。量化指标标准的设计,需要考虑两个方面的问题:一是指标标准的基准点;二是等级间的差距。

技能三　设计与运行绩效考评系统

一、技能要求

通过学习,能够了解绩效考评系统的特点,按程序设计与运行绩效考评系统。

二、技能训练

(一)设计建立绩效考评系统

简单来说,设计建立绩效考评系统应考虑以下方面:

(1)获得对建立系统的支持。绩效考评系统必须能被考评者、员工和管理层接受。

(2)确定适当的考评模型。必须考虑许多因素,其中两个最重要的因素,即可操作性和费用。绩效考评模型应满足公司需要,那么它就必须具有可操作性。系统的费用包括开发费用、执行费用和使用费用。

(3)适当的考评者。实际操作中,可能对绩效进行考评的候选人有以下几种类型:主管、同事、下属、被考评者本人、客户。

(4)保证考评公平。公司必须采取措施,以保证考评过程公平,这包括高层管理层进行考评以及为员工建立一个方便的申诉渠道。如果员工对他们的考评感到不满意,申诉渠道为员工提供一种解决问题的方法。它有助于得到员工的更准确的评分,而且经常能防止外部第三方的卷入。

(5)选择适当的信息。实施绩效考评,选择各种信息时首先应该明确绩效考评是为谁而做的,是用来干什么的。考评信息与考评目标的关系可以从两个方面来认识:不同考评者提供的信息来源对人力资源管理中的各种目标具有不同的意义;其次,根据不同的考评标准得到的绩效考评信息对人力资源管理中的各种目标也具有不同的意义。

(6)安排恰当的考评时间。考评时间的安排应考虑以下几个因素:根据工作任务的完成来决定绩效考评的日期;根据员工工作的性质来决定绩效考评的日期。对于基层的员工,他们的工作绩效可以在比较短的时间内得到一个好或者不好的考评结果,因此考评周期就可以相对短一些;而对于管理人员和专业技术人员,只有在比较长的时间内才能看到其业绩,因此其绩效考评的周期就应该相对长一些。如果每个管理人员负责考评的员工数量比较多,也可以采取离散的形式进行绩效考评,即当每位员工在本部门工作满一个考评周期(如半年或一年)时,对这位员工实施绩效考评。

(二)运行绩效考评系统

作为企业绩效管理的领导者和考评者,在贯彻实施阶段应当注意以下两个问题。

1.通过提高员工的工作绩效增强核心竞争力

一个有效的绩效管理系统是通过以下几个环节提高员工工作绩效从而保持和增强企业的竞争优势的:

一是明确目标。在绩效考评期初,上级主管必须和考评者进行必要沟通,明确工作绩效的目标和要求。

二是制订计划。主管应根据组织现有的资源和条件,听取员工的意见,分清轻重缓急,选择确定实现绩效目标的具体步骤、措施和方法。

三是强化监测。主管可以通过多种监测手段,了解和掌握下属的行为、工作态度以及工作进度和工作质量,并激励下属达到考评标准乃至超越标准。对达不到考评标准的员工通过监测和确认,帮助他们改进工作,迎头赶上先进者。

四是加强指导。在员工按照预定目标努力工作的过程中,如果遇到困难,不仅仅应对下属的具体工作进行必要的指导,还应在精神上、物质上给予必要的支持和帮助,主动为下属排忧解难,以增强他们的信心,鼓励他们的斗志。

五是完善评估。主管应定期对工作目标进行复查,对员工的业绩做出评估,找出差距和问题,分析原因,并将信息反馈给员工,全力推进工作的开展。

2.收集信息并注意资料的积累

各级主管要定期或不定期地采集和存储相关信息,以便为下一个阶段的考评工作提供准确、翔实和可靠的数据资料。有些企业为了保证绩效管理信息的有效性和可靠性,建立了原始记录的登记制度,该制度提出了以下具体要求。

(1)所采集的材料尽可能以文字的形式证明所有的行为,应包括有利和不利的记录。

(2)所采集的材料,应当说明是考评者直接观察的第一手资料,还是间接的由他人观察的结果。

(3)详细记录事件发生的时间、地点以及参与者。

(4)所采集的材料在描述员工的行为时,应尽可能对行为过程、行为的环境和行为的结果做出说明。

(5)在进行考评时,应以文字描述记录为依据,可以保证考评的质量。

技能四 应用绩效考评方法

一、技能要求

通过学习,掌握绩效考评方法及差异,能够应用各种行为导向型主观考评方法、行为导向型客观考评方法、结果导向型考评方法以及综合型绩效考评方法。

二、技能训练

(一)结果导向型考评方法

结果导向型的考评方法是以实际产出为基础,考评的重点是员工工作的成效和劳动的结果。一般来说,主要有六种不同的表现形式:目标管理法、绩效标准法、直接指标法、成绩记录法、短文法和劳动定额法。

1.目标管理法

该方法以可观察、可测量的工作结果作为衡量员工工作绩效的标准,以制定的目标作为对员工考评的依据,从而使员工个人的努力目标与组织目标保持一致,减少管理者将精力放到与组织目标无关的工作上的可能性。目标管理法的评价标准直接反映员工的工作内容,结果易于观测,所以很少出现评价失误,也适合对员工提供建议,进行反馈和辅导。目标管理法没有在不同部门、不同员工之间设立统一目标,因此,难以对员工和不同部门间的工作绩效做横向比较,不能为以后的晋升决策提供依据。

2.绩效标准法

绩效标准法通常适用于非管理岗位的员工,衡量所采用的指标要具体、合理、明确。要有时间、空间、数量、质量的约束限制,要规定完成目标的先后顺序,保证目标与组织目标的一致性。绩效标准法比目标管理法具有更多的考评标准,而且标准更加详细具体。依照标准逐一评估,然后按照各标准的重要性所确定的权数,进行考评分数汇总。

绩效标准法为下属提供了清晰准确的努力方向,对员工具有更加明确的导向和激励作用。本方法的局限性是需要占用较多的人力、物力和财力,需要较高的管理成本。

3.直接指标法

直接指标法在员工的衡量方式上,采用可监测、可核算的指标构成若干考评要素,作为对下属的工作表现进行评估的主要依据。如对于非管理人员,可以衡量其生产率、工作数量、工作质量等,工作数量的衡量指标有工时利用率、月度营业额、销售量等;工作质量的衡量指标有顾客不满意率、废品率、产品包装缺损率、顾客投诉率、不合格返修率等。对管理人员的考评,可以通过对其所管理的下属如员工的缺勤率、流动率的统计得以实现。

运用本方法时,需要加强企业基础管理,建立健全各种原始记录,特别是一线人员的统计工作。

(二)行为导向型主观考评方法

1.排列法

排列法也称排序法、简单排列法,是绩效考评中比较简单易行的一种综合比较的方法。它通常是由上级主管根据员工工作的整体表现,按照优劣顺序依次进行排列。有时为了提高其精度,也可以将工作内容做出适当的分解,分项按照优良的顺序排列,再求总平均的次序数,作为绩效考评的最后结果。由于排序法是相对对比性的方法,考评是在员工间进行主观比较,不是用员工工作的表现和结果与客观标准相比较,因此具有一定的局限性,不能用于比较不同部门的员工,个人取得的业绩相近时很难进行排列,也不能使员工得到关于自己优点或缺点的反馈。

2.选择排列法

选择排列法是在所有员工中先挑出最好的员工,然后挑出最差的员工,将他们作为第一名和最后一名,接着在剩下的员工中再选择出最好的和最差的,分别将其排列在第二名和倒数第二名,依次类推,最终将所有员工按照优劣的先后顺序全部排列完毕。选择排列法是较为有效的一种排列方法,采用本法时,不仅上级可以直接完成排序工作,还可将其扩展到自我考评、同级考评和下级考评等其他考评方式之中。

3.成对比较法

其基本程序是:首先根据某种考评要素如工作质量,将所有参加考评的人员逐一比较,按照从最好到最差的顺序对被考评者进行排序;然后根据下一个考评要素进行两两比较,得出本要素被考评者的排列次序;依次类推,经过汇总整理,最后求出被考评者所有考评要素的平均排序数值,得到最终考评的排序结果。应用成对比较法时,能够发现每个员工在哪些方面比较出色,哪些方面存在明显的不足和差距,在涉及的人员范围不大、数目不多的情况下宜采用本方法。如果员工数目过多,不但费时费力,其考评质量也将受到制约和影响。

4.强制分布法

强制分布法假设员工的工作行为和工作绩效整体呈正态分布,那么按照正态分布的规律,员工的工作行为和工作绩效好、中、差的分布存在一定的比例关系,在中间的员工应该最多,好的、差的是少数。强制分布法就是按照一定的百分比,将被考评的员工强制分配到各个类别中。类别一般是五类,从最优到最差的具体百分比可根据需要确定,既可以是10%、20%、40%、20%、10%等百分比,也可以是5%、20%、50%、20%、5%等百分比。

(三) 行为导向型客观考评方法

其主要内容是:首先利用各种技术,对员工的工作行为加以界定,然后根据员工在多大程度上显示出了这些行为做出评价。常用的考评方法有以下五种。

1.关键事件法

关键事件法对事不对人,以事实为依据,考评者不仅要注重对行为本身的评价,还要考虑行为的情境,可以用来向员工提供明确的信息,使他们知道自己在哪些方面做得比较好,而又在哪些方面做得不好。关键事件法考评的内容是下属特定的行为,而不是他的品质和个性特征。一旦考核评价的关键事件选定了,其具体方法也就确定了。采用本方法有较大的时间跨度,因此可与年度、季度计划的制订与贯彻实施紧密地结合在一起。

2.行为锚定等级评价法

行为锚定等级评价法是依据在同一绩效维度中存在着一系列的行为,每种行为分别表示这一维度中的一种特定绩效水平,将绩效按等级量化,可使考评结果更有效、更公平。其具体工作步骤如下:

一是进行岗位分析。获取本岗位的关键事件,由其主管人员做出明确简洁的描述。

二是建立绩效评价等级。一般为5~9级,将关键事件归结为若干绩效指标,并给出确切定义。

三是由另一组管理人员对关键事件做出重新分配,将它们归入最合适的绩效要素及指标中,确定关键事件的最终位置,并确定出绩效考评指标体系。

四是审核绩效考评指标等级划分的正确性,由第二组人员将绩效指标中包含的重要事件,从优到差、从高到低进行排列。

五是建立行为锚定法的考评体系。

行为锚定等级评价法设计和实施的费用高,比许多考评方法费时费力,但是它的优点比较明显。

3.行为观察法

行为观察法是确认员工某种行为出现的概率。它要求评定者根据某工作行为发生频率或次数的多少来对被评定者打分。如从不(1分)、偶尔(2分)、有时(3分)、经常(4分)、总是(5分)。既可以将不同工作行为的评定分数相加得到一个总分数,也可以按照对工作绩效的重要性程度赋予工作行为不同的权重,经加权后再相加得到总分,总分可以作为不同员工之间进行比较的依据。发生频率过高或过低的工作行为不能选取作为评定项目。行为观察法克服了关键事件法不能量化、不可比以及不能区分工作行为重要性的缺点,但是编制一份行为观察量表较为费时费力,同时,完全从行为发生的频率考评员工,可能会使考评者和员工双方忽略行为过程的结果。

(四) 综合型绩效考评方法

本方法首先是根据岗位工作的性质和特点,选择与绩效有关的若干评价因素,如:个体方面的因素,如判断能力、适应性、积极性等;与工作成果有关的因素,如工作质量、数量等;还有与行为有关的因素,如合作程度、工作态度等。其次,以这些评价因素为基础,确定出具体的考评项目(指标),每个项目分成5~9个等级,用数字或文字表示,如最优、良好、一般、较差、极差或1、2、3、4、5,并对各个等级尺度的含义做出具体说明。最后，制成专用的考评量表，在应用的过程中，考评者根据对下属工作的观察和了解，只需在量表的每个项目等级评估的尺度上做记号，待全部项目考评完成后，将各个项目所得的分数相加即可得到考评的总结果。由于本方法所采用的考评效标涉及范围较大，可以涵盖员工个人的品质特征、行为表现和工作结果，因而具有广泛适应性，同时该方法具有简单易行、使用方便、设计简单、汇总快捷等优点。但其考评的信度和效度，取决于考评因素及项目的完整性和代表性，以及考评人评分的准确性和正确性。在考评因素选择确定以及考评人存在问题的情况下，本方法极容易产生晕轮效应或集中趋势等偏误。

综合型绩效考评量表如表10-3所示。

表10-3　综合型绩效考评量表

姓名		岗位名称		评估日期	
员工编码		岗位编码		上次评估日期	
不满意（2分）	勉强通过（4分）	表现好（6分）	非常好（8分）	非常出色（10分）	
1.工作质量——主要考察工作的准确性、全面性以及技巧性					
经常犯错误，工作表现让人难以接受	偶尔有马虎和出错的时候	管理者在场，工作表现令人满意	工作表现高于一般员工的水平	无不准确的工作，一般情况下无须监督	
2.工作数量——考察工作完成的数量以及完成工作所需的时间					
不能完成所分派的工作，低于最低要求	有时需要别人帮助才能完成	通常能按时完成所分配的工作	产量通常能超出一般水平	是效率特别高的员工，无须任何帮助	
3.与工作相关的知识——考察完成工作所需的知识和技能					
不具备完成工作所需的知识	对一些责任有时缺乏理解	具有完成任务所具备的一定知识和技能	能很好地理解工作任务，有一定的技能	具有全面的知识和很强的工作技能	
4.创造性、进取心——考察所具备的完成有效工作的能力					
不能处理非常规性的情况	出现非常规性工作时需要指导帮助	有时在别人的指导下能有效处理特殊事件	对非常事件有较强的判断力	无须帮助就能有效地解决非常事件	
5.领导力——考察其对他人的指导和影响力					
不能进行自我管理	不具备直接影响他人的能力	在正常监督下能与同事合作	有能力直接影响他人	具有很强的影响力	
6.合作精神——考察对工作的态度和与他人共事的能力					
不能遵守规章，常引起摩擦和冲突	有时不合作，与一些人交往有一定难度	比较容易与他人合作，对工作有兴趣	善于合作，在避免矛盾时比较机敏	特别具有合作意识，勇于承担责任	

第十一章
薪酬管理技能

技能一　采集企业薪酬信息

一、技能要求

通过学习,能够采集企业薪酬管理的外部环境信息和内部信息。

二、技能训练

(一)外部薪酬信息采集的范围

(1)内容范围,包括:薪酬本身,如竞争对手薪酬结构与水平、劳动力市场薪酬水平等;薪酬环境,如与企业薪酬管理相关的法律法规环境。

(2)时间范围,采集最近期限的薪酬信息以建立和调整薪酬管理制度,采集较长期限的薪酬信息以分析薪酬外部环境变迁的规律性特征。

(3)地域范围,首先采集企业所在地的外部薪酬信息,如最低工资标准、工资指导线、各岗位的劳动力市场薪酬水平等;其次采集企业所在地相类似地区企业的薪酬信息。

(二)外部薪酬信息采集的方法

外部薪酬信息采集的主要方法有:网络检索搜寻、标杆企业跟踪、购买薪酬数据、利用招聘收集信息、人际关系收集、市场薪酬调查。

(三)内部薪酬信息采集的方法

内部薪酬信息采集的主要方法是:通过企业内部资料收集信息、通过企业内部会议收集意见、开展薪酬满意度调查、离职分析。

技能二　薪酬体系设计的准备工作

一、技能要求

通过学习,能按照薪酬体系设计各步骤的主要内容和具体要求,进行薪酬体系设计的准备工作。

二、技能训练

(1) 首先要明确企业的价值观和经营理念。

(2) 其次要明确企业总体发展战略规划的目标和要求。

薪酬管理原则的制定应以企业战略为导向,应该掌握企业战略规划的以下内容:

① 企业的战略目标,即企业在行业中的角色定位、财务目标、产品的市场定位等。

② 企业实现战略目标应具备的和已具备的关键成功因素。

③ 具体实现战略的计划和措施。

④ 对企业实现战略有重要驱动力的资源(人、财、物),明确实现企业战略需要的核心竞争力。

⑤ 根据企业战略,确定激励员工具备企业需要的核心竞争力的方法论;确定员工实现战略、激励员工产生最大绩效的方法论。

(3) 掌握企业生产经营特点和员工特点。

劳动密集型企业,大多数员工是生产工人,每个工人的工作业绩不受其他人的影响,可以采用量化的指标来考核,企业薪酬管理的原则将是主要以员工的生产业绩(生产量、生产值或生产质量)决定其薪酬。知识密集型企业,员工大多是高素质的人才,对于企业来说,重要的是员工能力的大小,如果员工能力强,则会给企业带来更多的收益。这些企业在进行薪酬管理时可以以提高员工能力、吸引高能力的人才为目的,制定基于员工能力的薪酬制度。

(4) 掌握企业的财务状况。

根据企业战略目标、企业价值观等方面的总方针和总要求,从企业的财务实力的状况出发,切实合理地确定企业员工的薪酬水平,明确把握不同地区、同业同类或者不同行业同类岗位薪酬的市场总水平,还要充分分析各类岗位的实际价值,最终决定企业某类岗位薪酬水平的定位。

(5) 明确掌握企业劳动力供给与需求关系。

了解企业所需要的人才在劳动力市场上的稀缺性,如果供大于求,薪酬水平可以低一些;如果供小于求,薪酬水平可以高一些。

(6) 明确掌握竞争对手人工成本状况。

为了保持企业产品的市场竞争力,应进行成本与收益的比较,通过了解竞争对手的人工成本状况,决定本企业的薪酬水平。

技能三　制定薪酬管理制度草案

一、技能要求

通过学习,能按照专项薪酬管理制度主要内容和具体要求,制定企业专项薪酬管理制度草案。

二、技能训练

(一)设计单项薪酬制度的基本程序

(1)准确标明制度的名称；

(2)明确界定单项工资制度的作用对象和范围；

(3)明确工资支付与计算标准；

(4)涵盖该项工资管理的所有工作内容。

(二)岗位工资或能力工资的制定程序

(1)根据员工工资结构中岗位工资或能力工资所占比例和工资总额,确定岗位工资总额或能力工资总额；

(2)根据企业战略等确定岗位工资或能力工资的分配原则；

(3)岗位分析与评价或对员工进行能力评价；

(4)根据岗位(能力)评价结果确定工资等级数量以及划分等级；

(5)工资调查与结果分析；

(6)了解企业财务支付能力；

(7)根据企业工资策略确定各工资等级的等中点,即确定每个工资等级在所有工资标准的中点所对应的标准；

(8)确定每个工资等级之间的工资差距；

(9)确定每个工资等级的工资幅度,即每个工资等级对应多个工资标准,工资幅度是指各等级的最高工资标准与最低工资标准之间的幅度；

(10)确定工资等级之间的重叠部分大小；

(11)确定具体计算办法。

(三)奖金制度的制定

(1)制定程序:按照企业经营计划的实际完成情况确定奖金总额；根据企业战略、企业文化等确定奖金分配原则；确定奖金发放对象及范围；确定个人奖金计算办法。

(2)奖金设计方法,如表11-1所示。

表 11-1 奖金设计方法

类别	设计要点
佣金	严格来讲,佣金不是奖金,但两者有相似之处,可作为一种特殊的奖金。在设计佣金时要注意以下事项: ①比例要适当。 ②不要轻易改变比例。 ③兑付要及时
超时奖	在设计超时奖时要注意以下事项: ①尽量鼓励员工在规定时间内完成任务。 ②明确规定何时算超时,何时不算超时。 ③明确规定哪一类岗位有超时奖,哪一类岗位没有超时奖。 ④允许在某一段时间内,由于完成特殊任务而支付超时奖,如果员工劳动一直超时,则应考虑增加员工
绩效奖	绩效奖是由于员工达到某一绩效,企业为了激励员工这种行为而支付的奖金。在设计绩效奖时要注意以下事项: ①绩效标准要明确、合理。 ②达到某一绩效标准后的奖金要一致,即任何人达到这一绩效标准后均应该获得相同的奖金。 ③以递增方法设立奖金,鼓励员工不断提高绩效
建议奖	在设计建议奖时要注意以下事项: ①只要是出于达到组织目标的动机,都应该获得奖励。 ②奖金的金额应该较低,而获奖的面要较宽。 ③如果建议重复,原则上只奖励第一个提此建议者。 ④如果建议被采纳,除建议奖外还应给予其他奖金
特殊贡献奖	在设计特殊贡献奖时要注意以下事项: ①制定标准时要有可操作性。 ②为企业增加的金额(或减少损失的金额)要大。 ③要明确规定,只有在他人或平时无法完成的情况下,该员工却完成时才能获奖。 ④授奖人数较少,金额较大。 ⑤奖励时要大力宣传,使受奖人和其他人均受到鼓励
节约奖	节约奖又称降低成本奖,一般以第一线的操作员工为奖励的主要对象。在设计节约奖时要注意以下事项: ①要奖励节约而非假节约,两者的区别在于是否保证质量,即在保证产品质量的前提下的节约是真节约,反之则是假节约,假节约不但不奖反而要罚。 ②设立指标来确定是否降低了成本。 ③降低的成本可以通过累计而获奖
超利润奖	超利润奖是指员工全面超额完成利润指标后,企业发给有关员工的奖金,有时又称为红利。在设计超利润奖时要注意以下事项: ①只奖励与超额完成利润指标有关的人员。 ②根据每个员工对超额完成利润指标的贡献大小发放奖金,切忌平均主义。 ③明确规定以超出部分的多少百分比作为奖金,一旦决定后不要轻易改变,否则易挫伤员工的积极性

技能四　岗位评价流程

一、技能要求

通过学习,能按照岗位评价流程主要内容和具体要求,开展企业岗位评价。

二、技能训练

(1) 组建岗位评价委员会。

(2) 制订、讨论、通过岗位评价体系。

(3) 制订岗位评价表,评价委员人手一份。

(4) 评委集体讨论岗位清单,并充分交流岗位信息。

(5) 集体讨论:按照评价要素及其分级定义,逐一要素确定每个岗位的等级(要求每个要素讨论一轮)。

(6) 代表性岗位试评,交流试评信息。

(7) 评委打点:每一评价委员根据岗位说明书和日常观察掌握的岗位信息按照岗位评价标准体系,逐一要素对岗位进行评价,并得出每一岗位评价总点数。

(8) 制订岗位评价汇总表,汇总各位评价委员的评价结果,求出每一岗位算术平均数。

(9) 根据汇总计算的平均岗位点数,按升值顺序排列。

(10) 根据评价点数情况,确定岗位等级数目,并确定岗位等级划分点数。

(11) 根据岗位等级点数幅度表划岗归级,作为初评岗位等级序列表。

(12) 将初评岗位等级序列表反馈给评价委员,对有争议的岗位进行复评。

(13) 将复评结果汇总,形成岗位等级序列表,岗位评价委员会工作结束。

(14) 将岗位等级序列表提交工资改革决策委员会讨论通过,形成最终的岗位等级序列表。

技能五　市场薪酬调查

一、技能要求

通过学习,能了解市场薪酬调查的主要内容和具体要求,依程序开展市场薪酬调查。

二、技能训练

市场薪酬调查的基本程序是：

1. 明确调查目的

调查的结果可以为具体工作提供参考和依据，包括整体薪酬水平的调整、薪酬差距的调整、薪酬晋升政策的调整、具体岗位薪酬水平的调整等。

2. 确定调查范围

一是确定调查的企业。在选择薪酬调查的具体对象时，要坚持可比性的原则，在调查时应选择：①同行业中同类型的其他企业；②其他行业中有相似相近工作岗位的企业；③与本企业雇用同一类劳动力、可构成人力资源竞争关系的企业；④在本地区同一劳动力市场上招聘员工的企业；⑤经营策略、信誉、报酬水平和工作环境均合乎一般标准的企业。

二是确定调查的岗位。确定调查的岗位时，应注重岗位之间在时间和空间多个维度上的可比性。选择确定被调查的岗位，应在工作性质、难易复杂程度、岗位职责、工作权限、任职资格、能力要求、劳动强度、环境条件等方面与本企业需调查岗位具有可比性。在组织薪酬调查时，要对各种相关信息做出必要的筛选和确认。

三是确定需要调查的薪酬信息，通常包括：与员工基本工资相关的信息、与奖金相关的信息、股票期权或影子股票计划等长期激励计划、与企业各种福利计划相关的信息、与薪酬政策诸多方面有关的信息。

四是确定调查的时间段。要明确收集薪酬数据的开始和截止时间。

3. 选择调查方式

常用的调查方式有企业之间相互调查、委托中介机构进行调查、采集社会公开的信息、问卷调查等。

4. 薪酬调查数据的统计分析

在对调查数据进行整理汇总、统计分析时，可根据实际情况选取数据排列法、频率分析法、趋中趋势分析法、离散分析法、回归分析法和图表分析法进行数据分析。

5. 撰写薪酬调查报告

薪酬调查报告应该包括薪酬调查的组织实施情况分析、薪酬数据分析、政策分析、趋势分析、企业薪酬状况与市场状况对比分析、薪酬水平或制度调整的建议。

技能六　分析市场薪酬调查数据

一、技能要求

通过学习，能按照分析市场薪酬调查数据的方法和要点，完成市场薪酬调查数据的分析。

二、技能训练

整理好薪酬调查问卷之后,得出统计结果,接下来的任务就是对统计结果进行分析。数据分析的常用方法包括频率分析、集中趋势分析、离散趋势分析等。

(一)频率分析

频率分析是最简单也是最直观的一种分析方法,即将所得到的与每一职位相对应的薪酬数据从高到低排列,然后看落入每一薪酬范围内的企业数量。哪一个薪酬范围内企业的数量越多,表示这个薪酬范围越接近目前市场的薪酬水平。以北京市为例,企业行政主管一职的薪酬调查数据经过频率分析之后,得到如表11-2所示的结果。

表 11-2 行政主管薪酬数据频率分析

薪酬浮动范围/元	此范围内的企业数量	薪酬浮动范围/元	此范围内的企业数量
4501～4750	0	5751～6000	6
4751～5000	1	6001～6250	7
5001～5250	2	6251～6500	2
5251～5500	4	6501～6750	1
5501～5750	5	6751～7000	1

为了更直观地进行观察,还可以根据调查数据绘制出直方图,如图11-1所示。

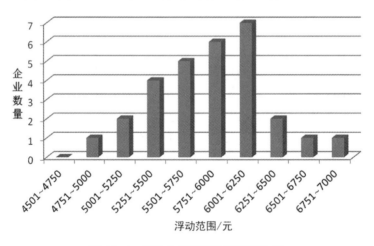

图 11-1 行政主管薪酬数据频率分析

从图11-1可以很容易看出,该职位的主要薪酬浮动范围为5251～6250元,这也是大部分企业为之支付的薪酬范围。

(二)集中趋势分析

集中趋势分析是描述一组数据聚焦在某一中心点的程度,这个点代表一个职位典型的薪酬数据,通常用平均数和中位数来度量。以北京市为例,销售工程师一职的薪酬数据如表11-3所示。

表11-3 销售工程师薪酬调查数据统计

公司代码	职位数	平均工资/（元/年）
A	5	60000
B	11	68000
C	30	62000
D	7	63000
E	16	61000
F	9	65000
G	26	66000
H	8	69000
K	12	64000
L	8	67000
N	4	70000

平均数是应用得最多的反映集中趋势的指标，又可细分为简单平均数和加权平均数。

1. 简单平均数

简单平均数是一种最为常见的分析指标，就是将所有数据相加，然后除以数据个数即可获得。这种方法操作起来比较简单，但极端值有可能会破坏结果的准确性，所以有些企业会首先使用频率分布将极端值剔除掉。当调查者获得的数据不能全面代表行业或者竞争对手的情况，或者因为一些重要的目标企业拒绝参与而导致数据不完善时，采用简单平均数的方法是最好的。在上例中，简单平均数为65000元[(60000+68000+62000+⋯+70000)/11元]。企业可以利用简单平均数来判断销售工程师的薪酬水平是高于市场薪酬水平还是低于市场薪酬水平。

2. 加权平均数

与简单平均数不同，在加权平均数中，不同企业的薪酬数据将会被赋予不同的权重，而权重的大小则取决于每一企业中在同种职位上工作的员工人数。上例中，薪酬的加权平均值为64426.47元[(5×60000+11×68000+⋯+4×70000)/136元]。采用这种方法求得的最终结果比简单平均数更为科学。在调查结果基本上能代表行业总体状况的情况下，加权平均数的分析结果是最好的，因为这时经过加权的平均数比较接近劳动力市场的真实状况。

（三）离散趋势分析

离散趋势分析是用来描述一组数据分散程度的。在薪酬调查数据分析中运用离散趋势分析是为了分析公司薪酬与市场薪酬水平之间的差异。描述离散趋势的指标主要有标准差、四分位和百分位，下面只介绍四分位和百分位。

1. 四分位

四分位是将所有的薪酬数据从小到大排列，以25%、50%、75%这3个百分比将这些数值分为4组，第1个四分位数的薪酬数据位于最低的25%范围内，常用25P表示；第2个四分位数的薪酬数据位于 25%～50%，常用 50P 表示；第 3 个四分数的薪酬数据位于 50%～75%，常用 75P 表示；第 4 个四分位数的薪酬高于均值，在薪酬数据中位于 75% 以上，常用 100P 表示。

2.百分位

百分位是把薪酬数据按百分比划分，所代表的是有百分之多少的公司的薪酬水平低于位于该百分位上的公司的薪酬水平。较为重要的一般是位于整数百分比（如 10%）处的数据。在百分位分析法中，第 50 个百分位是中间值。百分位分析在企业的薪酬水平战略定位中是最常用的，因为它提示了本企业的薪酬水平在劳动力市场上的地位。

工资分位数表如表 11-4 所示。

表 11-4 工资分位数表

工资/（元/月）	分位数
23000	
23000	第 10 个百分位数
23000	
24500	
24500	
25000	第 1 个四分位数（25P）
25000	
25500	
25500	
26500	
26500	
28000	第 2 个四分位数（50P）（中位数）
28000	
29000	
30500	
30500	
31000	第 3 个四分位数（75P）
31000	
32000	
32000	
34500	第 90 个百分位数
34500	第 4 个四分位数（100P）

企业可以将薪酬调查数据和统计分析结果在统一的分析表中进行展示，以方便了解同一职位在不同企业中的不同薪酬水平和不同企业采用的不同薪酬结构。

将所有职位薪酬水平的 75P（中上值）和 25P（中下值）从高到低排序，然后分别连接起来，就可以得到一张反映所有基准职位的市场薪酬水平图。在图中加上本企业自身的薪酬中值线，就可以直观地了解到在不同的岗位上企业薪酬水平的相对市场位置,或高于市场水平,或与市场水平持平,或低于市场水平。

技能七　编制福利总额预算

一、技能要求

通过学习,能按照编制福利总额预算的步骤的主要内容和具体要求,完成福利总额预算的编制。

二、技能训练

编制福利总额预算的程序如下:
(1)明确各项福利的性质、设施或服务。
(2)明确各项福利的起始、执行日期以及上年度的效果、评价分数。
(3)明确各项福利的受益者、覆盖面、上年度总支出和本年度预算。
(4)新增福利的名称、原因、受益者、覆盖面、本年度预算、效果预测、效果评价标准。
(5)根据薪酬总额计划以及工资、奖金等计划,检查该项福利计划的成本是否能控制在薪酬总额计划内。

技能八　制订员工福利计划

一、技能要求

通过学习,能按照员工福利计划制订的具体要求和需要参照的内容,完成员工福利计划制订。

二、技能训练

企业需要在符合国家法律的基础上,改进福利决策,以提高其核心竞争力,吸引和留住核心员工。具体来说,制订员工福利计划要考虑以下几方面:
(1)福利计划符合企业的目标与战略。
福利计划的制订要与企业发展的阶段以及战略目标相匹配,企业在发展的初期、中期与末期,扩张期与收缩期,盈利或亏损期,其福利方案应该是有所区别的。同时,社会经济发展形势的变化、劳动力市场的变化等也要求企业的福利方案做出响应。结合迈克尔·波特的战略理论，企业的基本外部战略分为低成本战略、差异化战略、目标聚集战略，根据这三种战略企业可以采取不同的福利计划，如图 11-2 所示。

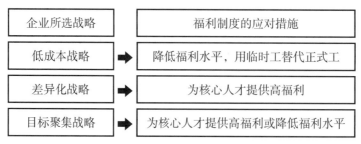

图 11-2　根据企业所选战略制订福利计划

（2）开展福利调查。

竞争对手的福利状况对企业制订福利计划的影响是最直接的。当其他竞争对手的福利水平、福利内容、福利形式等发生变化时，为了保证外部的公平性，企业也要对自己的福利计划做出相应调整，否则往往会造成在职员工的不满，当不满比较严重时甚至会造成员工的流失。目前，在企业的招聘过程中，企业所能提供的员工福利已成为应聘者进行决策时非常重要的一个考虑因素。

（3）明确福利给予的对象。

由于不同的福利项目具有不同的特点，其适用的对象也是不同的，因此企业应当根据福利的具体内容来选择实施对象。此外，为了增强福利的激励作用，也需要对员工享受福利的资格条件做出规定，这同样也会产生选择福利实施对象的问题。

（4）员工队伍的性质。

除了企业自身的一些因素之外，员工个人的一些因素也会对福利计划的制订产生影响。这些因素主要有员工的需求、个人的绩效、工作的年限等。

员工的需求会影响福利内容的确定。为了更好地激发员工的工作动机，企业就要根据员工的需求来提供福利，这样才能提高福利的针对性和有效性。员工的绩效主要影响福利提供对象的确定。为了提高福利实施的效果，福利应当在一定程度上与绩效挂起钩来，目前越来越多的企业在福利管理中采取了这种做法。工作年限主要是指员工在本企业的工作年限。工作年限影响员工个人福利水平的确定。一般来说，工作年限越长的员工，企业为其提供的福利水平往往也越高。

（5）成本控制。

企业在制订福利计划时应考虑到自身的经济效益和支付能力。良好的经济效益可以保证福利水平的竞争力和福利支付的及时性。同时，企业还要注意利用税收等优惠措施。

（6）福利政策评价。

第十二章
劳动关系管理技能

技能一　员工满意度调查

一、技能要求

通过学习,能按照员工满意度调查各步骤的主要内容和具体要求,完成员工满意度调查。

二、技能训练

员工满意度调查就是通过一定的方法,了解员工对组织运行的某一方面的主观心理感觉,对调查结果进行评估,分析并提出相关判断的活动。它是企业组织内部环境研究的组成部分,为企业制定发展战略、调整企业组织结构、完善内部劳动规则提供依据。

员工满意度调查的基本程序和具体步骤如下。

1.确定调查对象

调查对象可以分为生产工人、办公室工作人员、管理人员等。对人员还可以进行更细的分类。调查对象的确定与调查方法等其他内容要相互协调。

2.确定满意度调查内容

根据员工满意度调查的目的确定调查内容(调查项目),包括薪酬制度、考核制度、培训制度、组织结构及效率、管理行为方式、工作环境、人际关系、员工发展等。

3.确定调查方法

员工满意度调查方法通常为问卷调查法和访谈法。问卷调查一般分为目标型调查和描述型调查。

(1)目标型调查法。目标型调查法的一般形式是提出问题,并且设定问题的若干个答案,由调查对象答题。这种方法的具体方式有很多,包括选择法、正误法、序数表示法等。

(2)描述型调查法。描述型调查设定问题的方法有确定性提问和不定性提问两种。确定性提问可以比较深入地了解员工对某一问题的感受,不定性提问的重点在于了解员工的一般感受,但可以使管理者了解组织运行中迫切需要解决的问题是什么。描述型调查法一般与访谈法密切结合。

4.确定调查组织

调查组织可以由企业内部的有关管理人员组成,也可以聘请相关咨询公司的专家实施。组织内部自我进行调查,调查前必须进行培训,充分理解调查意义,科学设定调查问题,明确调查问题的含义,并应对调查进行指导。较好的办法是企业与第三方专业公司相互配合。一方面,企业可以有效地利用第三方人员和技术上的优势;另一方面,第三方介入调查,可以增加员工对于调查的信任度,提高调查的质量。

5.调查结果分析

汇总调查问卷,运用统计分析方法判断组织员工满意度的总体水平,概括组织运行中的主要问题,写出调查报告并提出对策建议。

6.结果反馈

员工满意度调查,在前期调查过程中完成的是自下而上的信息反映。最终形成的调查结果也可以自上而下,根据不同对象逐层地进行相关信息的反馈,以激发日后员工参与此类工作的热情,提升员工对企业的认同感。

7.制定措施落实,实施方案跟踪

企业决策者和部门等不同层面根据满意度调查反馈结果,制定相应的解决措施并加以落实。作为调查的组织者,应该设计相应的跟踪方案,对具体措施的落实情况进行跟踪,检测满意度调查的实际效果。

技能二　制定企业工作时间制度

一、技能要求

通过学习,能按照各类标准工作时间的计算方法和法律限制延长工作时间的规定,制定企业工作时间制度。

二、技能训练

(一)各类标准工作时间的计算方法

根据《全国年节及纪念日放假办法》(国务院令第513号)的规定,职工全年月平均制度工作天数和工资折算办法如下。

1.制度工作时间的计算

$$年制度工作日 = 365 天 - 104 天(休息日) - 11 天(法定节假日) = 250 天$$

$$季制度工作日 = 250 天 \div 4 季 = 62.5 天/季$$

月制度工作日 = 250 天 ÷ 12 月 = 20.83 天 / 月

年制度工作工时 = 250 × 8 工时 = 2000 工时

季制度工作工时 = 62.5 × 8 工时 / 季 = 500 工时 / 季

月制度工作工时 = 2000 / 12 工时 / 月 = 166.67 工时 / 月

2.日工资、小时工资的折算

按照《劳动法》第五十一条的规定，法定节假日用人单位应当依法支付工资，即折算日工资、小时工资时，不剔除国家规定的11天法定节假日。

据此，日工资、小时工资的折算如下。

月计薪天数 = （365-104）天 ÷ 12 月 = 21.75 天 / 月

日工资 = 月工资收入 ÷ 月计薪天数

小时工资 = 月工资收入 ÷ （月计薪天数 × 8）

（二）限制延长工作时间的措施

(1) 条件限制。用人单位由于生产经营需要，与工会和劳动者协商可以延长工作时间。

(2) 时间限制。用人单位延长工作时间，一般每日不得超过1小时。因特殊原因需要的，在保证劳动者身体健康的条件下，每日不得超过3小时，但每月不得超过36小时。

(3) 报酬限制。用人单位应当以高于劳动者正常工作时间的工资标准支付延长工作时间的劳动报酬，其标准是：在法定标准工作时间以外延长工作时间的，按照不低于劳动合同规定的劳动者本人小时工资标准的150%支付劳动报酬；劳动者在休息日工作而又不能安排其补休的，按照不低于劳动合同规定的劳动者本人日或小时工资标准的200%支付劳动报酬；劳动者在法定节假日工作的，按照不低于劳动合同规定的劳动者本人小时工资标准的300%支付劳动报酬。

(4) 人员限制。怀孕7个月以上和哺乳未满1周岁婴儿的女职工，不得安排其延长工作时间。

技能三　制定企业内部劳动规则

一、技能要求

通过学习，能按照制定企业内部劳动规则各步骤的主要内容和具体要求，完成企业内部劳动规则的设计。

二、技能训练

用人单位内部劳动规则包括劳动合同管理制度、劳动纪律、劳动定员定额规则、劳动岗位规范制定规则、劳动安全卫生制度以及其他制度。

制定用人单位内部劳动规则需要做到三个合法,即主体合法、内容合法和程序合法。

(一) 主体合法

主体合法是指内部劳动规则制定主体必须具备制定内部劳动规则的法律资格。有权制定内部劳动规则的应当是用人单位行政系统中处于决策层次、对用人单位的各个组成部分和全体职工有权实行全面和统一管理的机构。只有依据《中华人民共和国公司法》或用人单位的章程有权制定内部劳动规则的管理机构,才具有内部劳动规则制定的主体资格。

(二) 内容合法

内容合法是指用人单位内部劳动规则的内容不得违反法律、法规的规定。内部劳动规则的内容与集体合同有相互重叠的部分应使之协调而不能相互冲突。内部劳动规则侧重于规定在劳动过程的组织、管理中劳动者和用人单位双方的职责,即劳动行为规则和用工规则。内部劳动规则所规定的劳动者利益不得低于集体合同所规定的标准。

(三) 程序合法

1. 职工参与

(1) 用人单位内部劳动规则的制定虽然是企业生产经营管理权的表现,是单方的法律行为,但只有在吸收和体现劳动者一方的意志,或者得到劳动者认同的情况下,才能确保实施。

(2) 用人单位内部劳动规则是调整员工工作行为和用人单位用工行为的标准,直接涉及劳动者的切身利益。

(3)《劳动法》第八条规定:"劳动者依照法律规定,通过职工大会、职工代表大会或者其他形式,参与民主管理或者就保护劳动者合法权益与用人单位进行平等协商。"因此,制定用人单位内部劳动规则,用人单位有义务保证职工参与并积极听取、征求工会和职工意见。

2. 正式公布

用人单位内部劳动规则以全体职工和企业行政各个部门或组成部分为约束对象,应当为全体职工和企业各行政部门所了解,应当以合法有效的形式公布。通常以企业法定代表人签署和加盖公章的正式文件形式公布。

技能四 集体合同管理

一、技能要求

通过学习,能按照集体合同签订的各步骤的主要内容和具体要求,完成集体合同签订的前期准备,能监督检查集体合同的履行。

二、技能训练

（一）集体合同签订的前期准备

工会在集体协商前应该做好充分的思想准备，收集、熟悉和研究与集体协商工作相关的资料，确定协商议题、协商策略和工作步骤，以取得最佳的协商效果。

1.思想准备

工会要通过各种途径，向广大干部和职工群众宣传集体合同相关的法律法规和政策规定，深入宣讲集体合同制度的内容、形式及作用，激发职工群众积极参与的内在动力，为集体协商奠定思想基础和群众基础。还要主动与企业领导沟通，宣传国家的法规政策，取得企业方的理解、支持和合作，为推进工作营造良好的工作环境和氛围。

2.收集信息资料

工会和职工方协商代表在协商前必须收集相关的信息资料，包括居民消费价格指数、最低工资标准、劳动力市场工资指导价位、工资指导线、地区、行业的职工平均工资水平，劳动效率，企业工资信息、利润、经营状况等。

3.确定协商议题

工会要深入基层，通过召开座谈会、问卷调查或直接听取意见等方式，广泛征求职工的意见和要求，掌握职工最关心、最直接、最现实的利益问题，使协商议题在形成时就充分体现多数职工的意愿，使工会在协商中能更好地表达民意，维护好职工的合法权益。

4.协商集体合同

首先，进行协商准备：确定协商代表，拟订协商方案，预约协商内容、日期、地点。其次，召开协商会议：宣布议程和会议纪律；一方首席代表提出协商的具体要求，另一方首席代表就要求做出回应；协商双方就商谈事项发表各自意见，开展充分讨论；双方首席代表归纳意见。最后，双方首席代表签字。

（二）集体合同履行的监督检查

各单位必须在集体合同生效后7天内，由双方成立监督检查小组或监督检查委员会，负责对本单位集体合同的履行情况进行监督检查。

监督检查小组由企业行政、工会和职工各派等额代表组成。企业规模较大的，一般成立监督检查委员会，在此基础上还可以建立企业发展目标、劳动报酬、劳动时间、生活福利、劳动保护等专项监察小组。各专项监察小组在监督检查委员会成员分工负责、具体组织下开展日常监督活动。并制定相关的监督检查制度和具体检查办法。监督检查小组或监督检查委员会应定期将合同执行情况向职代会、职工代表或职工群众报告，及时发现问题，及时解决问题。

技能五　代表企业参与劳动争议协商和调解

一、技能要求

通过学习,能按照劳动争议协商、调解的原则和具体要求,代表企业参与劳动争议协商和调解。

二、技能训练

(一)代表企业参与劳动争议协商

1.协商前的准备

一是要查明争议事实。根据劳动争议产生的原因,一些争议是由于员工的切身利益甚至基本生存权利受到了侵害引起的,例如劳动报酬、工伤医疗费、赔偿争议等,负责协商和解的人员应足够重视并正确估计事态后果。而另一些争议是由于企业无法满足员工职业发展的需要引起的,例如培训、福利、升职等,这类争议矛盾冲突相对较小,比较容易通过协商和解的方式解决。

二是要熟悉相关法律法规。进行劳动争议的协商必须熟悉相关的法律法规,劳动关系协调员应组织发生劳动争议的双方充分学习、了解相关的法律法规,争取在协商和解过程中做到有理、有据、有节。

三是选择协商人员。企业一方选择协商人员通常应考虑三点要求:尽量与该劳动争议无利害关系;具备相应法律知识、经验;在企业和员工中具有一定声望。

四是确立协商的目标。劳动争议协商和解的目标可以划分为三个层次,分别是:必须达成的目标,是协商不成也不能放弃的目标,即进行协商和解可以接受的底线;预期达成的目标,但是在迫不得已的情况下可以选择放弃的;期望达成的目标,在必要时可以放弃的。

2.劳动争议焦点提炼

劳动争议的焦点也就是劳动争议双方围绕的争议中心,争议焦点的寻找和提出是协商发挥作用的基础。根据《劳动争议调解仲裁法》第二条的有关规定,劳动争议一般可以分为六大类,因此,劳动争议焦点的提炼应围绕法律规定的六类劳动争议进行。

3.协商的过程

劳动争议协商的过程就是劳动争议的双方当事人表明各自观点、交换意见以达成共识的过程,可以看作是双方当事人参与协调劳动关系,劳资双方应寻找利益的共同点,相互谅解,争取取得劳动争议的解决,和谐劳动关系。

4.协商的结果

一般来说,协商和解的结果有三种:第一种为和解过程失败,双方未能达成有效的协议;第二种为双方达成和解协议,但和解协议未能被有效地执行;第三种为双方达成和解协议,并且和解协议得到双方的积极履行。劳动争议中的双方当事人如果达成和解协议,就要积极履行协议内容,化解劳动争议,促进劳资共赢。劳动争议中的双方当事人如果未能就争议内容达成和解协议,可以向当地法院提起诉讼。

(二)代表企业参与劳动争议调解

1.劳动争议调解组织的组成

企业劳动争议调解委员会由职工代表和企业代表组成。职工代表由工会成员担任或者由全体职工推举产生,企业代表由企业负责人指定。企业劳动争议调解委员会主任由工会成员或者双方推举的人员担任。

2.劳动争议调解程序

一是申请。劳动争议发生后,当事人申请劳动争议调解的,可以书面申请,也可以口头申请。口头申请的,调解组织应当当场记录申请人基本情况、申请调解的争议事项、理由和时间。

二是受理。符合《劳动争议调解仲裁法》规定的受案范围的,劳动争议调解组织应当受理,并将受理决定即时告知当事人。首先,调解委员会在接到调解申请后,应征询对方当事人的意见,对方当事人不愿调解的,应做好记录,在3日内以书面形式通知申请人。之后,调解委员会应在4日内做出受理或不受理申请的决定,对不受理的,应向申请人说明理由。对调解委员会无法决定是否受理的案件,由调解委员会主任决定是否受理。调解委员会主要从以下几方面审查:申请事由是否属于劳动争议;申请人是否合格;申请双方是否明确;调解请求和事实根据是否明确;是否经过仲裁裁决或法院判决。

三是调解前的准备。劳动争议调解组织在正式调解前应做好必要的准备工作,告知双方当事人参加调解,指定专门调解人员,调查取证,了解案情,熟悉有关法律法规、政策等。

四是调解。在弄清基本事实及各项准备工作就绪的情况下,应及时进行调解。①及时指派调解委员对争议事项进行全面调查核实,调查应做笔录,并由调查人签名或盖章;②调解委员会主任主持召开有争议双方当事人参加的调解会议,有关单位和个人可以参加调解会议协助调解,简单的争议,可由调解委员会指定一至二名调解委员进行调解;③调解委员会应听取双方当事人对争议事实和理由的陈述,在查明事实、分清是非的基础上,依照有关劳动法律、法规,以及依照法律、法规制定的企业规章和劳动合同,公正调解。

五是达成调解协议。经调解达成协议的,应当制作调解协议书。①经调解达成协议的,制作调解协议书,双方当事人应自觉履行。协议书应写明争议双方当事人的姓名(单位、法定代表人)、职务、争议事项、调解结果及其他应说明的事项,由调解委员会主任(简单争议由调解委员)以及双方当事人签名或盖章,并加盖调解委员会印章。②调解不成的,应当做好记录,并制作调解意见书,说明情况。调解委员会调解劳动争议案件的时效为15天,15天内未达成调解协议的,当事人可以依法申请仲裁。

六是调解协议的履行。达成调解协议后,一方当事人在协议约定期限内不履行调解协议的,另一方当事人可以依法申请仲裁。

因支付拖欠劳动报酬、工伤医疗费、经济补偿或者赔偿金事项达成调解协议,用人单位在协议约定期限内不履行的,劳动者可以持调解协议书依法向人民法院申请支付令。人民法院应当依法发出支付令。

技能六　劳动安全卫生保护管理技能

一、技能要求

通过学习,按照劳动安全卫生项目的主要内容和费用预算编制的具体要求,完成安全卫生项目费用预算编制。能按照职业安全卫生管理的具体要求,对员工进行岗位安全教育。能按照法律条例对工伤管理的具体要求,帮助员工完成工伤认定申请。

二、技能训练

(一)编制劳动安全卫生项目费用预算

劳动安全卫生保护预算涉及生产系统控制、技术创新、财务预算等各项工作。进行职业安全卫生费用管理,首先要对职业安全卫生保护费用进行分类。职业安全卫生保护费用根据企业会计准则的规定,部分属于制造费用范畴,部分属于管理费用范畴。职业安全卫生保护费用主要分为以下几类:①职业安全卫生保护设施建设费用;②职业安全卫生保护设施更新改造费用;③个人职业安全卫生防护用品费用;④职业安全卫生教育培训经费;⑤健康检查和职业病防治费用;⑥有毒有害作业场所定期检测费用;⑦工伤保险费;⑧工伤认定、评残费用等。

劳动安全卫生预算编制程序是:

(1)企业最高决策部门决定企业职业安全卫生管理的总体目标和任务,并应提前下达到中层和基层单位。

(2)职业安全卫生管理职能部门根据企业总体目标的要求制定具体目标,提出本单位的自编预算。

(3)自编预算在部门内部协调平衡,上报企业预算委员会。

(4)企业预算委员会经过审核、协调平衡,汇总成为企业全面预算,并应在预算期前下达相关部门执行。

(5)编制费用预算。

(6)编制直接人工预算。

(7)根据企业管理费用预算表、制造费用预算表及产品制造成本预算表的相关预算项目要求和分类,编制职业保护预算、职业安全卫生教育预算、个人防护用品预算等。

(8)费用预算按照企业选择确定的财务预算方法进行编制,即可以选用固定预算法、滚动预算法或弹性预算法进行编制。

(二)岗位安全教育

岗位安全教育是新员工或调动工作的员工,分配到固定工作岗位开始工作之前的安全教育。其内容主要有:

(1)本工段或生产班组安全生产概况,工作性质及职责范围。

(2)新员工将要从事的生产工作性质、必要的安全知识以及各种机具设备及其安全防护设施的性能和作用,岗位操作规程等。

(3)本岗位安全技能训练。

(4)工作地点和环境的清洁卫生事项。

(5)容易发生事故或有毒有害的区域。

(6)个人防护用品的正确使用和保管等。

在采用新的生产方法,增添新的设备,制造新的产品,或调换新的工种、新岗位时,都必须对工人进行新工作岗位和新的操作方法的安全教育。

岗位安全教育一般采用"以老带新"或"师徒包教包学"等方法,订立包教合同,确定具体期限,使工人按规定掌握生产技术知识,熟悉作业环境,掌握安全操作技能。

(三)工伤认定申请

职工发生事故伤害或者按照职业病防治法规定被诊断、鉴定为职业病的,所在单位应当自事故伤害发生之日或者被诊断、鉴定为职业病之日起30日内,向统筹地区社会保险行政部门提出工伤认定申请。用人单位未按规定提出工伤认定申请的,工伤职工或者其近亲属、工会组织在事故伤害发生之日或者被诊断、鉴定为职业病之日起1年内,可以直接向用人单位所在地统筹地区社会保险行政部门提出工伤认定申请。

工伤职工所在单位、职工个人(或者其近亲属)、工会组织申请工伤认定时,应该提交全面、真实的材料,以便于社会保险行政部门准确、及时做出工伤认定结论。根据《工伤保险条例》第十八条及《工伤认定办法》的规定,提出工伤认定申请应当提交下列材料:

(1)工伤认定申请表。工伤认定申请表是申请工伤认定的基本材料,包括事故发生的时间、地点、原因以及职工伤害程度等基本情况。通过申请表,认定机构对工伤职工所在单位、职工本人、工伤事故或者职业病的现状、原因等基本事项有一个简明、清楚的了解。

属于下列情况还应提供相关的证明材料:

①因履行工作职责受到暴力伤害的,应提交公安机关或人民法院的判决书或其他有效证明。

②由于交通事故引起的伤亡提出工伤认定的,应提交公安交通管理等部门出具的事故责任认定书或其他有效证明。

③因公外出期间,由于工作原因受到伤害的,应由当地公安部门出具证明或其他有效证明。

④在工作时间和工作岗位,突发疾病死亡或者在48小时之内经抢救无效死亡的,应提供医疗

机构的抢救和死亡证明。

⑤属于在抢险救灾等维护国家利益、公众利益活动中受到伤害的,按照法律法规规定应提交由设区的市级相应机构或有关行政部门出具的有效证明。

⑥属于因战、因公负伤致残的转业、复员军人,旧伤复发的,应提交《中华人民共和国残疾军人证》及医疗机构对旧伤复发的诊断证明。

(2)与用人单位存在劳动关系(包括事实劳动关系)的证明材料。规范的劳动关系证明材料是劳动合同。职工在没有劳动合同的情况下,可以提供一些能够证明劳动关系存在的其他材料,如领取劳动报酬的证明、单位同事的证明、考勤表等。

(3)医疗机构出具的受伤后诊断证明书,或者职业病诊断机构(或者鉴定机构)出具的职业病诊断证明书(或者职业病诊断鉴定书)。

参考答案

ANSWERS

第 一 章

第一节

一、单项选择题：B D B D D

二、多项选择题：ABC ABC ABCDE ABCDE ABCD

三、是非题：√ √ × √ √

第二节

一、单项选择题：B D A B C

二、多项选择题：ABCDE ABC ABCD ABCD ABCD

三、是非题：√ × √ √ √

第三节

一、单项选择题：A A D D B

二、多项选择题：ABCDE ABC ABC ABCD ABCE

三、是非题：√ × √ √ ×

第四节

一、单项选择题：A A D A B

二、多项选择题：ABCDE ABCD ABC ABC ABCD

三、是非题：√ √ × √ √

第五节

一、单项选择题：D D A D D

二、多项选择题：ABC ABCD ABC ABCD ABC

三、是非题：√ √ √ × ×

第 二 章

第一节

一、单项选择题：D　C　D　D　A

二、多项选择题：BD　ABCDE　ABCE　ABCDE　ABC

三、是非题：√　×　√　√　×

第二节

一、单项选择题：C　D　B　D　A

二、多项选择题：ABC　ABCDE　ABC　ABCDE　ABD

三、是非题：√　√　×　√　√

第三节

一、单项选择题：D　A　B　B　D

二、多项选择题：ABCDE　ACD　ACDE

三、是非题：√　√　√　×　√

第 三 章

第一节

一、单项选择题：A　A　C　D　A

二、多项选择题：ABC　ABCD　ABCD　ABCD　ABC

三、是非题：×　√　×　√　√

第二节

一、单项选择题：C　C　A　B　A

二、多项选择题：AB　ABCD　ABC　ABCD　ABC　ABC

三、是非题：√　√　×　√　√　√

第三节

一、单项选择题：A　A　D　A　D

二、多项选择题：ABCD　ABCD　ABCD　ABC　ABC

三、是非题：√　√　×　√　√

第四节

一、多项选择题：ABC　ABCD　ABCD

二、是非题：√　×　√

第五节

一、单项选择题：C　A　A　D　D

二、多项选择题：ABCD　ACD　ABCD　ABCD　ABCD

三、是非题：√　√　×　√　×

第 四 章

第一节

一、单项选择题：B　A　B　A　D

二、多项选择题：ABCD　BCE　BCE　ABC　ABC

三、是非题：√　√　×　√　√

第二节

一、单项选择题：C　A　C　C

二、多项选择题：ABCDE　ABCD　ABCDE　BCDE

三、是非题：×　√　√　×

第三节

一、单项选择题：C　B

二、多项选择题：ABDE　BDE　BCDE　AB

三、是非题：√　×　√　×

第四节

一、单项选择题：A　D　D　D　A

二、多项选择题：ABCD　ABCD　ACDE　ABDE　ABD

三、是非题：√　√　√　×　×

第 五 章

第一节

一、单项选择题：B　A　C　C　B

二、多项选择题：ACD　ABC　CDE　ABCD　ABC

三、是非题：√　√　×　√　×

第二节

一、单项选择题：A　D　A　B　D

二、多项选择题：ABCD　AB　ABCD　ABCDE　ABC

三、是非题：×　×　√　√　×

第三节

一、单项选择题：D　D　A　B　C

二、多项选择题：ADE　BCDE　ABCD　ABCDE　ABCE

三、是非题：√　√　×　√　×

第四节

一、单项选择题：D　B　B　B　D

二、多项选择题：ABC　ACD　ABCD　ABCD　BCD

三、是非题：×　√　√　×　√

第 六 章

第一节

一、单项选择题：C　C　D　C　D

二、多项选择题：ABCD　ABCD　ABCDE　CDE　ABCDE

三、是非题：√　×　×　√　√

第二节

一、单项选择题：A　C　C　B　D

二、多项选择题：ABE　ABCDE　ABCDE　ABCDE　ABC

三、是非题：×　√　√　√　×

第三节

一、单项选择题：A D A A D

二、多项选择题：ABDE ABCD ABCD ABC ACE

三、是非题：√ × √ √ ×

第四节

一、单项选择题：A B B A C

二、多项选择题：ABC ABCD ABC ABCD ABCE

三、是非题：√ √ √ × ×

第五节

一、单项选择题：A A C D C

二、多项选择题：AB ABCDE BCE ABC ADE

三、是非题：√ × √ √ ×

参考文献

REFERENCES

[1] 范灵. 新编企业劳动定额定员管理 [M]. 上海：上海交通大学出版社，2015.

[2] 李金亮，杨芳，周欣. 大学生职业生涯规划 [M]. 长沙：湖南教育出版社，2019.

[3] 刘娜欣. 人力资源管理 [M]. 北京：北京理工大学出版社，2018.

[4] 王亚丹，严国涛. 员工培训 [M]. 上海：上海财经大学出版社，2016.

[5] 马远. 员工培训管理 [M]. 广州：华南理工大学出版社，2017.

[6] 钟凯. 人力资源管理实务 [M]. 北京：北京理工大学出版社，2017.

[7] 李旭穗，倪春丽. 人力资源开发与管理项目化教程 [M]. 广州：华南理工大学出版社，2017.

[8] 严新明. 人力资源开发与管理 [M]. 南京：江苏凤凰科学技术出版社，2012.

[9] 中国就业培训技术指导中心. 企业人力资源管理师 [M].4 版. 北京：中国劳动社会保障出版社，2020.

[10] 肖剑. 员工考核与薪酬管理实用必备全书 [M]. 北京：企业管理出版社，2019.

[11] 陈葆华，任广新，张建国. 现代人力资源管理 [M]. 北京：北京理工大学出版社，2017.

[12] 马芳琴. 商事法律应用 [M]. 北京：北京理工大学出版社，2019.

[13] 张霞，全丽. 现代人力资源管理概论 [M]. 郑州：河南科学技术出版社，2014.

[14] 张洪山. 管理能力培养方案 [M]. 呼和浩特：内蒙古人民出版社，2012.

[15] 张志京. 劳动法学 [M]. 上海：复旦大学出版社，2017.

[16] 卿涛，郭志刚. 薪酬管理 [M]. 大连：东北财经大学出版社，2009.

[17] 丁雯，童丽，邹备战. 薪酬管理项目化教程 [M]. 大连：东北财经大学出版社，2014.

[18] 蒙慧. 人力资源管理 [M]. 武汉：华中科技大学出版社，2019.

[19] 刘湘丽. 绩效与薪酬实务 [M]. 北京：中央广播电视大学出版社，2012.

[20] 余泽忠. 绩效考核与薪酬管理 [M].2 版. 武汉：武汉大学出版社，2016.

[21] 徐伟. 人力资源管理工具箱 [M].3 版. 北京：中国铁道出版社，2019.

[22] 卢海萍，邹学家，曲丽秋. 旅游企业人力资源管理 [M]. 北京：北京理工大学出版社，2018.

[23] 杨红英. 人力资源开发与管理 [M]. 昆明：云南大学出版社，2014.

[24] 肖传亮，童丽，王贵军. 劳动关系管理 [M]. 大连：东北财经大学出版社，2012.

[25] 奚昕，谢方. 人力资源管理 [M].2 版. 合肥：安徽大学出版社，2018.

[26] 李莉莉，彭开勤，刘珂. 劳动合同法基础理论与大学生应用实务 [M]. 武汉：武汉大学出版社，2018.

[27] 李玉赋. 工会社会联络工作概论 [M]. 北京：中国工人出版社，2018.

[28] 岳宗福，秦敏. 劳动与社会保障法：规范与应用 [M]. 成都：西南交通大学出版社，2019.

[29] 梁甜甜，梁玉莲. 劳动法新论 [M]. 北京：北京理工大学出版社，2016.

[30] 马忠法. 法律、商业与社会 [M]. 上海：上海人民出版社，2017.

[31] 万峰. 社会保障概论 [M]. 北京：中国金融出版社，2018.

[32] 张安顺. 怎样当好职工代表 [M]. 北京：中国言实出版社，2014.

[33] 唐鑛，陈诚，池媛媛. 怎样当好劳动关系协调员 [M]. 北京：中国工人出版社，2014.

[34] 陈雄. 职业卫生法律法规 [M]. 重庆：重庆大学出版社，2018.